U0165075

中华学术 · 有道

唐代铨选与文学

王勋成
——著

中华书局

图书在版编目(CIP)数据

唐代铨选与文学/王勋成著. —北京:中华书局,2024.3
(中华学术·有道)
ISBN 978-7-101-16296-7

Ⅰ.唐… Ⅱ.王… Ⅲ.①官制-研究-中国-唐代②中国文
学-古典文学研究-唐代 Ⅳ.①D691.42②I206.42

中国国家版本馆 CIP 数据核字(2023)第 141035 号

书　　名　唐代铨选与文学
著　　者　王勋成
丛 书 名　中华学术·有道
责任编辑　葛洪春
责任印制　管　斌
出版发行　中华书局
　　　　　(北京市丰台区太平桥西里38号　100073)
　　　　　http://www.zhbc.com.cn
　　　　　E-mail:zhbc@zhbc.com.cn
印　　刷　北京盛通印刷股份有限公司
版　　次　2024 年 3 月第 1 版
　　　　　2024 年 3 月第 1 次印刷
规　　格　开本/920×1250 毫米　1/32
　　　　　印张 13¾　插页 2　字数 350 千字
印　　数　1-4000 册
国际书号　ISBN 978-7-101-16296-7
定　　价　78.00 元

目　录

1

序

傅璇琮

　　我于八十年代前期撰写《唐代科举与文学》,旨在以科举作为中介环节,把它与文学沟通起来,研究唐代士子的生活道路、思维方式和心理状态,以进一步考察唐代文学是在怎样的一种文化环境中进行,以及它们在整个社会习俗的形成过程中起着什么样的作用。这样的研究思路曾得到学界的认同。当时南开大学中文系主任罗宗强教授在为拙著《唐诗论学丛稿》所作的序言中,就说:"至于《唐代科举与文学》,则纯粹是从文化史的角度研究文学的范例,它从一个侧面非常生动地展示了有唐一代士人的文化心态。"(1990 年 3 月)广西师大中文系张明非教授在《百年学科沉思录》一书的论文中,提到八十年代以来我国古典文学研究所兴起的"一种切实而有生命力的研究方法",即古典文学的历史文化研究,即以《唐代科举与文学》作为重点例子进行分析(人民出版社,1993 年 9 月)。这些年来,已有好几位学者从事于类似选题的开发,已在进行的有《唐代进士与文学》、《宋代科举与文学》,现在兰州大学王勋成先生的《唐代铨选与文学》已成稿,并将在中华书局出版;——这些,对我确带来一种深挚的欣慰之情,使我感到,我近二十年来,在治学道路上,虽间有曲折、坎坷,但总算是得到学界友人的首肯。

1

但《唐代科举与文学》仍还有许多不足之处。我写此书是在1983、1984年间，这时关于唐代科举的文章极少，专著则一本也没有。那时我只见到北京大学历史系吴宗国教授的几篇文章，后来他写成《唐代科举制度研究》一书，并送给我，已是1992年以后的事了。我这本书的重点是从文学角度出发，采取所谓描述的方式，希望写得生动一些，而不是主要采取考证和论述的方式，因此有关科举中的一些具体环节，有些就回避，有些则后来察觉到并不确当。这是一。其二，我的重点是考察唐代士人在登第以前或落第以后的生活情景，至于登第以后如何通过吏部铨选进入仕途，则只用最后一章（第十七章《吏部铨试与科举》）加以概述。我曾在这一章的开头交代说："所谓铨试，一方面是指对未入仕者的甄录，另一方面是对已在官位者政绩的考核，这实际上包括了封建社会官僚制度的一个庞杂的体系，这个体系是如此的庞杂和繁琐，以致现存的有关材料，没有一份是叙述得既完整、准确，而又清楚、明洁的。近人的研究成果，也不是太理想。"这十余年来，可以说还没有一部全面论述唐代士人如何通过吏部铨试而进入仕途以及在职官吏如何进行铨选的著作，王勋成先生的这部专著可以说是填补了这一空白，把唐代科举与文学的研究和唐代官制史的研究，又推进了一大步。

本书分九章，共二十余万字，为使读者较清楚地了解这部著作的内容和特点，我想先简要介绍全书的脉络，这对读者或能起一种类似导读的作用。

唐代士子科举及第后还不能作官，得先由礼部把他介绍给吏部，使他们取得出身，成为吏部的选人，这就是关试。通过试判两节，成为吏部的选人，还要守选，守选一般要几年，它是唐代为解决选人多而员阙少这一社会矛盾所立的制度。及第举子守选期满就可以参加吏部的冬集铨选。但他们并不是吏部铨选的主要对象,吏部铨选还有庞大的队伍,这就是数以万计的六品以下称为旨授的官员。这些官员,每一任即四考或三考满后,就得停官罢秩而守选,作为吏部的常选人,他们一到守选期满,便赴吏部参加冬集铨选。凡守选满的各色选人,到吏部后经南曹磨勘,废置详断,三铨铨试,就可以注拟授官了。作官后,还需经四考、三考,考满而罢,选满而集,铨试注授,周而复试,直至达到五品,才算脱离了吏部铨选之门,改由中书、门下制授。由此可见,一个念书人,即使进士、明经登第了,还是需要有不少时间上下奔波的,有的到各地漫游,实际是进行入仕的准备,有的则谋求在方镇幕府中供职,以解决实际生活问题。吏部选人若不等守选期满而想提前入仕,可参加制举试或科目考试,中者即可授官。科目选是为弥补裴光庭于唐玄宗开元中期制订的"循资格"失才之弊而开设的。科目选中最主要的科目是博学宏词科和书判拔萃科,这两科都设置于开元十八年冬。这两科是属于吏部的,不能与制举的类似名称相混淆。这两科在唐中期以后,对士人的入仕是起很大作用的,特别是唐代后期制举实际停止,不少士人即走向科目选之途。

这是全书的概括,也是王勋成先生研究这一课题的思路。读者不难认识到,这样的研究是非常实在的,对了解唐代士人的求仕之途,特别是中唐以后的士人生活,十分有用。因为大多数的唐代士人,包括绝大多数的唐代诗人、古文家、传奇小说家,等等,都有这样的经历,而我们如果不清楚这一入仕之途,就搞不清他们的具体经历及其思想感情,有时甚至连有些诗题也看不明白。

应当说,唐代吏部铨选,材料是很繁杂的,读起来有时候会感到相当枯燥乏味,其研究本身就难度很大。但王勋成先生立志于治学的求实克艰,把这一脉络理清,同时还纠正了过去史书上的不少误载,包括著名的唐代科举史代表著作清代徐松的《登科记考》,以及拙著《唐代科举与文学》。又譬如唐代举子经吏部关试后还需有一定时间的守选,这在过去似没有人提出过的。当然,书中论述的官制中的有些具体问题,学术界还可进一步讨论,这是学术研究的经常现象,我相信本书所涉及的这些方面当有助于对唐代官制作进一步的考察。

本世纪四十年代,朱自清先生曾为林庚先生《中国文学史》一书作序,序中说:"文学史的研究得有别的学科作根据,主要的是史学,广义的史学。"这使我想起北宋时一部笔记《王氏谈录》的两句话:"盖经书培养人根本,史书开人才思。"联系朱自清先生所说,这"开人才思"一语,颇值得思考。

我总认为,近二十年来我们唐代文学研究之所以有如此大的进展,是不少学者注意将文学研究与史学研究结合起来。有史学研究的扎实基础,就能使文学作品的涵义理解得更为深切、丰满,否则就很容易泛泛而谈,虽然词句很美丽,构思很机巧,但往往会在基本史实方面出差错,从而降低了整篇文章或整部著作的品位。唐代文学研究与整个中国古典文学研究一样,近二十年来虽然已成果不少,但可开拓的领域还极多,这就要求我们真正下实实在在的工夫,不求近利,不沽虚名,这样作出来的,必能在时间历程上站得住脚跟,在学术进途上标注出业绩。这也可以说是我读了王勋成先生此书后,于新世纪即将来临之际,对我们唐代文学研究的期望。

2000 年 12 月中旬,于北京六里桥寓舍

绪　论

一

中国有选举,大约始于汉代,即所谓的"乡举里选"。但在唐之前,举与选是不分的,也就是说,举士与选官是一回事,凡被举荐出来的士子,大都是即刻就选为官的,这无论是汉代的察举制,还是魏晋南北朝的九品中正制,都是如此。唐之后,举与选也渐渐地融为一体了。自宋代举人会试后,再经殿试,就可立即授官,这种情况一直延续到晚清。只有唐朝,举与选分得很清,举士与选官分属于不同的机构,各有自己的一套运行机制,自己的一套完整程序。举制,也就是人们常说的科举制度,它只负责把各科的举子由县试、州府试或学馆试、省试中举拔出来,其任务也就完成了,以后的事就交由选司去做了。举士,原由吏部考功员外郎主持,自开元二十四年后,就改由礼部侍郎负责了。韩愈在《赠张童子序》中谓明经科云:

> 天下之以明二经举于礼部者,岁至三千人。始自县考试,定其可举者,然后升于州若府;其不能中科者,不与是数焉。州

若府总其属之所升，又考试之如县，加察详焉，定其可举者，然后贡于天子，而升之有司（按，即礼部）；其不能中科者，不与是数焉，谓之乡贡。有司者总州府之所升而考试之，加察详焉，第其可进者，以名上于天子而藏之，属之吏部，岁不及二百人。

这就是举制，即科举制，韩愈序中所说的举试过程，同样也适用于进士科和礼部其他科人，只不过录取名额不及明经科多而已。

所谓选制，即铨选制度。举子及第后，就开始属于吏部铨选的范畴了。首先，礼部以关文形式把及第举子介绍并移交给吏部，吏部则通过两道短小判词的考试，就可接纳他们为选人了，这一移交、接纳的手续就是关试。及第举子只有通过关试，取得出身文凭春关，才能成为吏部的选人，才有资格参加吏部的冬集铨选。就像韩愈在《赠张童子序》中所说的"以名上于天子而藏之，属之吏部，岁不及二百人，谓之出身"。及第举子有了出身，成了吏部的选人后，仍不能即刻作官，得先守选数年。如进士及第守选三年，明经（明二经）及第守选七年，明法及第守选五年，童子科及第守选十一年等。守选期间，世称他们为前进士、前明经、前明法等。及第举子的守选自唐初贞观年间就开始了。

在唐代，守选的不仅仅是及第举子，更多的则是数量庞大的六品以下旨授的官员，他们是吏部冬集铨选的主要对象。唐朝对内外百官每年都要实行自下而上的考课，以考察其功过行能。考课的内容与标准是四善二十七最。其考绩考第，与奖惩制度紧密联系着。一年一考，用禄米的增减来奖罚；一任四考（中唐以后改为一任三考）则与官资品阶的升降相关联。六品以下官员四考或三考为满，也就是说一任后算考满。考满就要罢秩，罢秩就意谓着停官守选，世称他们为前资官。前资官是吏部最主要、人数也最多的选人。六品以下前资官的守选和前进士、前明经等的守选一样,都是唐政府为缓解官位少而选人多这一社会矛盾所制定的一项政策。开元十八年,侍中裴光庭兼任吏部尚书,开始创立"循资格",使守选制度化、规范化、法律化。从此,各类六品以下的官员就有了一定的守选年限,"卑官多选,高官少选",按官资大小规定守选年限,自一年至十二年不等。如畿县县令守选三年,紧、上县县令守选五年等。及第举子和六品以下前资官守选期满,就可到籍贯所在州府或前任州府应选格取选解,拿到选解后,即赴京参加吏部的冬集铨选。铨选时,先经吏部南曹审核磨勘,检验是否符合选格条件,是否证件齐全、文书粟错,是否有冒名顶替、弄虚作假之情状。检验合格后,再经吏部身言书判的铨试,就可以按照"循资格"标准自下升上、不得逾越地量资进阶注拟授官了。这就是铨选,即吏部的常调平选。

若及第举子和六品以下前资官守选未满而想提前入仕,可参加制举或科目选考试,登科后即可授官。制举并非每年都有,是皇帝为网罗"非常之才"而开设的一种举制与选制相结合的考试制度,但自文宗大和(亦作"太和")二年之后就再也没有设置过。科目选每年都有,是吏部为弥补"循资格"有失才之弊所开设的一种旨在使优秀人才早日脱颖而出的考试选拔制度。科目选可以说是一种特殊铨选,其中博学宏词科和书判拔萃科最著名。二科皆设立于开元十八年冬,第二年春始开科选官。博学宏词科借鉴于进士科,书判拔萃科源于吏部常调铨试书判本身,二科皆非由制科衍变而来。

六品以下官员累资进阶至五品,就算出了选门,不再参加吏部铨选,而由中书门下根据"具员簿"授官,是谓"制授"。此外,不参加吏部铨选的还有六品以下的常参官、供奉官,如各司员外郎、拾遗、补阙、御史及翰林院、集贤院学士等，他们是"敕授"。

铨选与文学的关系，应首先与科举结合起来，从整个选举制的角度来考察。进士科以诗赋取士并固定化，《登科记考》以为是在"天宝之季"，则为时过晚，也不符合历史实事，应该是在武后至中宗时代；博学宏词科以诗赋选官，在盛唐前期，此二科以其强大的生命力吸引了众多有才华的诗人作家举子选人来参加。此时，文学也正以繁荣发展的姿态步入康庄大道，与选举制可以说是互相影响、互相促进、共同发展前进的。

守选、铨选，在唐人诗文中亦有反映，因为步入仕途的文人大多都要经过这一关。及第举子和六品以下前资官，在守选期间或隐居山林，或漫游边塞，或投奔幕府，创作了大量优秀的山水田园诗、边塞诗、从军诗等。有些人还在守选期间与歌妓闺秀相恋，留下了感人肺腑的传奇小说，为唐代文学增添了色彩。尤其唐代送别作品之多，蔚为大观，其内容之丰富，手法之多样，为历代所少见，这都与唐代守选制、铨选制的特殊性有关，它对唐代文学的发展也起了一定的积极作用。

二

目前学术界对唐人入仕作官普遍存在着一种混乱不清的看法。或认为及第之年，就是释褐授官之年；或认为进士及第不能授官，还得经过吏部的关试或所谓的取士科考试才能授官；甚至认为关试就是身言书判之铨试，就是"拔萃"、"宏词"之考试，等等。而且，从没有人提出守选一说。其实，守选在唐代是存在的，只是唐人习以为常而不提罢了。在唐代，进士及第不守选即授官，可以说是没有的。唐末昭宗光化四年的"五老榜"是绝无仅有之殊例，然仅此一例也只能产生在吏治紊乱的唐末。至于大中年间于琮进士及第后即授校书郎、拾遗，是以驸马都尉入仕的，已出选门。五代后周显德年间高冕进士及第后即授右补阙，是因为他入对时以所试《平燕论》"甚惬帝旨"而超拜授官，这相当于制举登科（以上数例见本书第二章）。除此而外，在正常情况下，进士及第即释褐授官而不守选，是没有的。六品以下旨授官员考满罢秩后不守选而直接授官，除非符合非时选之条例，否则也都得守选。

唐代常调铨选仅限于守选已满的选人，守选未满而想提前入仕，可参加制举或科目选考试。中唐以后制举逐渐衰落以至于罢停，选拔人才的重担就全落在了科目选的肩上，博学宏词科和书判拔萃科是吏部科目选中最主要也最负盛名的两个科目，然学术界因对《通典》所说"格限未至"、《新唐书》所说"选未满"之语不甚明了，于是也就不知道此二科的性质、归属，甚至有人将其纳入科举制度、制举科目的范畴中来论述，就更不对了。

自开元以来，随着政治的稳定，经济的繁荣，唐代进入了一个全面高涨、百业俱兴的强盛时期。庶族地主阶级从政的愿望与要求也就大大地提高了，使本来就严重的选人多而员阙少的社会矛盾更加突出了，正像《通典》所说，当时"八、九人争官一员"，数万人同时拥挤于京师参加冬集，等候铨选，给京城的物资供应增加了极大的压力。在前人诸多"繁设等级，递立选防"措施都同归无效的情况下，裴光庭审时度势，创立了"循资格"。"循资格"虽有失才之嫌，但它的创立，却对选人多而官位少以及由此而引起的诸多社会矛盾确实起到了一定的缓解作用，使守选、铨选制度化、规范化，使选人和吏部都有法可循,而不再是盲目的。由于许多人不懂得它的用途、作用,于是就认为它是保守的、落后的、反动的,甚至在一些论述历代官吏制度的著作中,将它纳入考绩制,说它是一种仅凭作官时间长短来确定升降与否的考课方法,是对封建国家有百害而无一利的制度等等,这就真是隔靴搔痒了。

对以上在学术界存在的混乱不清的关键问题,本书试图通过大量引证材料,来作实事求是的论述,以还其历史面目。同时,这对于历来出版的唐人年谱、评传、诗文集注等,将起到补苴罅漏、抛砖引玉的修订作用。它所提出的许多问题,还有待于学术界进一步地讨论、研究和补充,故其孤陋寡闻、拾一遗百之处,在所难免,敬乞方家学者不吝赐教。

三

本书的写作,曾得到社会诸多方面的关怀与支持,借出版之机,谨以致谢。

二十世纪九十年代中叶,我在阅读傅璇琮先生的《唐代科举与文学》一书时,突然蒙发了想研究唐代铨选与文学的念头,很显然,是受其启发的结果;书写成后,又承蒙傅先生写了序,在此表示衷心的感谢。

书稿写成后,曾得到兰州大学历史系的齐陈骏、陆庆夫和西北师范大学中文系的蹇长春、乔先之、尹占华诸教授的首肯,并为书稿提出了一些建设性的意见。这些意见,有的已在书中作了修改,有的因时间关系,来不及进行斟酌修补,只好以俟来日了。另外,蒋安民先生为本书题签,张正国先生、周绚隆先生、赵小刚先生为本书的出版自始至终给予了热情的关注与支持,在此一并表示诚谢。

本书为国家社会科学"九五"规划重点项目资助课题,并获得"兰州大学教材建设基金"资助。

著者

2000 年 6 月

第一章　关试与春关

一、关试性质及程序

　　唐代举子经礼部贡举试及第后,[1]并不意味着已经走上了仕途,还得经过吏部的铨选,才能注拟授官。所以礼部首先要把新及第举子移交给吏部,使他们成为吏部的选人。这移交的手续就是关试。

　　所谓关试,就是礼部把新及第的举子移交给吏部,再由吏部以考试方法接纳这些举子为选人的一种形式。所谓选人,就是有资格参加吏部铨选而尚未授官任职的人。先是,礼部放榜后,把及第举子的姓名、籍贯、年龄、三代名讳、及第年月、科名、等第、名次、知贡举人等等有关材料写成关状,移交给吏部。移交时,并用关牒形式通知关白吏部:这些及第举子现交吏部待选。然后,吏部就对这些新及第举子试以两道短小判词便算接纳了。宋《蔡宽夫诗话·唐制举情形》说:"唐举子既放榜,止云及第。……自闻喜宴后始试制

---

[1] 唐代前期,原由吏部考功员外郎知贡举,开元二十四年(736),敕以权轻,改由礼部侍郎知贡举,自此,贡举试归礼部。为叙述方便,这里就统作礼部,下同。

（按"制"字误，当作"判"）两节于吏部，其名始隶曹，谓之关试。"（郭绍虞先生《宋诗话辑佚》卷下）明胡震亨在《唐音癸签》卷十八《诂笺三》"进士科故实"条中说得更清楚，他说：

> 关试，吏部试也。进士放榜敕下后，礼部始关吏部，吏部试判两节，授春关，谓之关试。始属吏部守选。

所谓"始关吏部"，就是用关牒通知吏部。关试后，及第举子就算脱离了礼部，而成了吏部的选人。

由以上引文可知，关试不过是一种交接手续：对礼部来说，是移交手续；对吏部来说，是接纳手续；对新及第举子来说，又是向吏部履行的报到手续。

关试一般在春天举行，即在闻喜宴后，及第举子向座主谢恩及拜谒宰相等活动后举行。其具体时间往往视礼部放榜时间而定。按古代办事效率言，一般大约在放榜后的十天半月左右举行。这可从李商隐的诗文中推知。李商隐是文宗开成二年（837）进士及第的，及第后他写有《上令狐相公状》五、六两篇文，是写给时任兴元府尹、山南西道节度使令狐楚的。他在第五状中说：

> 今月二十四日礼部放榜，某侥幸成名，不任感庆。某材非秀异，文谢清华，幸忝科名，皆由奖饰。（《全唐文》第七七四）

又在第六状中说：

> 前月七日过关试讫，伏以经年滞留，自春宴集，虽怀归若无

其长道,而适远方俟于聚粮,即以今月二十七日东下。伏思自依门馆,行将十年,久负梯媒,方沾一第。(同上卷)

另外,他有一首《及第东归次灞上却寄同年》诗,是出京后往洛阳省亲时在灞陵所作,诗云:

> 芳桂当年各一枝,行期未分压春期。
> 江鱼朔雁长相忆,秦树嵩云自不知。
> 下苑经过劳想像,东门送饯又差池。
> 灞陵柳色无离恨,莫枉长条赠所思。

(《全唐诗》卷五四〇)

冯浩《玉溪生诗集笺注》卷一释此诗"压春期"曰:"在春杪,故曰压。"知诗作于春末。将以上诗文结合起来考察,李商隐及第后东归省亲是在三月末,与第六状中所说"即以今月二十七日东下"之语相合,知"今月"即三月;"前月七日过关试讫",则"前月"即二月,知第六状当写于三月。第五状中云"今月二十四日礼部放榜","今月"当指正月,则第五状必写于正月末。由以上可知,开成二年正月二十四日礼部放进士榜,二月七日吏部举行关试,其间相隔十三天。

一般说来,正月礼部举行贡举试,二月吏部举行关试比较普遍。晚唐诗人曹邺有一首诗,题作《关试前送进士姚潜下第归南阳》,诗云:

> 马嘶残日没残霞,二月东风便到家。
> 莫羡长安占春者,明年始见故园花。

(《全唐诗》卷五九二)

进士,是唐人对被州府举荐应进士科而尚未及第者的统称,与明、清举人中第后始称进士有区别。细玩诗意,诗当作于曹邺进士及第的大中四年(850)春,时已放榜而尚未举行关试。姚潜当是与曹邺同应试而未第者。据傅璇琮先生主编的《唐才子传校笺》知,曹邺为桂州人,大中四年被礼部侍郎裴休取为进士及第的。曹邺送诗首句"马嘶残日没残霞",不仅写出了马不忍别,人何以堪的情景,而且也点明了姚潜是在黄昏落日时骑马离京的。"二月东风便到家",写姚潜乘着二月的春风就可到家了。由诗题知,姚潜是邓州南阳(今河南南阳市)人。据《旧唐书》卷三九《地理志二》,邓州"在京师东南九百二十里",则姚潜骑马自长安到南阳,十天左右就可到家。桂州"至京师水陆路四千七百六十里"(《旧唐书》卷四一《地理志四》),即使曹邺关试后乘快马坐飞船也无法这年春天到家,要看到故园的春花只有到明年了,故云:"莫羡长安占春者,明年始见故园花。"谓姚潜切莫羡慕我中第而占了春(因礼部放榜在春天,故名),但要看到故园的花却要到明年的春天,不如你今春就能见到故园的花。借以安慰落第者,这种写法可谓匠心独运。有人解释说,末句谓姚潜明年定能登第,则非。由此诗知,姚潜乘二月东风就可回家看到春花,则曹邺送其出京必在二月初。再由诗题知,是曹邺在参加关试前写诗送姚潜的,则大中四年的关试必在二月无疑。

姚合有一首诗,题作《酬卢汀谏议》,末两句曰:"遥贺来年二三月,彩衣先辈过春关。"(《全唐诗》卷五〇一)似指卢汀之子明年当会进士及第事。这里的"春关",即指关试。由是知,关试多在二月,有时也在三月举行。

然而,顾非熊却有一首诗,题作《关试后嘉会里闻蝉感怀呈主司》,诗云:

昔闻惊节换,常抱异乡愁。

今听当名遂,方欢上国游。

吟才依树午,风已报庭秋。

并觉声声好,怀恩忽泪流。

(《全唐诗》卷五〇九)

据徐松《登科记考》卷二二载,顾非熊进士及第在武宗会昌五年(845),是年进士考试后又举行了覆试,但都在二、三月,何以关试却在秋初举行?令人不解。再从诗意看,也与关试无涉。则诗题"关试后"三字或有误,或是年有特殊情况,改为秋初始试,可存疑。

另外,《登科记考·凡例》云:

> 其应举者,乡贡进士例于十月二十五日集户部,生徒亦以十月送尚书省,正月乃就礼部试。……通于二月放榜,四月送吏部。

按唐制,礼部贡举与吏部铨选皆于孟冬十月至次年季春三月举行。礼部放榜后须立即将及第举子移送吏部进行关试,否则一过三月,选限已毕,吏部不收,"四月送吏部"就为时过迟。因《登科记考》"四月送吏部"影响极大,后世多从其说,故有必要在此一辩。

关试的主考官为吏部员外郎。五代王定保《唐摭言》卷三《关试》说:

> 吏部员外,其日于南省试判两节,诸生谢恩,其日称门生,谓之"一日门生"。自此方属吏部矣。

按唐职官制,吏部员外郎二人,其一人掌管选院。《唐六典》卷二《尚书吏部》云:"员外郎一人,掌选院,谓之南曹。"并注曰:"其曹在选曹之南,故谓之南曹。"所谓"选曹",就是吏部,因主管铨选而得名。选院就在吏部的南院,故名南曹。关试就是由掌管南曹的这位吏部员外郎主持。由于关试只考一天,不像礼部贡举试考三场数日,故曰"一日门生"。

关试的地点设在都堂内。武则天垂拱元年(685)改尚书省为都台,故尚书省又称都省。因它在中书省、门下省之南,故又称南省,《唐摭言》所说的"其日于南省试判两节"即指此。尚书省当中有大厅一座,称作都堂,本尚书令厅堂。它是尚书省举行大型活动的场所,礼部的贡举试,吏部的铨选试,进士及第后拜谒宰相,甚至进士向礼部交纳省卷,都在这里举行。关试也不例外,晚唐郑仁表《左拾遗鲁国孔府君墓志铭》就载孔纾于"关试日,都堂中揖别同年,径出青门外"(《全唐文》卷八一二),可知,考场就在都堂。

关试的应考者是当年及第的所有各科举人,即新及第的进士、明经、明法、明书、明算等等,他们在同一时间、同一考场、同一试题下由掌管选院的吏部员外郎统一主考。《册府元龟》卷六三三《铨选部·条制五》载有后唐明宗长兴元年(930)的关试情况,云:

> 十月,吏部南曹关试今年及第举人,进士李飞等六十九人内,三礼刘莹、李斐、李铣、李道全,明算宋延美等五人,所试判语皆同。

《五代会要》卷二十二《杂处置》也有是载,却谓长兴元年"十一月,吏部南曹关试今年及第进士李飞等七十九人"。由于长兴元年进士覆试至是年六月才有分晓（《旧五代史》卷四一《明宗纪七》），故关试推迟到冬集时才举行，《册府元龟》所载十月较合理。至于到底是六十九人还是七十九人，可存疑。

关试的内容是"试判两节"，也就是假拟诉讼狱案下判词两道。关试判词较吏部铨试中身言书判的判词、科目选中书判拔萃科的判词都要简单短小得多，一般只有几十字，最多不超过一二百字，故称"短行"。其形式也无非是"时文"即四六骈文，对及第进士来说，不过是轻车熟路、文字游戏而已。我们知道，关试只是新及第举子向吏部履行报到的一种手续，是吏部接纳新选人的一种方式，并不真要考出什么水平，也不存在及格与否的问题，既不入等第，又不分名次，及第举子以后参加铨试所授品阶官职更不与关试好坏有关，也就是说，关试没有成绩，只要参加，就都能通过，故唐人将参加关试，称作"过关试"。如《全唐诗》卷六六七就收有韩仪的《记知闻近过关试》一诗，李商隐《上令狐相公状》六也说："前月七日过关试讫。"正因为如此，新及第举子对关试就不甚重视，有些人或找人代考，或不参加考试，这种情况在晚唐五代时就特别突出。唐无名氏所著《玉泉子》载有一则故事，云：

> 崔殷梦璩，宗人瑶门生也，夷门节度使龟从之子。同年首冠于璩，璩白瑶曰："夫一名男子，饬身世以为美也，不可以等埒也。近岁关试内，多以假为名，求适他处，甚无谓也。今乞侍郎，不可循其旧辙。"瑶大以为然。一日，璩等率集同年，诣瑶起居。既坐，瑶笑谓璩等曰："昨得大梁相公书，且欲先辈一到，骏马健仆往复，当不至稽滞。幸诸先辈留意。"璩以座主之命，无如之何。

据《登科记考》卷二十二载,于瓒进士及第、崔瑶知贡举是在大中七年(853)。由于瓒所说"近岁关试内,多以假为名,求适他方"知,进士及第后,多请假去往他地漫游,而不参加关试,对此他很不满意。没有想到,这年关试,竟由礼部侍郎崔瑶亲自率领新进士出外漫游,逃避考试,由此可见,连知贡举的礼部侍郎对关试都是如此不重视,则及第举子的态度如何就更可想而知了。前引郑仁表《左拾遗鲁国孔府君墓志铭》也说:

> 拾遗始及第,乞假拜庆。新进士得意归去,多不伏拘束假限,往往关试不悉集,贡曹久未毕公事,故地远迨二千里,例不给告。……公讳纾,字持卿,鲁司寇四十代孙。

按《登科记考》卷二三,孔纾进士及第在懿宗咸通九年(868)。"地远迨二千里"之"二千里",当为"二百里"之误。自进士放榜到关试,只有十来天的时间,二千里的路程来往得数月,无论如何也赶不上参加关试的。且唐朝请假给期限,《新唐书》卷四四《选举志上》载,生徒"每岁五月有田假,九月有授衣假,二百里外给程。其不帅教及岁中违程满三十日,……皆罢归"。则二百里内是无程限的,相对而言,也就好请假。由郑仁表《墓志铭》知,家在二百里以内的及第进士可以回家拜庆,但必须按时赶回京城参加关试,而家在二百里以外的及第举子,礼部是不给假的。"往往关试不悉集,贡曹久未毕公事",看来这一情形绝不是偶然的现象,也不是个别的一两个人。五代时,不请假而缺考的现象更为严重。《五代会要》卷二三《缘举杂录》载后唐明宗天成三年(928)十月三日敕:

每年访闻及第举人，牒送吏部关试，判题虽有，判语全无，只见各书"未详"，仍或"正身不至"。如斯乖谬，须议去除。此后应关送举人，委南曹官吏准格考试。如是进士并经学及第人，曾亲笔砚，其判语即须缉构文章，辨明治道；如是无文章，许直书其事，不得只书"未详"。如关试时正身不到，又无请假字，即牒贡院，申奏停落。

这种"关试时正身不到"，又不请假，说明了及第举子对关试是如何的不重视。

及第举子对关试的不重视，除表现在不请假缺考外，更有甚者。上引"判题虽有，判语全无"，即只有题目，而没有判词，可见交纳的只是一张白卷。这种现象，世称"拽白"。五代时还有关试时互相传递抄袭的现象。前引《册府元龟》所载三礼刘莹等五人就是如此。全文如下：

（后唐长兴元年）十月，吏部南曹关试今年及第举人，进士李飞等六十九人内，三礼刘莹、李斐、李锐、李道全，明算宋延美等五人，所试判语皆同。寻勘状，皆称晚逼试，偶拾得判草写净，实不知判语不合一般者。敕旨："贡院擢科，考详所业；南曹试判，激劝为官。刘莹等既不攻文，合直书其事，岂得相传稿草，侮渎公场？载究情由，实为忝冒。及至定期覆试，果闻自惧私归。宜令所司落下，其所给春关，仍各追纳，兼放罪许再赴举。兼自此南曹凡有及第人试判之时，切在精专点简，如更有效此者，准例处分。"

三礼刘莹等五人判语相同，他们称是因为"偶拾得判草写净（誊清），实不知判语不合一般者"。这话听起来令人可笑，他们所拾判语草稿会碰巧一模一样，而且还不知道判语相同是不应该的。其实很明显，这是互相传抄的结果。究其实，正如明宗敕旨所说："载究情由，实为忝冒。"是假冒顶替的结果。总之，关试中这种"正身不到"的缺考现象，"判语全无"的交纳白卷，"判语皆同"的互相传抄，说明了及第举子对关试的不重视，也表现了五代时期及第举子的素质和水平，尤其是明经、明算、明法、明书等科及第人，对判词是比较陌生的，但吏部南曹还是让他们"过"了，并发给了春关，这里面就大有文章。有司对以上现象不敢"直书其事"，只好以"未详"塞责。不难看出，这实际上是有意地纵容包庇。宋代赵令畤在《侯鲭录》卷四中有一段话可谓一语中的，他说：

> 唐末五代，权臣执政，公然交赂，科第差除，各有等差。故当时语云："及第不必读书，作官何须事业！"

由关试亦可略见一斑。

二、麻衣与乞衣

关试，有人把它称作释褐试。所谓释褐，《辞源》解释作"脱去布衣，换着官服。即作官之意"，这是对的。于是有人也就以此来套唐代的关试，认为关试后就可脱去布衣，换上官服作官了。其实，在唐代，关试后脱去的只是麻衣，并未换着官服。

麻衣,是应试举子的标志,即在衣袍外面罩上一件麻衣。唐末五代的牛希济在《荐士论》中说:

> 郡国所送,群众千万,孟冬之月,集于京师,麻衣如雪,纷然满于九衢。(《全唐文》卷八四六)

《唐音癸签》卷十八《诂笺三》"进士科故实"条也说:

> 举子麻衣通刺,称乡贡。由户部关礼部,各投公卷,亦投行卷于诸公卿间。

并加注曰:"按麻衣色白,故其时称举子为'白衣公卿'。"《唐摭言》卷一《散序进士》就说:

> 缙绅虽位极人臣,不由进士者,终不为美,以至岁贡常不减八九百人。其推重谓之"白衣公卿",又曰"一品白衫"。

宋代的柳永进士落第后所写的《鹤冲天》一词,也不无自豪地说:

> 黄金榜上,偶失龙头望。明代暂遗贤,如何向,未遂风云便,争不恣狂荡?何须论得丧!才子词人,自是白衣卿相。

这些名刺上写着"乡贡进士某"的举子,他们无论向户部报到集阅时,还是向礼部纳公卷、向各公卿投行卷时,都是穿着麻衣活动的。穿着麻衣的并不只局限于应试进士,还有被州府举荐的其他各科举子、各学馆举送的各类生徒,他们和进士加起来,每年少说也不下二三千人,这些人一到十月就会集于京城,穿行在长安城的大街小巷中是很醒目的,故牛希济说:"麻衣如雪,纷然满于九衢。"

这些应试举子,并不是到长安后才穿上麻衣的,而是被州府举荐给解时,就穿上麻衣了。五代孙光宪《北梦琐言》卷三载:

> 唐相国刘公瞻,其先人(父亲)讳景,本连州人,少为汉南郑司徒(絪)掌笺劄,因题商山驿侧泉石,荥阳(郑絪)奇之,勉以进修,俾前驿换麻衣,执贽之后致解荐,擢进士第,历台省。

士子被举荐后,就可以穿着麻衣上路了。杜荀鹤《书事投所知》诗云:"古陌寒风来去吹,马蹄尘旋上麻衣。"(《全唐诗》卷六九二)即使落第出京,归家路上也不忍脱下麻衣。杜荀鹤在《出关投孙侍御》一诗中又写道:"东归还着旧麻衣,争免花前有泪垂?"(同上卷)这些应试举子们,走到哪,麻衣就穿到哪,就是漫游途中,也穿着麻衣。张蠙《云朔逢山友》诗就说:"将军虽异礼,难便脱麻衣。"(同上卷七〇二)写他下第后漫游到北方边塞一带,碰见了已是将军的朋友,由于穿着麻衣,使他免去了跪拜达官贵人的俗礼。《北梦琐言》卷三还记载了这样一个故事:

> 唐郑愚尚书,广州人,雄才奥学,擢进士第,扬历清显,声称赫然,而性本好华,以锦为半臂。崔魏公铉镇荆南,荥阳(郑愚)除广南节制,经过,魏公以常礼延遇。荥阳举进士时,未尝以文章及魏公门,此日于客次换麻衣,先贽所业。魏公览其卷首,寻已,赏叹至三、四,不觉曰:"真销得锦半臂也。"

郑愚为晚唐人，拜岭南节度使路经江陵时，已是三品的大员了，还要换上麻衣，向崔铉补上当年进士投刺行卷的一课，也够滑稽得可以。

举子们行卷时要穿麻衣，进考场考试时更要穿着麻衣。《唐摭言》卷四《与恩地旧交》就说：

> 刘虚白与太平裴公（坦）早同砚席，及公主文，虚白犹是举子。试杂文日，帘前献一绝句曰："二十年前此夜中，一般灯烛一般风。不知岁月能多少，犹着麻衣待至公！"

徐松《登科记考》载裴坦大中十四年（860）知贡举，刘虚白始进士及第，而裴坦进士及第却在大和八年（834），相隔二十六年。二十六年前，刘虚白与裴坦为同窗学友，并一起参加了当年的进士试，一及第，一落榜。二十六年后，一为主考官，一为仍穿着麻衣的应试举子。其中的辛酸苦涩，尽在所献之二十八字中！唐彦谦《试夜题省廊桂》诗中也写到穿着麻衣应试的情景：

> 麻衣穿穴两京尘，十见东堂绿桂春。
> 今日竞飞杨叶箭，魏舒休作画筹人。

（《全唐诗》卷六七二）

晋郤诜试于东堂而得第，自称"桂林一枝"。东堂原为晋宫正殿，故后世称试院、考场为东堂。《晋书·魏舒传》载舒少孤，为外家宁氏所养。宁氏起宅，相宅者说："此宅当出贵甥。"魏舒后果显贵，证实了相宅者所言。作者用此典，意谓今日必定高中，何用相者之言。晚唐刘得仁一生未第，考了二十年仍是麻衣一举子。他在《省试日上崔侍郎四首》诗中写出了他穿着麻衣参加省试的感慨：

> 如病如痴二十秋，求名难得又难休。
> 回看骨肉须堪耻，一着麻衣便白头！
>
> （《全唐诗》卷五四五）

麻衣，作为应试举子的服装，自然也就成了他们的标志，成了他们酸辛苦辣的见证。李山甫《下第卧疾卢员外召游曲江》："麻衣未掉浑身雪，皂盖难遮满面尘。"（《全唐诗》卷六四三）《赴举别所知》："麻衣尽举一双手，桂树只生三十枝。"（同上卷）薛能《送胡澳下第归蒲津》："无媒甘下飞，君子尚麻衣。"（同上卷五五八）刘赞《赠罗隐》："年虚侵雪鬓，尘枉污麻衣。"（同上卷七二七）这些穿着麻衣的举子，他们饱浸血泪的诗句，今日读来，仍感人心肺。

这些穿着麻衣的举子们参加礼部贡举试及第后，再经吏部关试，才可正式脱去麻衣。在此之前，也就是关试前，新及第进士平日里可以不穿麻衣，但遇大型活动，如拜谢座主、参谒宰相等，还得穿着麻衣去参加。晚唐韩偓的《及第过堂日作》诗就描写了麻衣谒相的情景：

> 早随真侣集蓬瀛，阊阖门开尚见星。
> 龙尾楼台迎晓日，鳌头宫殿入青冥。
> 暗惊凡骨升仙籍，忽讶麻衣谒相庭。
> 百辟敛容开路看，片时辉赫胜图形。
>
> （《全唐诗》卷六八二）

按唐俗，礼部放榜后，新及第举子须先拜谢知贡举的知遇之恩，敬称其为座主，而自称门生。三五天后由座主率领去拜谒宰相，拜谒宰相一般在都堂举行。《唐摭言》卷三《过堂》载：

> 其日，团司先于光范门里东廊供帐备酒食，同年于此候宰相上堂后参见。……宰相既集，堂吏来请名纸；生徒随座主过中书，宰相横行，在都堂门里叙立。堂吏通云："礼部某姓侍郎，领新及第进士见相公。"……状元已下叙立于阶上，状元出行致词云："今月日，礼部放榜，某等幸忝成名，获在相公陶铸之下，不任感惧。"言讫，退揖。乃自状元已下，一一自称姓名。称讫，堂吏云："无客。"主司复长揖，领生徒退诣舍人院。

有时也在政事堂拜谒宰相。《北梦琐言》卷一载：

> 相国牛僧孺，字思黯，或言牛仙客之后。居宛、叶之间，少单贫，力学，有倜傥之志。唐永贞中，擢进士第，时与同辈过政事堂，宰相谓曰："扫厅奉候。"僧孺独出曰："不敢。"众耸异之。

政事堂是宰相议事办公的地方，原在门下省，后移至中书省。总之，座主率领新及第举子去拜谒宰相，不论是在都堂，还是政事堂，都谓之"过堂"。由韩偓《及第过堂日作》第六句"忽讶麻衣谒相庭"知，过堂这一日新及第举子们是穿着麻衣的。由此可见，新及第举子在关试前并未脱下麻衣。但也有例外。宋代钱易《南部新书》乙卷说：

> 咸通九年，刘允章放榜后，奏新进士春关前择日谒谢先师，

皆服青襟介帻,有洙泗之风焉。

"春关前"即关试前。《新唐书》卷一六〇《刘伯刍传》附云:

> 子允章,字蕴中,咸通中为礼部侍郎。请诸生及进士第并
> 谒先师,衣青衿介帻,以还古制。

刘允章博雅好古,为宏扬儒风,竟以座主名义,让新及第进士关试前
脱去麻衣,换上青袍去拜谒孔子像,所以《南部新书》与《新唐书》就
将它作为特例而加以叙述了。然刘允章的此举却导致了宋代的释
褐之礼。宋代的举子经会试、殿试及第,就可入太学谒先师,释褐,
行释菜礼,然后簪花饮酒而出。

在唐代,关试后脱去的只是麻衣,并未脱去布衣而换上官服,也
就是说并未释褐。欧阳詹在《及第后酬故园亲故》诗中说:"犹着褐
衣何足羡,如君即是载鸣时。"(《全唐诗》卷三四九)韩愈进士及第
后曾到凤翔去拜谒邢君牙,写有《与凤翔邢尚书书》,书中称:"愈也
布衣之士也,生七岁而读书,十三而能文,二十五而擢第于春官。"
(《韩昌黎文集校注》卷三)可见,关试后并未脱去褐衣也就是布衣,
将关试称作释褐试显然是不恰当的。

然而,有一首诗需在此一辩,这就是皮日休的《庚寅岁十一月新
罗弘惠上人与本国同书请日休为灵鹫山周禅师碑将还以诗送之》,
按,此诗题"与本国同书"似有误,应为"与日本国同书",脱一"日"
字。陆龟蒙有和诗,题作《和袭美为新罗弘惠上人撰灵鹫山周禅师
碑送归诗》,题意就较皮日休诗题显豁。皮诗的首联云:"三十麻衣
弄渚禽,岂知名字彻鸡林。"(《全唐诗》卷六一四)对这两句诗,《唐

才子传校笺》卷八有一段解释,说:

> 庚寅,咸通十一年(870),其时日休入幕于崔璞苏州军事院,未释褐挂朝籍,故云"麻衣"。其年,日休为三十岁,……咸通十一年年三十,则其生年当在开成五年(840),广明元年卒时得四十岁。

此说有两点是错误的:一是将麻衣解释作"未释褐挂朝籍";二是定咸通十一年皮日休为三十岁,并以此推其生年为开成五年。按皮日休咸通八年(867)进士及第,已脱下了麻衣,诗写于咸通十一年,此时不管他是否入朝,就都不能再以"麻衣"自称了。其实,这两句诗是说,自己三十岁为进士时,名字就已经传入新罗了。这是追述之词。皮日休有《白门表》,云:"(咸通)四年秋,进士皮日休之白门。"(《全唐文》卷七九六)白门,即润州江宁。《狄梁公祠碑》云:"进士皮日休游江左至彭泽,当河东公观察之四年,赞皇公刺史之二年。"(同上卷七九九)河东公为裴坦,赞皇公为李正范,裴坦为江西观察使之四年,李正范为江州刺史之二年,正是咸通四年(见郁贤皓先生《唐刺史考·江州》),时皮日休自称为"进士",则他于是年已被江州所举荐,他在《内辨》中说:"日休自布衣受九江之荐,与计偕寓止永崇里。"(《全唐文》卷七九八)由上文知,咸通四年,皮日休被举荐为进士,始穿麻衣,时年三十岁。"三十麻衣"即指此。按现在通行的说法,皮日休生于公元834年,这是根据他的《文中子碑》"后先生二百五十余岁生日休"推算出来的。看来这一推算是正确的,由公元834年至咸通四年即公元863年,皮日休恰为三十岁。

总之,关试后及第举子就可以脱去麻衣了。然而,唐代还有这样一种习俗,这些新及第进士的麻衣又被一些未第举子或准备应举的新士子要去了,为的是图个吉利。《唐音癸签》"进士科故实"条说:

> 唐人登第诗有"名曾题处添前字,送出城人乞旧衣"之句。乞衣,亦见张籍诗。当时下第举子丐利市猥习,可悯笑者。

《唐音癸签》所引诗,出自《唐摭言》卷三《慈恩寺题名游赏赋咏杂纪》。然《唐摭言》所记诗却是"曾题名处添前字,送出城人乞旧诗"。按,"乞旧诗"当作"乞旧衣",乃后人传抄之误。《太平广记》卷一七八《贡举一·题名》引《唐摭言》这段话时就说:"曾题名处添前字,送出城人乞旧衣。"可见《唐摭言》原文就是"乞旧衣"。《唐音癸签》所说的张籍诗,是指他的《送李余及第后归蜀》,诗云:

> 十年人咏好诗章,今日成名出举场。
> 归去唯将新诰牒,后来争取旧衣裳。
> 山桥晓上芭蕉暗,水店晴看芋草黄。
> 乡里亲情相见日,一时携酒贺高堂。
>
> (《全唐诗》卷三八五)

所谓"新诰牒"是指春关牒,"旧衣裳"是指麻衣。"后来争取旧衣裳",是说后来者争着取去了他的旧麻衣。后世不知,以为"旧衣裳"就是旧衣物之类。宋代程大昌《演繁露》卷十二《社日停针线取进士衣裳为吉利》就说:

张籍《吴楚歌词》云:"庭前春鸟啄林声,红夹罗襦缝未成。今朝社日停针线,起向朱樱树下行。"则知社日妇人不用针线,自唐已然矣。又《送李余及第》云:"归去惟将新诰牒,后来争取旧衣裳。"又知新进士衣物,人取之以为吉兆,唐俗亦既有之。

看来,程大昌将"旧衣裳"理解为一般的旧衣物了。《唐音癸签》也是这样理解的,所以就以为"乞衣"是"猥习",是"可悯笑"的。其实,张籍《送李余及第》诗中的"旧衣裳"乃特指麻衣,因麻衣对及第举子来说,已完成了它的使命,以后再也派不上用场了,当然可以送人;对未及第或准备将来参加进士试的人来说,将那些及第进士(尤其是状元或名次在前者)的麻衣穿在身上,既可以省去一笔开支,这对那些家境贫寒的读书人来说尤其重要,又可以图个吉利兆头,以便早日登第,而其他衣物,没有这种意义,也就没有必要去"争取"了。

三、出身品阶等第

举子及第后,再经关试,并不意谓着已经步入了仕途,而只能算是取得了出身,取得了入仕作官的资格,即官资。也就是说,开始有了阶品散位衔。这个阶品散位,是关试后吏部根据新及第举子及第的等第来授予的,与关试成绩优劣无关。《唐六典》卷二《尚书吏部》云:

凡叙阶之法,有以封爵,有以亲戚,有以勋庸,有以资荫,有以秀孝,有以劳考,有除免而复叙者,皆循法以申之,无或枉冒。

阶品的等级,是以爵位高低,皇亲远近,勋官大小、门荫高低、科第等级、考课等第等等来授予的。所谓"有以秀孝",就是以汉之秀才、孝廉,来喻唐之进士、明经,在这里则是作为对所有贡举试科目的概括而言的。《唐会要》卷七十五《贡举上·帖经条例》载:

> (开元)二十五年二月,敕:"今之明经、进士,则古之孝廉、秀才,近日以来,殊乖本意。进士以声律为学,多昧古今;明经以帖诵为功,罕穷旨趣。……"

这里明确指出,唐代的明经、进士,就是汉代的孝廉、秀才,所以在唐代诗文中将进士、明经,称作秀才、孝廉者,更是屡见不鲜,习以为常,如韩愈文《送孟秀才序》,柳宗元文《送班孝廉擢第归东川觐省序》,钱起诗《送李秀才落第游荆楚》,权德舆诗《送韩孝廉侍从赴举》等。《唐六典》在"有以封爵,有以亲戚,有以勋庸,有以资荫,有以秀孝,有以劳考"的每一项下都有其叙阶注释,在"有以秀孝"下注曰:

> 谓秀才上上第,正八品上;已下递降一等,至中上第,从八品下。明经降秀才三等。进士、明法甲第,从九品上;乙第,降一等。若本荫高者,秀才、明经上第(按,当为上上第),加本荫四阶;已下递降一等。明经通二经已上,每一经加一阶;及官人通经者,后叙加阶亦如之。凡孝义旌表门闾者,出身从九品上叙。

《新唐书》卷四十五《选举志下》的阐述更详细具体：

> 凡秀才，上上第，正八品上；上中第，正八品下；上下第，从八品上；中上第，从八品下。明经，上上第，从八品下；上中第，正九品上；上下第，正九品下；中上第，从九品下。进士、明法，甲第，从九品上；乙第，从九品下。弘文、崇文馆生及第，亦如之，应入五品者，以闻。书、算学生，从九品下叙。

《新唐书》所说明经"中上第，从九品下"是错误的，应为"从九品上"。按《唐六典》载，明经降秀才三等，秀才上上第，正八品上，则明经上上第，为从八品下。以此类推，秀才中上第，从八品下，则明经中上第，当为从九品上。《旧唐书》卷四十二《职官志一》也说：

> 诸秀才出身，上上第，正八品上；上中第，正八品下；上下第，从九品上。明经出身，上下第，从八品下，上中第，从九品上。进士、明法出身，甲第，从九品上；乙第，从九品下。若通二经已外，每一经加一等。

《旧唐书》对秀才出身只列举了三个等第，上上第、上中第，所授品阶是对的，而上下第，谓"从九品上"，是错误的，当是"从八品上"，"九"字为"八"字之误。对明经出身，只列举了两个等第，上上第，从八品下是正确的，而谓"上中第，从九品上"却是错误的，当是"中上第，从九品上"。因《旧唐书》在这里举例只是取两头：最高等第和最低等第。由是知，明经中上第，为从九品上。《旧唐书》将"中上第"误为"上中第"而《新唐书》却将"从九品上"误为"从九品下",当是笔误或后人传抄之误。另外,从明经等第所授散官衔来看,也应该是"中上第,从九品上"。

唐初曾设立过秀才科。秀才科品阶最高、但时间不长就废弃了。《通典》卷十五《选举三》说:

> 初,秀才科等最高,试方略策五条,有上上、上中、上下、中上凡四等。贞观中,有举而不第者,坐其州长,由是废绝。

据《新唐书》卷四十四《选举志上》所载:"高宗永徽二年,始停秀才科。"又据徐松《登科记考》所载,自高祖武德四年(621)始置秀才科至高宗永徽二年(651)停秀才科,三十年间登此科者仅二十八人,可知当时取人之严峻。

秀才科停后,贡举常科就只剩下明经、进士、明法、明书、明算五科了。这五科的举子们应试及第后,就可到吏部参加关试。关试过后,吏部就根据五科新及第举子的等第,授予其相应的阶品散官衔了。《唐六典》卷二《尚书吏部》云:

> 凡叙阶二十九:从一品曰开府仪同三司,正二品曰特进,从二品曰光禄大夫,……正八品上曰给事郎,正八品下曰征事郎,从八品上曰承奉郎,从八品下曰承务郎,正九品上曰儒林郎,正九品下曰登仕郎,从九品上曰文林郎,从九品下曰将仕郎。

在唐代,散官无正一品,三品以上只有正、从两个等级;四品以下开始分正上、正下、从上、从下四个等级。凡九品以上职事官都带散官衔,谓之"本品"。由二十九阶散官衔知,唐代官品分为三个台阶,三品以上一个台阶,五品以上一个台阶,六品以下一个台阶。职事官亦是如此。

明经、进士等举子及第后再经关试,就可取得散官衔,即官资。如明经上上第,从八品下,可授予承务郎;上中第,正九品上,可授予儒林郎;上下第,正九品下,可授予登仕郎;中上第,从九品上,可授予文林郎。进士、明法,只有二等,甲等,从九品上,可授予文林郎;乙第,从九品下,可授予将仕郎。明书、明算,只有一等,即从九品下,可授予将仕郎。但进士正式授予散官衔,却在冬集铨选注拟时随职事官职一同授予。只有明经,早期先授散,经当番后,才定冬集;后来就与进士一样了,冬集时始授散。

明经,按规定分为四个等第,俗称甲乙丙丁科;进士,按规定分为两个等第,俗称甲乙科,但实际录取时,明经只有两个等第,进士只有一个等第。杜佑《通典》卷十五《选举三》载:

> 按令文科第,秀才与明经同为四等,进士与明法同为二等,然秀才之科久废,而明经虽有甲乙丙丁四科,进士有甲乙二科,自武德以来,明经惟有丁第,进士惟有乙科而已。

《通典》的这段话,曾招致后人不少非议,傅璇琮先生在《唐代科举与文学》第七章《进士考试与及第》里有一段话,可概括古今学术界的普遍看法:

> 这里说自武德以来,也就是自唐初设科取士以来,明经只有丁第,进士只有乙科。《通典》所说并不确切。从现有材料来看,无论是在杜佑之前或之后,进士考试都有登甲科的。如

《旧唐书》卷一二八《颜真卿传》："开元中,举进士,登甲科。"卷一三七《于邵传》："崔元翰年近五十,始举进士,邵异其文,擢第甲科。"卷一六三《王质传》："元和六年,登进士甲科。"又权德舆《唐故尚书司门员外郎仲君墓志铭》(《权载之文集》卷二十四):"大历十三年,举进士甲科。"赵翼《陔余丛考》卷二十九《甲榜乙榜》中说道:

> 杜氏《通典》,进士有甲乙两科,武德以来第进士惟乙科。《旧唐书》,玄宗亲试敕曰:"近无甲科,朕将存其上第。"《杨绾传》:玄宗试举人,登甲科者三人,绾为之首,其乙科凡三十余人。是甲乙科俱谓进士也。

据此,则玄宗以前进士登第者或无甲科,杜佑把它说成自武德以至编撰《通典》的德宗时,就与事实不符了。按,《陔余丛考》所引《旧唐书》玄宗亲试敕曰:"近无甲科,朕将存其上第。"及《杨绾传》载杨绾登甲科之首,都是指制举试,而赵翼以为说的是进士科,大误。

表面看来,诚如《唐代科举与文学》所说:"无论是在杜佑之前或之后,进士考试都有登甲科的。"就是明经也有登甲科的。如《新唐书》卷一六四《王彦威传》:"少孤,家无赀,自力于学,举明经甲科,淹识古今典礼。"卷二〇三《文艺下·崔元翰传》:"父良佐,与齐国公日用从昆弟也。擢明经甲科。"《唐代科举与文学》又认为"玄宗以前进士登第者或无甲科",也不确。权德舆《伏蒙十六叔寄示喜庆感怀三十韵因献之》诗云:"握兰中台并,折桂东堂春。"注曰:"曾王父成都府君、曾祖叔梓州府君、长安府君,同以进士居甲科,载在《登科记》之内也。"(《全唐诗》卷三二二)所谓成都府君、梓州府君、长安府君,是指成都县尉权无侍、梓州刺史权若讷、长安县丞权同光,见权德舆《唐故通议大夫梓州诸军事梓州刺史上柱国权公文集序》(《全唐文》卷四九三)与《唐故东京安国寺契微和尚塔铭》(同上卷五〇一),三人登进士甲科在高宗、武后年代。《河南千唐志斋藏志》收有《大唐故郑州长史钜鹿魏君墓志铭并序》云:

> 公讳悫,字处实,钜鹿曲阳人。……十五志学,三十而立,以秀才甲科,调补宣州当涂县尉。……以大唐开元六年十月三日遘疾,终于官第,春秋七十有三。

以开元六年(718)七十三岁逆数,其三十登秀才甲科当在高宗上元二年(675),时秀才科已停,则"秀才甲科"当指进士甲科。

的确,从现有材料来看,无论是在杜佑之前或之后,也无论在玄宗之前或之后,进士、明经考试都有登甲科的。那么,《通典》这样说,难道真的与事实不符吗?我们认为,事情并非如此简单。

首先,今本《通典》即中华书局影印《万有文库》十通本的这段话有误。《册府元龟》卷六四〇《贡举部·条制二》载:

> 案今科第,秀才与明经同为四等,进士与明法同为二等,然秀才之科久废,而明经虽有甲乙丙丁四科,进士有甲乙二科,自武德以来,明经惟有丙丁第,进士惟乙科而已。

毫无疑问,《册府元龟》的这段话是转抄自《通典》的。《通典》的原话当是"自武德以来,明经惟有丙丁第",而今本《通典》脱一"丙"字。又,查台湾世界书局影印摛藻堂《四库全书荟要》本,《通典》这句话的原文也是"自武德以来,明经惟有丙丁第"。《四库全书荟要》是为专供清帝御览而辑成,不仅版本、缮写、校勘、考证较《四库全书》精审完善,而且内容也更存真可靠。由是知,《通典》原文应是"明经惟有丙丁第",由于今本脱一"丙"字,就更会增加人们对《通典》所言的怀疑程度。

其次,《通典》作者杜佑,据两《唐书》本传和权德舆为其所撰《墓志铭》知,他生于玄宗开元二十三年(735),卒于宪宗元和七年(812),享年七十八岁。他虽非科举出身,也不曾担任过知贡举,但却长期为相,礼部侍郎放榜前,得先把及第举子的试卷和榜文呈报宰相批阅,所以他对及第举子的等第还是熟悉的。而且他年长见广、博学多识,尤其淹通古今典章制度,精于吏职。《旧唐书》本传说他,"博闻强学,知历代沿革之宜","性嗜学,该涉古今"。即使晚年,年高位显,仍好学不息。"性勤而无倦,虽位极将相,手不释卷。质明视事,接对宾客;夜则灯下读书,孜孜不息。与宾佐谈论,人惮其辩而伏其博,设有疑误,亦能质正。始终言行,无所玷缺。"《通典》的写作,并非是闭门造车,想当然耳。他是在史学家刘知几之子刘秩《政典》的基础上,广搜博辑,积三十余年的辛勤耕耘而写成的。《旧唐书》本传载他献书后,"优诏嘉之,命藏书府。其书大传于时,礼乐刑政之源,千载如指诸掌,大为士君子所称"。《新唐书》本传也说"儒者服其书约而详"。由此可知,像"自武德以来,明经惟有丙丁第,进士惟乙科而已"这句话,出自一个饱学博闻,精于典制,而又慎言明事的通儒之口,决不会是信口雌黄。且唐朝人写唐朝事,耳闻目睹,必有所据,不可能不顾实事。此书写成后,又广为流传,上至皇帝,下至及第与未第之举子,中至满朝文武,并未对这句话提出质疑和抗议,而这句话不仅关系到及第举子的名声问题,也关系到以后选官授衔的品阶和俸禄多寡的大问题,既然无有反响,可见这句话是成立的,是站得住脚的。

再次,从明经、进士及第的录取标准来看,也不可能有甲科。《唐六典》卷二《尚书吏部》载:

> 诸明经试两经,进士一经,每经十帖。《孝经》二帖,《论语》八帖。每帖三言。通六已上,然后试策:《周礼》、《左氏》、《礼记》各四条,余经各三条,《孝经》、《论语》共三条,皆录经文及注意为问。其答者须辨明义理,然后为通。通十为上上,通八为上中,通七为上下,通六为中上。……
>
> 其进士帖一小经及《老子》(皆经、注兼帖),试杂文两首,策时务五条,文须洞识文律,策须义理惬当者为通(若事义有滞,词句不伦者为不。其经、策全通为甲,策通四、帖通六已上为乙,已下为不第)。

这当是开元二十四年(736)之前知贡举尚未移交礼部时所订。后玄宗于开元二十五年(737)、天宝十一载(752)在考试内容和录取标准上皆有所改进,但变化不是很大。以后历朝或复旧或加减,亦略有变通,但无出天宝十一载以前所订条款之框框。要言之,明经考试分三场:帖经、问经义、时务策。帖经、问经义,十通六以上、时务策三条全通为及格,以下为不及格。进士试也分三场:诗赋、时务策、帖经。诗赋全佳、时务策五通四、帖经十通六以上为及第,以下不取,中唐后规定,帖经不及格,可用诗补,谓之"赎帖"。无论是明经,还是进士,都是每场定去留:第一场不及格,不得参加第二场考试;第二场不及格,不得参加第三场考试。三场都及格,才能算及第。但这只能是最末一等。所谓甲第,对明经来说,是帖经、问义、时务策全通;对进士来说,是诗赋、时务策、帖经全通,用现代的考分来说,就是满分,即每场考试要满分,三场考试的总分也必须是满分。就以我国解放五十年来的高考录取作一比喻吧,无论是文科"状元",还是理科"状元",每门考试是满分,总成绩是满分者未曾听说过。以今律古,唐代科举试每场全通,三场全通的也不可能有。

实事也确是如此。《册府元龟》卷六三九《贡举部·条制一》就载高宗永隆二年(681)八月的诏令说:"其中亦有明经学业该深者,惟许通六;进士文理华赡者,竟无甲科。"这一现象不仅高宗以前有,高宗以后也一直存在了下去。钱起的《湘灵鼓瑟诗》为有唐一代省试诗之绝唱,后世之楷模,但据王应麟《困学纪闻》卷十八《评诗》所载,也不过是"名在第六",可见其赋、帖经、时务策或有不尽人意处。

最后,再从唐代明经、进士及第后,吏部所授散官衔来看,也未见有甲科者。按令文,明经及第后授阶应由上上第从八品下之承务郎到中上第从九品上之文林郎;进士授阶,甲科,从九品上文林郎;乙科,从九品下将仕郎。然翻检载籍,明经授阶多为从九品上之文林郎,进士授阶则一律是从九品下之将仕郎。也就是说明经多是丁科,进士则是乙科,未见有明经授予从八品下之承务郎(除非再加上门荫或功勋等其他品阶)、进士授予从九品上之文林郎者。可举数例如下:

《千唐志斋藏志》收有《大唐故左卫长史颜君墓志铭并序》云:

> 公讳仁楚,字俊,琅耶人也。……弱冠州举孝廉,射策高第,授文林郎,贞观十有八年也。

又收有《大唐故文林郎王府君墓志铭并序》,云:

君讳贞,字子正,河南洛阳人也。……皇唐以孝廉授文林郎,耽好琴书,糠芥簪绂,白云在玩,丹霞浮酌,行藏舒卷,浩然自王。既而溘尔朝露,清润之彩易晞;飘然风烛,高明之晖遽掩。以长寿三年三月十五日薨于里第,春秋五十一。

周绍良先生主编的《唐代墓志汇编》收有《大唐故文林郎崔君墓志铭并序》,云:

君讳沉,字处道,博陵安平人。……贞观十七年,(乡)贡明经高第,授文林郎。十八年遘疾,终于宋城县钦贤里第,年廿有四。

《全唐文》卷二一六收有陈子昂《我府君有周居士文林郎陈公墓志铭》,云:

公讳元敬,字某,其先陈国人也。……年弱冠,早为州间所服,耆老童幼,见之若大宾。二十二,乡贡明经擢第,拜文林郎。属忧艰不仕,潜道育德,穆其清风,邦人驯致,如众鸟之从凤也。……太岁己亥,享年七十有四,七月七日己未,隐化于私馆。

卢藏用在其《陈子昂别传》里也说:

父元敬,瑰伟倜傥。年二十,以豪侠闻,属乡人阻饥,一朝散万钟之粟而不求报,于是远近归之,若龟鱼之赴渊也。以明

经擢第,授文林郎。因究览坟籍,居家园以求其志,饵地骨炼云膏四十余年。(《全唐文》卷二三八)

由以上数例所授衔知,颜仁楚、王贞、崔沉、陈元敬等,所中明经是中上第,也就是丁科而已。所谓"高第"云云,不过是誉辞而已。

再看进士。《全唐文》卷二一六收有陈子昂《周故内供奉学士怀州河内县尉陈君石人铭》,云:

> 君讳该,字彦表,绵州显武人也。……君少好学,能属文。上元元年,州贡进士,对策高第,释褐授将仕郎。其明年,制敕天下文儒,司属少卿杨守讷荐君应词殚文律,对策高第,敕授茂州石泉县主簿。

《唐代墓志汇编》收有《大唐故将仕郎杨君墓志铭并序》,云:

> 君讳全,字宝行,弘农华阴人也。……大唐以万宇攸平,四门是辟,明扬幽泌,惟道斯存。以贞观九年,爰应旌命,射策高第,泛授散官,论例既多,俯同将仕。君以亲老子弱,不遑从政,闲居洛涘,十有余年。……以贞观廿三年七月三日奄然终谢,春秋四十有三。

《全唐文》卷七三二收有赵儋《大唐剑南东川节度观察处置等使户部尚书兼御史大夫梓州刺史鲜于公为故拾遗陈公建旌德之碑》,云:

> 公讳子昂,字伯玉,梓州射洪县人也。……年二十四,文明

元年进士,射策高第。其年,高宗崩于洛阳宫,灵驾将西归于乾陵。公乃献书阙下,天后览其书而壮之,召见金华殿,因言霸王大略,君臣明道,拜麟台正字。

按,高宗崩于洛阳宫是在文明元年(684)的前一年即弘道元年(683)十二月,第二年正月改元嗣圣,二月始改元文明,陈子昂进士及第当在此时。据《资治通鉴》卷二〇三载,这一年"五月丙申,高宗灵驾西还","八月庚寅,葬天皇大帝于乾陵"。则陈子昂献《谏灵驾入京书》,当在是年五月下诏西还期间,献书后被太后拜为麟台正字也当在此时。陈子昂在任麟台正字期间,写有《谏用刑书》、《谏雅州讨生羌书》,书中自称:"将仕郎守麟台正字臣陈子昂。"将仕郎乃陈子昂进士及第所授散官衔。

又,《旧唐书》卷一六六《白居易传》载:"贞元十四年,始以进士就试,礼部侍郎高郢擢升甲科。"白居易登进士第在贞元十六年(800),而非十四年(798),《旧唐书》误。白居易在其《箴言并序》中就说:"贞元十有五年,天子命中书舍人渤海公领礼部贡举事。越明年春,居易以进士举,一上登第。"同时又说:"无曰擢甲科,名既立而自广自满。"(顾学颉先生《白居易集》卷四十六)他在《留别吴七正字》一诗中也说:"成名共记甲科上,署吏同登芸阁间。"(同上卷十三)吴七即吴丹,与白居易同年及第。然白居易在元和二年(807)十一月由周至县尉被召入翰林院时,写有《奉敕试制书诏批答诗等五首》,自称"将仕郎守京兆府周至县尉、集贤殿校理、臣白居易"(同上卷四十七)。将仕郎是白居易进士及第所授散位衔。

《登科记考》卷二十四系黄滔乾宁二年(895)进士及第,光化中释褐四门博士。黄滔在《丈六金身碑》中也自称:"滔以甲科忝第。"

（《全唐文》卷八二五）但他在《祭陈侍御》中却说："维光化三年岁次庚申正月庚寅朔十五日甲辰，将仕郎守国子四门博士黄滔，谨以清酌之奠，敬祭于侍御陈君延封之灵。"（同上卷八二六）将仕郎是黄滔进士及第所授衔。

由以上数例看，墓志、史书所称陈该、杨全、陈子昂、白居易、黄滔等进士及第曰"高第"、"甲科"，而且他们也自称"甲科"，但这纯属誉辞，实际上不过是乙科，从九品下之将仕郎。

总之，由以上所言看，《通典》谓"自武德以来，明经惟有丙丁第，进士惟乙科而已"，是符合实事的，是站得住脚的。正因为唐代明经只有丙丁第，进士只有乙等，不好听，于是就统统誉为高第、甲科。这一点，唐人是清楚的，不会产生误解，后人就不明白了，也就当真了。然而杜甫却说了句实话。他在《八哀诗·故秘书少监武功苏公源明》一诗中说："射君东堂策，宗匠集精选。制可题未干，乙科已大阐。"写苏源明都堂试策，参加者都是精选之宗匠。既而皇帝画"可"，放榜敕下，金榜题名，墨迹未干，苏进士及第，姓名大显。"乙科"代称进士科，但却是实指。

四、春关

关试后，吏部还要向新及第举子散发春关。

所谓春关，就是及第举子的出身文凭。及第举子只有拿到出身文凭，才有资格参加吏部的冬集铨选，所以春关又起着选人证书的作用。李肇《唐国史补》卷下"叙进士科举"条说："籍而入选，谓之春关。""籍"，就是登录在簿；"入选"，就是入为选人，合起来就是登录及第者的有关材料并接纳其为吏部选人的文书叫作春关。

春关是由礼部贡院填写登录,吏部南曹散发授给。也就是说"籍而入选"的"籍",属礼部操作;而"入选"则归吏部。礼部放榜后,把及第举子的姓名、籍贯、年龄、三代名讳,登第时间、科目、等第、名次等材料整理成状,叫作春关状,然后再把它誊录在绫纸上,由知贡举人签名,礼部贡院盖章,就可以移交吏部了。吏部选院拿到的这种春关也只能是半成品,因为它还要根据举子及第的科目、等第,再填写上其相应的所授品阶散官衔,以及冬集时间,并加盖印章。至此,春关才能成为正式的文凭,只等关试后散发给举子了。

填写春关状一般由知贡举进行。若知贡举不是礼部侍郎,而是其他官员担任,则须由此知贡举官员将填好的春关状进纳礼部贡院,由礼部贡院誊录后负责移交吏部。《册府元龟》卷六五一《贡举部·谬滥》曾记载了这样一位不负责任的知贡举官员:

> 明宗天成四年,中书舍人、知贡举卢詹,进纳春关状内,漏失五经四人姓名,罚一月俸。

卢詹于后唐明宗天成四年(929)春以中书舍人权知贡举的,他写好春关状进纳礼部时,却漏写了四名五经科及第举子的姓名材料,被礼部贡院告发上奏,于是罚以停发一个月的俸钱。由此亦可见五代政治之混乱。

正因为春关先由礼部贡院填写,所以及第举子若丢失了春关,就须先向礼部贡院申请补发。丢失春关现象五代时特别严重。由于战乱频仍,兵燹相连,朝代更迭,及第举子丢失春关的事屡有发生。为此,政府也曾规定了一些补发春关的条条框框,以防止他人冒领。如《册府元龟》卷六四一《贡举部·条制三》载：

> （后唐天成三年）十二月戊午，礼部贡院以诸色及第人失坠出身，请同年一人充保，次年及第二人充保，即重给春关。

所谓"同年一人充保，次年及第二人充保"，是说由与失坠出身者同一年及第的一人作保人，第二年及第的两人作保人，才能重给春关。《册府元龟》卷六三三《铨选部·条制三》又载：

> （后唐明宗长兴二年）四月，敕："举选人众，例是艰辛，曾因兵火之余，多无敕甲。不有特开之路，皆为永弃之人。其失坠春关冬集者，宜令所司取本人状。当及第之时，何人知举，同年及第人数几何，如实，即更勘本贯，得同举否……"

所谓"本人状"就是本人申请补发的说明书，书中要写明及第时知贡举的姓名，同年及第的人数有多少、姓名等，如符实，再审查其籍贯，有无与其同举者，可由他们作证。由于礼部贡院是填写春关的第一道手续的机构，失坠出身者及第与否、科名、等第等等，他们最清楚，故失坠春关者得先向他们申请，由他们办理。

春关用绫纸做成，还有缥轴，看来相当讲究，但其式样无考，想必与官吏的告身差不多，韩愈《试大理评事王君墓志铭》写奇男子王适年轻时骗娶侯高女，就用"一卷书粗若告身者"假充明经出身文书，由媒婆"袖以往"去见侯翁的。

及第举子领取春关前是要交纳绫纸钱、朱胶费的。《唐会要》卷八十二《考下》载大中六年（852）七月，考功奏：考牒，"请准吏部告身及礼部春关牒,每人各出钱收赎"。可见春关和告身、考牒一样,都要交钱才能领到。五代后唐时改由官给。《册府元龟》卷六四二《贡举部·条制四》载:

> (末帝清泰)二年七月,御史中丞卢损言:"天成二年二月敕,每年进士合有闻喜宴、春关宴,并有司所出春关牒用绫纸,并官给。臣等以举人既成名第,宴席所费属私,况国用未充,枉有劳费,请依旧制不赐。"诏曰:"春关冬集绫纸、闻喜、关宴所赐钱,并仍旧官给,余从之。"

按,春关又名冬集书,故诏文中称"春关冬集绫纸"。后唐明宗天成二年(927)以前,依旧制,闻喜宴、关宴,及春关所用绫纸等费用,都是由及第举子个人出钱纳资掏腰包的,天成二年后,国家在财政相当拮据的情况下,这些活动反倒由政府"官给",真是不可思议。后周时又改由及第举人个人交纳了。《五代会要》卷二十二《吏曹裁制》载:

> 周显德五年闰七月,吏部南曹状申所行事件,画一如后:……每年及第举人,自于官诰院纳官钱一千,买绫纸五张并缥轴,于当曹写印缝,缝给于官诰院,却每人牒送朱胶钱三百到曹,支备铨中及当司公使。

有关唐代官职的史书典籍上,未见有"官诰院"一词,想必是五代时始有。告身的制作在唐代原属吏部管,可能五代时始分离出去的。则春关的制作也就由官诰院来操作了。引文称及第举子向官诰院交纳一千文,买绫纸五张与缥轴。在纸缝间要盖有吏部南曹的印章(防止假冒),然后再拿回到官诰院装订。官诰院还得分出三百文朱胶钱牒送到南曹,以备铨选期间的开销支出。

散发春关是由吏部南曹进行的,而且必须在关试后。《太平广记》卷一七八《贡举一·关试》载:

> 吏部员外于南省试判两节,试后授春关,谓之关试。诸生谢恩,其日称门生,谓之"一日门生"。自此方属吏部矣。

《太平广记》的此条,未注出处,但显而易见,是出自《唐摭言》卷三《关试》一节。不同的是,今本《唐摭言》无"试后授春关,谓之关试"这一句。《唐摭言》除明代有节刊本外,全书一直靠手抄本留传,到清代才据抄本印成全刊本。《太平广记》此条,必是《唐摭言·关试》这一节的原文,而被《唐摭言》节刊本、传抄本所删节。

宋洪迈《容斋续笔》卷十三《贻子录》也载:

> 先公自燕归,得龙图阁书一策,曰《贻子录》,有"御书"两印存,不言撰人姓名。……其《修进》一章云:咸通年中,卢子期著《初举子》一卷,细大无遗,就试三场,避国讳、宰相讳、主文讳。……及吏部给春关牒,便称前乡贡进士。

由此可见,春关是吏部给的。但由于及第举子丢失春关后,向礼部申报补发,于是有人就以为春关是由礼部贡院发放的。另外,《宋史》卷一五五《选举志一》所载太宗端拱元年(988)有关贡院故事一文,也易引起人们的误解:

侯正敕下,关报南曹、都省、御史台,然后贡院写春关散给。
登科之人,例纳朱胶、绫纸之直,赴吏部南曹试判三道,谓之
关试。

宋初之制,多承唐五代。《宋史》所言,似乎春关是由礼部贡院散给
的,而且登科之人领到春关后才赴吏部参加关试,则唐代也是如此。
其实,《宋史》的这段话不够严谨,它将"贡院写春关"与"散给"捆在
一起叙述,又把登科之人"赴吏部南曹试判"放在了"贡院写春关散
给"后,于是就造成了误解。但唐代关试,是试判两道,至宋初,却增
为三道了,这一点是不同的。

　　一般说来,春关是散给的,就是说关试后由及第举子到南曹领
取,或由负责南曹的吏部员外郎散发给他们。由于关试没有成绩,
不分等第,也不依其优劣而授衔,所以,只要参加,就发春关。甚至
于五代时,那些交纳白卷、互相传抄作弊者,也依然能够领到春关。
如前引《册府元龟》卷六三三所载后唐明宗长兴元年十月,"吏部南
曹关试今年及第举人,进士李飞等六十九人内,三礼刘莹、李斐、李
铣、李道全,明算宋延美等五人,所试判语皆同",但吏部南曹还是发
给他们春关。于是明宗在诏文中说:"其所给春关,仍各追纳。"为
了防止吏部南曹营私舞弊,明宗天成四年(929)七月曾下诏集体公
开颁发春关。《册府元龟》卷六四一《贡举部·条制三》载:

　　是月,敕:"应今年新及第人给春关,并于敷政门外宣赐。"
虑所司邀颉故也。

"邀颉",即"要胁"之假借。何以是年春关在七月颁发,可能与这年

的礼部考试、放榜、关试等推迟有关。《登科记考》卷二十五引《册府元龟》云："二月，贡院虽锁，未试举人，敕先往洛京，赴本省就试。"并注曰："按《通鉴》，明宗于二年十月如大梁，四年二月庚午还洛阳。"

春关，是在关试后散发；要取得春关，必须得参加关试，可见春关与关试关系之密切。《太平广记》卷一七八"关试"条云："吏部员外于南省试判两节，试后授春关，谓之关试。"《唐音癸签》卷十八"进士科故实"条也说："吏部试判两节，授春关，谓之关试。"由此可见，关试的关，当源于春关的关。也就是说，关试名称的得来源于春关。所谓关试，就是获得春关的考试。从这一点来说，关试又是获得春关的一种手段，一种形式，而春关却是目的，是关键，是证明及第举子的文书，又是选人证书，也是冬集铨选的资格证，是官资的凭据。及第举子对关试不重视，而对春关却很看重，其原因也就在此。

及第举子参加了关试，领取了春关，礼部的移交手续和吏部的接纳任务才算最后完成。前引郑仁表《左拾遗鲁国孔府君墓志铭》说："新进士得意归去，多不伏拘束假限，往往关试不悉集，贡曹久未毕公事。"所谓"贡曹"就是指礼部贡院和吏部南曹。及第举子不参加关试，领不到春关，就不属于吏部选人，礼部贡院和吏部南曹也就完不成移交和接纳任务，交不了差，故曰"贡曹久未毕公事"。

由于关试后即授春关，所以人们往往以春关代指关试。《南部新书》谓"咸通九年，刘允章放榜后，奏新进士春关前择日谒谢先师"云云，这里的"春关前"，实际上是指关试前。唐僧无可《送邵锡及第归湖州》："春关鸟罢啼，归庆浙烟西。"（《全唐诗》卷八一三）姚合《答韩湘》："昨闻过春关，名系吏部籍。"（同上卷五〇一）这里的"春关"，都是指关试。由于春关可以代指关试，于是有人以为关试亦名春关，这是不对的。

由于关试后领到了春关，成了吏部的选人，"始属吏部守选"，于是及第举子便携带着春关，高高兴兴地离开了京城，回家守选去了。唐诗中有关春关的描写还是比较多的，尤其是送人及第归家诗中更多。如黄滔《送人明经及第东归》："亦从南院看新榜，旋束春关归故乡。"(《全唐诗》卷七〇五)"南院"即礼部贡院，因其在礼部南面而得名，是礼部放榜处。诗中有时也把春关叫作新诰牒、冬集书等，如张籍《送李余及第归蜀》："归去惟将新诰牒，后来争取旧衣裳。"(同上卷三八五)姚合《送李余及第归蜀》："手执冬集书，还家献庭闱。"(同上卷四九六)又《送朱庆余及第后归越》："此庆将谁比，献亲冬集书。"(同上)《送雍陶及第归觐》："献亲冬集书，比橘复何如。"(同上)春关又名"冬集书"，是因冬集时凭此书验明正身，才准铨选，故名。姚合还有一首《赠任士曹》诗，云："宪宗十一祀，共得春闱书。"(同上卷四九七)"春闱书"当是"春关书"之讹，因繁体字"闈"与"關"极其相近，故易讹。如姚合《答韩湘》"昨闻过春关"，在"关"字下《全唐诗》注曰："一作闱。"由"过"可知，作"闱"显然是错误的。只有关试才可曰"过"，而"春闱"是礼部试，是不能用"过"字的。又，《太平广记》卷一七八《贡贡一·总叙进士科》载："籍而入选，谓之春闱。""闱"为"关"字之讹甚明，然上海古典文学出版社出版的《唐国史补》点校本便据《太平广记》将"春关"径直改为"春闱"就更是错误的了。

五、前进士

关试后，及第举子便有了新的称谓。

《唐音癸签》卷十八《诂笺三》"进士科故实"条说：

> 放榜后称新及第进士，关试后称前进士。唐进士，今乡贡之称；前进士，乃今进士称也。《摭言》云：进士及第后，知闻或遇未及第时题名处，则为添"前"字。故唐人登第诗有"名曾题处添前字，送出城人乞旧衣"之句。

前引洪迈《容斋续笔》卷十三《贻子录》载咸通年中卢子期所著《初举子》一书云："及吏部给春关牒，便称前乡贡进士。"知进士及第，再经关试，拿到了春关，就可称"前进士"、"前乡贡进士"了。

《蔡宽夫诗话·唐制举情形》有这样一段话，云：

> 关试后始称前进士，故当时书曰："短行书了属三铨，休把新衔献必先。从此便称前进士，好将春色待明年。"故事：放榜后，贡院小吏多录新及第人姓名，以献士大夫子弟之求者（按，"者"字衍）举者，至是始止，而诸科所试皆在明年故也。

《蔡宽夫诗话》的这条材料乃出自《唐摭言》卷一《述进士下篇》，云：

> 近年及第，未过关试，皆称"新及第进士"，所以韩中丞仪尝有《知闻近过关试》，仪以一篇纪之曰："短行纳了付三铨，休把新衔恼必先。今日便称前进士，好留春色与明年。"

"韩中丞仪"，即晚唐诗人韩偓之兄。《新唐书》卷一八三有其简传附在《韩偓传》后，云：

兄仪,字羽光,亦以翰林学士为御史中丞。偓贬之明年,帝宴文思毬场,全忠入,百官坐庑下,全忠怒,贬仪棣州司马。

韩仪诗中的"短行"指关试判词两道,因其简短而得名。"三铨"指吏部尚书与二位吏部侍郎所主持的尚书铨、西铨和东铨,这里泛指铨选。"新衔"即关试后的新称——"前进士"。"必先",是应试举子们的互相通称。《唐音癸签》"进士科故实"条谓:

"必先"似云名第必居先,与"先辈"同一推敬意。韩仪与关试后新人诗,有"休把新衔恼必先"句,此"必先"又谓下第同人也。

看来,"必先"一词及第者与未及第者都可以用,有"先辈"和登第必居先二意。诗的前两句是说,关试一过,就属吏部的铨选之人,切不可在同应试而下第的举子们面前提起"前进士"这一新衔,以免惹得他们烦恼。

按唐制,关试后新及第举子参加当年春天的铨选而授官是不可能的,因为唐代对新及第举子还有选格的限制,得守选数年后才准冬集参选。但在守选期间却允许他们可以参加制举或吏部科目选试,一经登科,就可立即授官,制举并不是每年都有,而科目选却年年都设。大和二年(828)后由于再未举行过制科考试,就只有科目选,于是这些新及第的举子便把希望寄托在第二年的科目选上。《唐摭言》卷三《今年及第明年登科》就说:"何扶,太和九年及第,明年,捷三篇。"所谓"捷三篇",就是中博学宏词科。何扶进士及第后于第二年以博学宏词登科,这可以说是晚唐进士及第后唯一一条最快的入仕之途了,所以才赢得人们的羡慕。韩仪诗"今日便称前进士,好留春色与明年",指的就是这种情形。而《蔡宽夫诗话》却以为说的是礼部放榜后,贡院小吏将新及第人姓名录下,献于士大夫子弟之求举者,"至是始止,而诸科所试皆在明年故也",大误。全诗写的都是新及第进士的事,"好留春色与明年"也当承前指"前进士"而言,若谓士大夫子弟之求举者,则于理不通,义不顺。

唐人进士及第后,还有一个习俗,即在以前曾经题有"进士某"的前面再加上一"前"字,就变成了"前进士某",表示自己已进士及第。《唐摭言》卷三《慈恩寺题名游赏赋咏杂纪》载:

> 及第后知闻,或遇未及第时题名处,则为添"前"字。或诗曰:"曾题名处添前字,送出城人乞旧诗。"

《登科记考》卷二十八《别录上》引有《唐摭言》这段话,并于"曾题名处添前字"下作注曰:

> 按题名添"前"字之可考者,郑珏于乾宁四年书《升仙庙兴功记》,题曰"进士郑珏书"。至光化三年,珏及第,于碑石"进士"上添"前"字是也。

卷二十四光化三年(900)进士及第系有郑珏名,名下注曰:

> 按《升仙庙兴功记碑》末云:"前进士郑珏书。"又注云:"光化三年添'前'字。"盖碑作于乾宁四年正月,是年及第后添"前"字也。

进士及第后，知闻或遇未及第时题名处，添一"前"字的事例除郑珏外，还可举出蔡京、李商隐等。柳城《摹雁塔题名残拓本》载有令狐绹所书之雁塔题名，云：

> 侍御史令狐绪、右拾遗令狐绹、前进士蔡京、前进士令狐纬、前进士李商隐，大和九年四月一日。

据《登科记考》卷二十一载，蔡京进士及第在开成元年（836），李商隐进士及第在开成二年（837），令狐纬进士及第虽未载年月，但最早也不会超过开成元年是可以肯定的。三人进士及第后，就分别在雁塔原大和九年（835）未及第时所题之"进士蔡京"、"进士令狐纬"、"进士李商隐"名前添加了一"前"字，变成了"前进士蔡京"等。

进士及第后，添"前"字的情况唐诗中也有反映。如姚合《及第后夜中书事》云："新衔添一字，旧友逊前途。"（《全唐诗》卷四九八）所"添一字"，即下句"逊前途"之"前"字，"一"与"前"互文见义，这两句之用字，可谓精妙。又，《送任畹及第归蜀中觐亲》："到处题'前'字，千人看不休。"（同上卷四九六）姚合还有首诗，题作《寄张徯》，诗末鼓励他明年进士及第，云："明年取'前'字，杯酒赛春辉。"（同上卷四九七）唐末昭宗乾宁三年（896），翁承赞进士及第，写有《擢进士》一诗，亦云："霓旌引上大罗天，别领新衔意自怜。"（同上卷七○三）"新衔"，就是前进士衔。

与前进士的称谓一样，明经、明法、明书、明算等诸科举子及第后，也都可称作前明经、前明法、前明书、前明算等。而且还可按其得第途径称，如由乡贡而登进士者，称为前乡贡进士；由国子监生徒登进士第者，称为前国子（监）进士；由广文馆生徒而登进士者，称为前广文馆进士等等。可举数例:《唐代墓志汇编》收有《唐故新定郡遂安县尉李府君夫人博陵崔氏墓志铭并序》,署名"前乡贡进士弘农杨绾述";《大唐故永王府录事参军卢府君墓志铭并序》,署名"前国子进士房由撰";《故陇西李府君墓志铭并序》,署名"前崇文馆进士柳成撰";《唐故殿中侍御史淄州长史知军州事崔府君墓志铭并序》,署名"外甥前广文馆进士□嗣之撰";《唐故乡贡进士荥阳郑府君墓志铭并序》,署名"仲兄前乡贡明经迪撰";《唐故李□太原王夫人墓志铭并序》,署名"前弘文馆明经白缓撰";《唐故彭城刘夫人墓志铭并序》,署名"前乡贡开元礼史□撰"。另外,《登科记考》卷二十七《附考》载有孙兰,注云:"《通鉴长编》:'宋太祖建隆元年二月,前乡贡三传孙兰治《左氏春秋》,聚徒教授。……'按称前乡贡,则当五代末登第。"又载有薛敖,云:"前乡贡明法,见《世系表》。"又载有郭嵫,云:"《容斋续笔》云:'予前有旧监本《周礼》。其末云广顺三年癸丑五月雕造九经书毕,前乡贡三礼郭嵫书。'"

六、关宴

关试前后,新及第举子还要举行一系列的宴集活动。关于进士及第后的宴集情形,傅璇琮先生在《唐代科举与文学》一书中以专章进行了详细地描写,故不再多赘述。现就与关试有关的宴集稍加说明。

关试前,新及第举子有一个大的宴集,叫作闻喜宴。《蔡宽夫诗话·唐制举情形》就说:"自闻喜宴后,始试制两节于吏部,其名始隶曹,谓之关试。"可知闻喜宴是在关试前举行。顾名思义,闻喜者,是因闻金榜题名而喜也。故闻喜宴多在放榜唱名后举行,宋王栐《燕翼诒谋录》卷一载:"故事,唱第之后,醵钱于曲江为闻喜之饮。"知闻喜宴是及第举子凑钱举行的一次宴会,多在曲江边。五代时,由于迁都洛阳,就多在著名的寺庙林园中举行,由于受到皇帝的重视,闻喜宴的花销改为朝廷赐钱。《登科记考》卷二十六引李焘《通鉴长编》云:

> 唐时,礼部放榜之后,醵饮于曲江,号曰闻喜宴。五代多于佛舍名园,周显德中官为主之。

所谓"官为主之",就是朝廷赐钱,官府主办。"周显德中",当指五代后周世宗于显德六年(959)正月所下的诏令。《册府元龟》卷六四二《贡举部·条制四》载:

> 甲戌,诏曰:"起今后,每年新及第进士及诸科举人闻喜宴,宜令宣徽院指挥排比。"先是,礼部每年及第人闻喜宴,皆自相醵敛以备焉,帝以优待贤隽,故有是命。

其实,闻喜宴由朝廷赐钱,早在五代后唐明宗天成二年(927)就开始了,而改由官办可能始自后周显德六年。《旧五代史》卷三十八《唐书·明宗纪四》载天成二年十二月乙酉,"敕新及第进士有闻喜宴,逐年赐钱四十万"。至后唐末帝清泰二年(935)七月,御史中丞卢损上言,希望在"国用未充"的情况下"请依旧制不赐",但未被朝廷所采纳,"依旧官给"。唐代的闻喜宴有时座主也被邀请参加。晚唐曹松写有《及第敕下宴中献座主杜侍郎》一诗,由诗题知,是放榜敕下后所举行的宴会,当是闻喜宴了,曹松进士及第在昭宗光化四年(901),时知贡举为礼部侍郎杜德祥,乃杜牧之子。

宋初太宗年间,对闻喜宴也还是很看重的,而且规模比唐五代更大,由一日改为两天。进士科与其他诸科分别举行,朝官也参加。《宋史》卷一五五《选举志一》就载:

> 闻喜宴分为两日,宴进士,请丞郎、大两省;宴诸科,请省郎、小两省。

这种情况,可能与宋代进士及第人数多有关。

关试后,新及第举子的宴集活动较多,其中,与关试有关的宴会叫关宴。《唐摭言》卷一《述进士下篇》云:"大燕于曲江亭子谓之'曲江会'。"并注曰:

> 曲江大会在关试后,亦谓之"关宴",宴后同年各有所之,亦谓之为"离会"。

又于卷三《宴名》下载关宴为"此最大宴,亦谓之'离宴'"。

关宴,是新及第举子宴会中规模最大、时间最长的一项宴会,它包括曲江亭宴、曲江泛舟、杏园探花、寺塔题名等活动,总名为曲江大会。一般要持续数日,故曰"此最大宴"。

关宴首先在曲江边的亭子里举行,这是一次盛大的聚会活动,除及第举子外,还有座主参加。《唐摭言》卷三《慈恩寺题名游赏赋咏杂纪》载:

> 曲江亭子,安史未乱前,诸司皆列于岸浒;幸蜀之后,皆烬于兵火矣,所存者惟尚书省亭子而已。进士关宴,常寄其间。

按徐松《唐两京城坊考》卷三载,修政坊有尚书省亭子、宗正寺亭子,俱在曲江西北面。并引《辇下岁时记》曰:"新进士牡丹宴,或在于此。"这一天,除及第举子外,还有教坊歌妓,百官达人,有时皇帝也到,而且商贩货奇,公卿择婿,京师为之半空,热闹非凡。《唐摭言》卷三《散序》就说:

> 逼曲江大会,则先牒教坊请奏,上御紫云楼,垂帘观焉。时或拟作乐,则为之移日。故曹松诗云:"追游若遇三清乐,行从应妨一日春。"

紫云楼,在曲江南岸,为开元时所造,是专为皇帝率宫嫔游观的场所。《散序》又载:

> 曲江之宴,行市罗列,长安几于半空。公卿家率以其日拣选东床,车马阗塞,莫可弹述。

《慈恩寺题名游赏赋咏杂纪》也载:

> 宴前数日,行市骈阗于江头。其日,公卿家倾城纵观于此,有若中东床之选者,十八九钿车珠鞍,栉比而至。

由此可见,长安宴游之盛,莫过于及第举子的曲江亭宴了。若逢歌舞作乐,还会延长一日。

曲江亭宴后,就开始泛舟于曲江。《慈恩寺题名游赏赋咏杂纪》载:"既彻馔,则移乐泛舟,率为常例。"泛舟之时,偶有事故发生,同书载:

> 罗珦,贞元五年及第关宴,曲江泛舟,舟沉,珦以溺死。后有关宴前卒者,谓之"报罗"。

但《登科记考》卷十二却谓:"按珦衡山人,刘禹锡《送周鲁儒诗序》,言珦升俊造,仕甸服,官至御史,则《摭言》之说未确。"按刘禹锡有《送周鲁儒赴举诗并序》(《全唐诗》卷三六一),言周生貌似罗珦,此罗珦是否与溺水而死者为另一同姓同名人,可存疑。

曲江宴后就是杏园探花。按《唐两京城坊考》卷三载,杏园在通善坊,曲江之西南,与慈恩寺南北相望。并注曰:"为新进士宴游之所。"时值花季,杏园探花就成了关宴中的一项主要活动,故又名探花宴。一般是派两名年轻俊秀的新及第进士去采摘名花如牡丹等,称为两街探花使。这一天,长安的所有名园一律开放,任其采摘。宋赵彦卫在《云麓漫钞》卷七中引《秦中岁时记》说:

> 次则杏园初会,谓之探花宴。便差定先辈二人少俊者,为两街探花使。若他人折得花卉先开牡丹、芍药来者,即各有罚。

张籍诗《喜王起侍郎放榜》"谁家不借花园看,在处多将酒器行"(《全唐诗》卷三八五)指的就是这一情况。唐诗中写杏园探花宴的作品不少。如刘沧于大中八年(854)进士及第,他写有《及第后宴曲江》："及第新春选胜游,杏园初宴曲江头。"(同上卷五八六)李远写有《陪新及第赴同年会》:"今日杏园宴,当时天乐声。"(同上卷五一九),由赴新及第进士的杏园宴而想到自己当年及第时参加杏园宴的情景。按李远,大和五年(831)进士。曹邺,大中四年(850)进士,他写有《杏园即席上同年》诗,回思自己登第之艰难,"对酒时忽惊,犹疑梦中事"(同上卷五九二)。杏园宴除新及第举子外,有时座主也参加。姚合《杏园宴上谢座主》诗云:"今日无言春雨后,似含冷涕谢东风。"(同上卷五〇一)

唐诗中写自己为探花使的有二人,一是翁承赞,昭宗乾宁三年(896)进士及第,有《擢探花使三首》,云:

> 洪崖差遣探花来,检点芳丛饮数杯。
> 深紫浓香三百朵,明朝为我一时开。
>
> 九重烟暖折槐芽,自是升平好物华。
> 今日始知春气味,长安虚过四年花。
>
> 探花时节日偏长,恬淡春风称意忙。
> 每到黄昏醉归去,纻衣惹得牡丹香。
>
> (《全唐诗》卷七〇三)

另一位是韩偓,昭宗龙纪元年(889)进士及第,有《余作探使以缭绫手帛子寄贺因而有诗》:"解寄缭绫小字封,探花宴上映春丛。"(同上卷六八二)以缭绫手帛子寄贺的当是长安歌妓,知杏园探花宴还有歌妓参加。

杏园探花宴后,新及第进士还要到慈恩寺塔下题名。慈恩寺,在晋昌坊,占坊一半。以林泉形胜著称,寺有牡丹,每年开花达五六百朵之多,繁艳芬馥,无以伦比。故贞元四年(788)礼部侍郎刘太真知贡举时就出题《曲江亭望慈恩寺杏园花发》诗以试进士。慈恩寺题名的风俗似起于中宗时代。《唐摭言》卷三《慈恩寺题名游赏赋咏杂纪》载:"进士题名,自神龙之后,过关宴后,率皆期集于慈恩塔下题名。"又载:"神龙已来,杏园宴后,皆于慈恩寺塔下题名。同年中推一善书者纪之。他时有将相,则朱书之。"唐诗中描写及第进士于慈恩寺题名的也不少。如郑谷《贺进士骆用锡登第》云:

> 苦辛垂二纪,擢第却沾裳。
> 春榜到春晚,一家荣一乡。
> 题名登塔喜,醵宴为花忙。
> 好是东归日,高槐蕊半黄。

(《全唐诗》卷六七四)

五、六两句写的就是慈恩寺塔题名和杏园探花宴。朱庆余《赠凤翔柳司录》:"杏园北寺题名日,数到如今四十年。"(同上卷五一五)"杏园北寺"就是慈恩寺,寺在杏园北面。朱庆余宝历二年(826)进士及第,诗当写于四十年后的咸通六年(865)。徐夤《曲江宴日呈诸同年》:"好是慈恩题了望,白云飞尽塔连空。"(同上卷七〇九)黄滔《成名后呈同年》:"名推颜柳题金塔,饮自燕秦索玉姝。"(同上卷七〇六)都写到了雁塔题名事。

慈恩寺题名后,关宴结束,新及第举子就可以离京了,故关宴又名"离会"、"离筵"。如前引《唐摭言》就说:"宴后同年各有所之,亦

谓之为'离会'。"又说:"此最大宴,亦谓之'离筵'。"孙棨《北里志序》也载有此事,云:

> 自岁初等第于甲乙,春闱开送天官氏,设春闱宴,然后离居矣。(《全唐文》卷八二七)

按,"春闱开送"当是"春闱关送",因繁体字"關、開"形近易讹。同样,"设春闱宴"当是"设春关宴",因"關、闈"形近易讹。关宴期间,有时也可能穿插一些其他活动,如《唐摭言》卷三《宴名》中所提到的"樱桃、月灯、打毬"等宴会活动就可在此期间进行。这些活动并非年年都有,也不属于关宴范围,而多是个人举办。如恰逢樱桃初上市,新及第进士中的富豪子弟就购买来邀请大家在宴席上尝新,这就叫樱桃宴。乾符四年(877)淮南节度使刘邺之子刘覃进士及第,就"独置是宴,大会公卿"及新及第进士,"以至参御辈,靡不沾足"(《唐摭言》卷三)。《登科记考》卷二十三引《北里志》云:

> 刘覃登第年十六七,永宁相国邺之爱子。自广陵入举,辎重数十车,名马数十驷。时同年郑賓先辈扇之。

则这年的月灯阁打毬之会,也当是在郑賓的扇动下由刘覃出资举办的了。据《唐摭言》卷三载,刘覃在这次会上又出尽了风头,以其高超的毬技挫败了羽林军的打毬军将,使他们惭愧沮丧地离去了。

关宴多在寒食、清明、上巳等这些节日期间举行,就更增加了节日的热闹气氛。如张籍《喜王起侍郎放榜》:"东风节气近清明,车马争来满禁城。"皮日休《登第后寒食杏园有宴因寄录事宋垂文同年》:

雨洗清明万象鲜,满城车马簇红筵。

恩荣虽得陪高会,科禁惟忧犯列仙。

当醉不知开火日,正贫那似看花年。

纵来恐被青娥笑,未纳春风一宴钱。

(《全唐诗》卷六一三)

时绿草如茵,百花初放,正是踏青季节,也象征着新及第进士前程似锦、意气奋发。正如孟郊在《登科后》一诗写道:

昔日龌龊不堪言,今朝放荡思无涯。

春风得意马蹄疾,一日看尽长安花。

(《全唐诗》卷三七四)

与闻喜宴一样,关宴原也是由新及第进士凑钱委托团司代办的。至晚唐时,越办越大,越办越长,再加社会风气崇尚奢侈,出身贫寒的及第进士就深感压力重大。乾符二年(875),僖宗想革除此风,曾颁布了《厘革新及第进士宴会敕》,敕云:

近年以来,浇风大扇,一春所费,万余贯钱,况在麻衣,从何而出?力足者乐于书罚,家贫者苦于成名,将革弊讹,实在中道。宜令礼部切加诫约:每年有名宴会,一春罚钱及铺地等相计,每人不得过一百千;其勾当分手,不得过五十人。其开试开宴,并须在四月内,稍有违越,必举朝章,仍委御史台常加纠察。

(《唐大诏令集》卷一〇六)

所谓"罚钱",就是出钱,"铺地",疑是"铺底",即最起码最基本的设施。"一百千"即一百贯。"勾当分手",指办理过手的人,也就是《唐摭言》卷三《散序》中所说的团司中人,如主宴、主酒、主乐、主茶、大科头、小科头等等。"开试开宴",当是"关试关宴"之讹。知晚唐后期,关试、关宴已推迟到四月举行,当与进士试、放榜推后有关。看来,僖宗的这一改革,收效甚微。到五代时,战乱频仍,及第进士更感到越来越办不起,于是后唐以后,就和闻喜宴一起,改由朝廷赐钱而官办了。

总之,由以上所述可知,举子及第后并不能立即授官,必须先经吏部关试,取得出身文凭,即官资,才能成为吏部的选人,始有资格参加吏部的冬集铨选而释褐。但由于关试远不及进士试、明经试那样隆重,那样被人看重,于是考试也就徒具形式,成了过场。人们也就把取得出身、官资,说成是进士、明经及第后授予的。虽然如此,关试仍有其不可否认的作用,它是唐代选举制度中举制与选制的中转站,即贡举制向铨选制转换的第一站,也是举子由及第到步入仕途的桥梁。

按唐制,凡是吏部选人,一般都要守选,及第举子也不例外。离筵后,他们就携带着春关牒,高高兴兴地回家守选去了,唐诗中所说的回乡觐省即指此。

第二章　及第举子守选

一、守选缘由

所谓守选,就是在家守候吏部的铨选期限。我国民间每年除夕
素有守岁之俗,则守选的"守"字当与守岁的"守"字义同。在唐代,
凡属吏部、兵部的选人都得守选,对吏部而言,主要是指及第举子和
文职六品以下考满罢秩的前资官。

《蔡宽夫诗话·唐制举情形》说:"唐举子既放榜,止云及第,皆
守选而后释褐。"《唐音癸签》卷十八《诂笺三》"进士科故实"条也
说:"吏部试判两节,授春关,谓之关试。始属吏部守选。"及第举子
经过关试后,就成为吏部的选人,就得遵守吏部的守选制度。

在唐代,及第举子守选始于何时,有关载籍俱无明言。唐初武
德年间及第举子似不守选。《唐摭言》卷十五《杂记》载:

> 高祖武德四年四月十一日,敕诸州学士及白丁,有明经及
> 秀才、俊士,明于理体,为乡曲所称者,委本县考试,州长重覆,
> 取上等人,每年十月,随物入贡。至五年十月,诸州共贡明经一

百四十三人，秀才六人，俊士三十九人，进士三十人。十一月引见，敕付尚书省考试；十二月，吏部奏付考功员外郎申世宁考试。秀才一人，俊士十四人，所试并通。敕：放选，与理人官。其下第人各赐绢五匹，充归粮，各勤修业。自是考功之试，永为常式。

《登科记考》卷一载：

　　《摭言》作进士十四人，《登科记》作进士四人。按《玉海》引赵儋《登科记序》曰："武德五年，诏有司特以进士为选士之目。"是此年有进士，《摭言》作俊士，误。四人与十四人，未知孰是。

按《唐摭言》所言，乃唐代贡举制之始：武德四年（621）四月，下诏贡举，至五年（622）十月，始有贡举之人。细绎《摭言》所说，是年十一月，皇帝引见后交由尚书省考试；至十二月，尚书省经慎重讨论后，将此重任又交付吏部考功司，由吏部奏请后交付时任考功员外郎的申世宁任知贡举，此为"考功之试"之由。考试似在第二年初春举行，并放榜。《登科记考》卷一载："（武德）六年，进士四人。"当指此。这就是说，唐代真正开始设科取人在武德六年（623）。这年有秀才一人，进士四人。由"所试并通，敕：放选，与理人官"知，这及第的五个人，并未守选，全都授予了官。所谓"理人官"，就是"治民官"，即治理人民的地方官，《唐摭言》因避高宗李治、太宗李世民讳而言的。

　　记载唐举子守选的最早一条资料见于《唐会要》卷七十五《贡

举上·帖经条例》,云:

> 贞观九年五月敕:自今已后,明经兼习《周礼》并《仪礼》者,于本色量减一选。

《册府元龟》卷六三九《贡举部·条制一》亦有是载,云:

> (贞观)九年五月二十日,敕:自今已后,明经兼习《周礼》若《仪礼》者,于本色内量减一选。

按《唐会要》和《册府元龟》所载,二书都是指应明经考试者中有兼通《周礼》与《仪礼》的人。"若",据《辞源》注,有"与、和"之意,当从。所谓"于本色内量减一选",就是在明经及第后应守选的年数中,可适当减免一年。唐人将守选一年称作"一选"。只有守选,才能"减选"。由是知,贞观九年(635),明经已经有守选制了,则进士和其他及第举子也应同时存在着这一制度。

又,《资治通鉴》卷二〇三载:

> (裴)行俭有知人之鉴,初为吏部侍郎,前进士王勮、咸阳尉栾城苏味道皆未知名,行俭一见谓之曰:"二君后当相次掌铨衡,仆有弱息,愿以为托。"

裴行俭为吏部侍郎在高宗总章二年(669);王勮为初唐四杰王勃之兄。前进士是及第进士在守选期间的称呼,若及第进士关试后即授官,当然就没有必要存在这一名称了。正是因为及第进士从关试后到授官前有一段较长的待选时间,这一段时间就是及第进士的守选期限。既然高宗总章二年就已经存在"前进士"这一名称了,则当时及第进士也就已经有守选制了。

这以后,有关记载及第举子守选的材料就多了。如《唐大诏令集》卷一一〇《政事·诫谕》载有唐隆元年(710)七月十九日《诫励风俗敕》云:

> 明经及第,每至选时,量加优赏。若属停选,并听赴集。

所谓"停选",就是守选;"并听赴集",就是听任其赴冬集铨选。时睿宗刚登极而尚未改少帝李重茂年号,为了笼络人心,于是敕令明经及第者,不等守选期满就可听任赴集。此外,《旧五代史》卷一四九《职官志》载:

> 周广顺元年夏五月辛巳,诏:"朝廷设爵命官,求贤取士,或以资叙进,或以科级升。至有白首尽经,方谐一第;半生守选,始遂一官。"

可见,由初唐到五代,一直存在着及第举子的守选制。

唐代对及第举子之所以采取守选制度,表面看来,似乎与历代限年而仕的制度有关。《礼记》卷一《曲礼上》载:"四十曰强,而仕。"于是《通典》卷十三《选举一》就以为夏商周公卿子弟,"至四十方仕"。而真正推行四十而仕制度的是东汉顺帝时的左雄。《通典》卷十三载:"阳嘉元年,尚书令左雄议改察举之制,限年四十以上,儒者试经学,文吏试章奏。"左雄在给顺帝的奏章中就说:"请自今孝廉年不满四十,不得察举。"左雄的"四十而举"制虽在当时就遭到守旧派的反对,但在他执政的"十余年间,察选清平,多得其人"(《通典》卷十三),为后世限年而仕奠定了基础。

随着察举制让位于九品中正制,四十而仕已不适应魏晋南北朝复杂多变而人才早熟的政治需要。魏文帝黄初三年(222),废除"汉限年之制,令郡国贡举,勿拘老幼"(《通典》卷十四《选举二》,下同)。至宋文帝元嘉中,又规定"限年三十而仕";梁武帝天监初,又规定:"年二十有五方得入仕。"其后又制:"凡九流常选,年未三十,不通一经者,不得为官。"至陈朝,"陈依梁制,凡年未三十,不得入仕"。

唐朝实行科举考试制度后,贡举就没有了年龄限制,举子及第之年普遍偏小,二十岁以前及第已不惊奇。尤其是明经,甚至有"三十老明经"之说。据《登科记考》所载,韦温十一岁及第,康希铣、权月挹十四及第,徐浩、元稹十五及第,张志和十六及第,白镐十七及第,殷元觉十八及第,卢涛十九及第,等等。由于明经以记诵为主,神童也就出现了,唐朝随之设立了童子科,限定十岁以下的儿童方可入贡。像贾黄中六岁及第,刘晏、刘日新七岁及第,裴耀卿八岁及第。进士也有十几岁就登第者,如苗苔符、贾黄中十六及第,刘覃十七及第,苏瓌、郭震十八及第,李叔恒十九及第。

这些七八岁、十几岁就及第的举子,一及第就授予官,能行吗?及第举子年龄的偏小,为唐代守选制的产生似乎创造了口实。当然,有些及第举子,尤其像童子科,即使守选后授官,年龄也还是偏小,于是唐代又规定:凡二十岁以前入仕者,不得任亲民官,即直接治理人民的官。

历代"三十而仕"、"四十而仕"制,至唐代一变而成为"三十始可出身,四十乃得从事"的说法(《全唐文》卷三十玄宗《令优才异行不限常例诏》),这中间十年,就得守选。

限年而仕,促进了唐代及第举子守选制的产生,但这只是表面现象。

及第举子守选的根本原因,与六品以下官员守选的原因一样,是为了缓和官缺少而选人多这一社会矛盾。随着国家的统一,社会的安定,经济的繁荣,求仕者越来越多,而官位毕竟有限。贞观初年,政府采取了沙汰制,使一部分考满罢职的官员被精简了下来,这些人只好在家候选,等待空缺。既然已经入仕的官员尚且要停官待选,那么刚刚及第的举子就更不应该忙于入仕,应该有一段时间来加强吏治的学习,于是在他们中就率先实行起了守选制。

唐代为解决官缺少而选人多这一社会矛盾,曾制定了一系列的措施,甚至有时不得不采取停举的办法以减少选人。据《登科记考》所载,唐自开设科举制以来,二百多年间,停贡举十六次,也就是说有十六年不曾开科取士过,除有几次因米贵、水旱、畿内不稔等原因外,大都未写明原因,这些不写明原因的停举之年,又多出自吏治混乱的时代,如高宗时就有八次。高宗懦弱,吏治松懈,时流外入流,每年高达一千四五百人,使选人剧增,也使官缺少的社会矛盾进一步加大,这也可能是高宗朝停举多的一大原因吧。中宗景龙三年(709)停贡举,其原因是上年冬,西京、东都各置两铨,"恣行嘱请。又有斜封授官,预用秋阙"(《旧唐书》卷七《中宗纪》),官缺都预用完了,当然就得停举一年。

五代时,选人多于官缺的矛盾更加突出。后晋开国只有十年,竟有两年停举:高祖天福四年(939)和五年(940)。天福四年停举的原因,《旧五代史》卷七十七《晋书》载,天福三年(938)六月,"诏贡举宜权停一年,以员阙少而选人多,常调有淹滞故也"。至于天福五年停举的原因,《册府元龟》卷六四二《贡举部·条制四》载曰:

> (天福)四年六月,敕尚书礼部:历代悬科,为时取士,任使贵期于称职,搜罗每虑于遗才。其如铨司注官,员阙有限;贡闱考第,人数不常。虽大朝务广于选求,而常调颇闻于淹滞。每候一阙,或经累年,遂令羁旅之人,多起怨咨之论。将令通济,须识从权,庶几进取之流,更励专勤之业。其贡举公事,宜权停一年。

二、守选年限

及第举子的守选年限,因科目、等第不同而有所不同,落实到每个人身上,也不一样。有的人承袭门荫,或带有勋官,本身已有品阶,及第后,再加上科第品阶,官阶就高。就像《唐六典》卷二《尚书吏部》所说:"若本荫高者,秀才、明经上第,加本荫四阶;已下递降一等。"官阶高,守选年限当然就短。这在唐代是常有的事。一般来说,及第举子过了关试,领取春关时,吏部南曹就根据他们的科第等级及本荫等(若有的话)对其守选年限作有明确的规定。《五代会要》卷二十二《吏曹裁制》载有吏部对其守选所作程序云:

> 周显德五年闰七月,吏部南曹状申所行事件,画一如后:……每年及第举人,于省内试判二道后,具判申堂,及具成状申铨、团奏,请定冬集。

所谓"于省内试判二道",就是指关试。文中说,及第举人关试后,连同判词向中书门下申报,叫"申堂";写成材料状向吏部铨司申报。即"申铨",然后按科目分组向皇帝奏请,称"团奏",之后,请定其冬集时间。所谓"冬集",就是合格选人,必须在孟冬十月按时集于京城,参加铨选。规定了冬集时间,也就是规定了守选年限。然而文中所说,只不过是个过场,或者说五代吏治混乱需要强调一下以引起重视而已,并未真正这样执行。其实,在关试前,吏部南曹就已经根据格文规定,即举子及第的科目等级,在其春关上写好了冬集时间。从这一角度看,春关又名冬集书,其意义或在于此。

唐代各色科目及第人的守选年限,在有关的各类载籍中都找不到系统地明确地说明,我们只能从一些相关材料中寻绎推断其年限。

资料中,有关进士及第者的守选年限的记述相对多些,也较明确些。《册府元龟》卷六三五《铨选部·考课一》载有玄宗开元三年(715)六月的诏文:

> 其明经、进士擢第者,每年委州长官访察,行业修谨、书判可观者,三选听集。并诸色选人者,若有乡闾无景行,及书判全弱,选数纵深,亦不在送限。

所谓"三选听集",就是守选三年,才可任其参加冬集。因找不到记载,在此之前,进士及第者的守选年限不详。但,很可能也是三年。开元初,玄宗为了励精图治,革除不实,就特意强调,只有"行业修谨、书判可观"的明经、进士及第者,才可"三选听集",其他既无德行、书判又差的选人,即使守选年限再多,也不得送选。可见此前进士及第,不管德行、书判进修程度如何,只要三年一到,就都可以参选了。

由此可以推断,初盛唐时期,进士及第的守选年限一般为三年,也就是三选。

中晚唐时期,进士及第的守选年限仍然是三年,并未改变。《册府元龟》卷六四一《贡举部·条制三》载:

> (大和)九年十二月,中书门下奏:"……伏以国家取士,远法前代,进士之科,得人为盛,然于入仕,须更指扬,必使练达,固在经历。起来年进士及第后,三年任选,委吏部依资尽补州府参军、紧县簿尉。"

所谓"三年任选",就是守选三年方可任其参加铨选。"大和"为文宗李昂的年号。大和九年(835),史学界一般认为这一年是中唐与晚唐交际之年。由此可见,中晚唐之际仍效法前代,进士及第,守选三年。中书门下的奏文,不过是强调进士及第后,必须使之"练达","练达"关键,在于"经历"。所谓"经历",是指守选。"练达",就是在守选中熟练通达人情世故。阅历广才能熟悉通晓世情,于断案有益,这也是唐代对那些只有书本知识而缺乏实践的及第举子采用守选制的一种缘由吧。奏文只是强调守选而已,并未对守选年限重新规定。

宋初多承唐制,也实行守选制,而且记载相当完备。进士出身者需守选三年。《宋史》卷一五八《选举志四》载太宗淳化年间(990—994),规定各科守选年限为:"进士、制举,三选。""三选"就是守选三年,而且这一规定为真宗、仁宗所采纳。但守选的进士并不是所有的登第者。宋初进士廷试后,分为三甲:赐进士及第、赐进士出身、赐同进士出身。太宗时凡赐出身以下者都得守选,至真宗时规定,只有赐同出身者才守选。《宋史》卷一五五《选举志一》载:

> 旧制,及第即命以官。上(真宗)初复廷试,赐出身者亦免选,于是策名之士尤众,虽艺不及格,悉赐同出身。乃诏有司,凡赐同出身者并令守选,循用常调,以示甄别。

由以上所引资料看,进士守选,都是三年。由此可以推断,有唐一代,进士及第者的守选年限为三年。

另外,我们从唐代诗文中,亦可推断唐代进士及第后的守选年限为三年。

《全唐文》卷二九四收有王泠然《论荐书》一文,云:

> 将仕郎守太子校书郎王泠然谨再拜上书相国燕公阁下:……长安令裴耀卿于开元五年掌天下举,擢仆高第,以才相知;今尚书右丞王丘于开元九年掌天下选,授仆清资,以智见许。

书是上于张说的。王泠然于开元五年(717)进士及第,时知贡举者为裴耀卿。至开元九年(721)始被吏部侍郎王丘铨选为太子校书郎。《旧唐书》卷一〇〇《王丘传》云:

> 再转吏部侍郎,典选累年,甚称平允,擢用山阴尉孙逖、桃林尉张镜微、湖城尉张晋明、进士王泠然,皆称一时之秀。

《登科记考》卷七谓王泠然开元九年拔萃登科，乃误。王泠然是按吏部常调铨选的。他于开元五年春进士及第，至开元八年（720）春守选期满，是年十月赴吏部参加冬集，于第二年即开元九年春被吏部侍郎王丘铨选为太子校书郎。由开元五年进士及第到开元八年冬集，这中间三年就叫"三选"，即守选三周年。

韩愈《贞曜先生墓志铭》云：

> 年几五十，始以尊夫人之命来集京师，从进士试，既得，即去。间四年，又命来选，为溧阳尉。（马其昶《韩昌黎文集校注》卷六）

"贞曜先生"即孟郊。据《唐才子传》卷五载，孟郊贞元十二年（796）进士及第。及第后得守选三年，他于贞元十五年（799）十月到洛阳参加冬集（是年铨选分东、西选，东选在洛阳举行），写有《洛桥晚望》等诗，第二年即贞元十六年（800）春铨选时授官溧阳尉，写有《初于洛中选》一诗。孟郊由进士及第到授官恰为四年，与《墓志铭》"间四年，又命来选，为溧阳尉"相合，知其守选三年。

晚唐诗人许棠在《讲德陈情上淮南李仆射八首》诗中写道：

> 丹霄空把桂枝归，白首依前着布衣。
> 当路公卿谁见待，故乡亲爱自疑非。
> 东风乍喜还沧海，栖旅终愁出翠微。
> 应念无媒居选限，二年须更守渔矶。
>
> （《全唐诗》卷六〇四）

许裳,据《唐才子传》卷九载,字文化,宣州泾县人,咸通十二年(871)进士及第。此诗乃上于淮南节度使李蔚的。他在诗中慨叹自己虽已及第,但却无人举荐汲引,只好在家"居选限"守选了,实际上是希望李蔚能提携自己入幕府为从事。因诗写于他及第后的第二年即咸通十三年(872)春天,已守选了一年,还得再守选两年,故曰"二年须更守渔矶"。由是知许裳进士及第后,得守选三年。

以上三例分别记叙了盛唐、中唐、晚唐各阶段进士及第守选的时间,进一步说明有唐一代,进士及第后其守选年限一般为三年。

明经及第后的守选年限就复杂得多了。

在唐代,所谓明经,一般是指明二经。《新唐书》卷四十四《选举志上》载:"通二经者,大经、小经各一,若中经二。"大经,指《礼记》、《左传》;中经,指《诗经》、《周礼》、《仪礼》;小经,指《周易》、《尚书》、《公羊传》、《穀梁传》。唐之明经,是指明二经。这在唐文献中屡有记述。封演《封氏闻见记》卷三《贡举》载:"国初,明经取通两经,先帖文,乃按章疏试墨策十道。"韩愈《赠张童子序》云:

> 天下之以明二经举于礼部者,岁至三千人。……谓之乡贡。有司者总州府之所升而考试之,加察详焉,第其可进者,以名上于天子而藏之,属之吏部岁不及二百人,谓之出身。(《韩昌黎文集校注》卷四)

所谓"三千人"、"二百人",都是指明经数,可见明二经就是明经。又如,《新唐书》卷一七四《元稹传》:"九岁工属文,十五擢明经。"《旧唐书》卷一六六《元稹传》却谓:"稹九岁能属文,十五两经擢第。"《新唐书》卷一五〇《卢迈传》:"举明经入第,补太子正字。"

《旧唐书》卷一三六《卢迈传》却谓："两经及第,历太子正字、蓝田尉。"知两经即明经。此外,还有学究一经、三经、五经、九经者,虽亦习经学,但并不属于明经科,而是自成一科。如《册府元龟》卷六四二《贡举部·条制四》载后唐明宗长兴元年(930)二月敕:"自此后,贡院应试《三传》《三礼》,宜令准进士、九经、五经、明经例,逐场皆须去留,不得候终场方定。"是年八月又敕:"今后吏部所应宏词、拔萃,宜且权停。其贡院据见应进士、九经、五经、明经,并五科童子名外,其余诸色科名亦宜并停。"可见九经、五经与明经各为一科,并不属明经科。

由于明经、三经、五经、九经科目不同,故及第后所授品阶不同,守选年数也就不同。这里仅就明经也就是明二经的守选情况略作考察。

明经及第后,有这样两种情况,一是选拔最佳者去补充国子监大成人员。国子监大成,初置二十人,至开元二十年(732)减为十人。《唐六典》卷四《尚书礼部》载:

> 其国子监大成十员,取明经及第人聪明灼然者,试日诵千言,并口试,仍策所习业十条通七,然后补充,各授散官,依色令于学内习业,以通四经为限。

"依色",《旧唐书》卷四十三《职官志二》作"依旧",是。《唐六典》卷四于这段话后又注曰:

> 其禄俸、赐会准非伎术直例给。业成者于吏部简试,《孝经》《论语》共试八条,余经各试八条,间日一试,灼然明练精

熟为通。口试十通九、策试十通七为第。所加经者,《礼记》、
《左传》、《毛诗》、《周礼》各加两阶,余经各加一阶。及第者放
选,优与处分;不第者,依旧任。每三年一简,九年业不成者,解
退,依常选例。

由此可知,国子监大成相当于今之拿工资的研究生,是为国家培养
高层次的经学专家人才的。这就是说,明经及第后,再在国子监学
习三年,三年合格,就可出来选官。这与进士及第后守选三年是一
样的,这可以说是明经中入仕最快的一种途径了。

　　另一种情况就是"常选",即按照吏部常调进行铨选。对明经
来说,过关试后先授散官衔,一般是从九品上之文林郎,然后到吏部
当番上下。所谓"当番",就是服杂役当差,如都省需要人送文件,
各司需要人去干杂务,吏部就派他们去。服役一次叫一番,一番四
十五天,服役期间叫"番上",服役期满叫"番下",一般为两番,也就
是两次。不愿番上者,可纳钱赎替。两番后经吏部选拔审核后才定
冬集,也就是守选年限。开元三年六月玄宗诏中所说的明经、进士
擢第者,"三选听集",当是指明经当番上下后之守选年限。

　　明经先授散当番,然后再定冬集,随着举子地位的提高和政治
的需要,渐渐地有所改变,向着不先授散而直接定冬集的方向迈进,
这个过程还是比较漫长的。开元十六年(728),国子祭酒杨玚奏:

　　　　且今之明经,习《左传》者十无二三,若此久行,臣恐左氏
　　之学,废无日矣。……又,《周礼》、《仪礼》及《公羊》、《穀梁》
　　殆将废绝,若无甄异,恐后代便弃。望请能通《周》、《仪》礼,及
　　《公羊》、《穀梁》者,亦量加优奖。(《旧唐书》卷一八五《良吏

下·杨玚传》）

于是玄宗下制曰：

> 明经习左氏及通《周礼》等四经者，出身免任散官。（同
> 上）

而且这一规定"遂著于式"，为后代所遵循。这就是说，开元十六年以后，明经中凡有习《左传》、《周礼》等五经者，及第后直接守选，而习其他经及第者，仍先授散当番，然后再定冬集守选。这样一来，明经及第者中习以上五经的人就多起来了。

至大历年间，除以上五经外，又增加了一经。《唐会要》卷七十五《选部下·冬集》载：

> 大历十一年五月敕：礼部送进士、明经、明法、宏文生及崇贤生、道举等，准式，据书判、资荫，量定冬集、授散。其《春秋》《公羊》、《穀梁》、《周礼》、《仪礼》业人，比缘习者较少，开元中敕，一例冬集，其礼业每年授散。自今以后，礼人及道举、明法等，有试书判稍优，并荫高及身是勋官、三卫者，准往例，注冬集，余并授散。

"崇贤生"，当是"崇文生"或"崇玄生"之误。《春秋》，即《春秋左氏传》之简称。"礼业"，当是《礼记》之讹。"礼人"，当是"《礼记》人"，脱一"记"字。大历十一年（776）的敕文，除重申开元十六年的制敕外，对原"每年授散"的习《礼记》明经者，也开始定冬集，不先

授散。至于"试书判稍优"及"荫高"、"身是勋官、三卫"等,不过是幌子而已。习《礼记》者,直到大历十一年才准冬集,是有其原因的,正像开元八年(720)七月国子司业李元瓘所奏:"今明经所习,务在出身,咸以《礼记》文少,人皆竞读。"(《通典》卷十五《选举三》)

真正将"试书判稍优"等一切附加条件取消,规定习《礼记》的明经及第人直接准其冬集,是在贞元元年(785)。《唐会要》卷七十五《贡举上·明经》载:

> 至贞元元年五月二日敕:自今已后,明经习《礼记》及第者,许冬集。

这就是说,至贞元元年,明经中凡有习以上六经即所谓的"三传"、"三礼"者,及第后不再授散当番,直接定冬集守选了。可能不久,政府就规定,不管习何经者,都可冬集,不再先授散,这可从《唐会要》卷七十六《贡举中·三传》所载知:

> 长庆二年二月,谏议大夫殷侑奏:谨按《春秋》二百四十二年行事,王道之正、人伦之纪备矣,故先师仲尼称:"志在春秋。"历代立学,莫不崇尚其教。伏以《左传》卷轴文字,比《礼记》多校一倍,《公羊》、《穀梁》,与《尚书》、《周易》多校五倍。是以国朝旧制,明经授散,若大经中能习一传,即放冬集。然明经为"传"学者,犹十不一二。今明经一例冬集,人之常情,趋少就易,"三传"无复学者,伏恐周公之微旨,仲尼之新意,史官之旧章,将坠于地。伏请置"三传"科,以劝学者。

"若大经中能习一传"之"大"字,当是"九"字之误,因《左传》属大经,《公羊》、《穀梁》属小经,"大"与"九"因形近而讹。是说明经所习之九经中,若能习三传中任何一传,就放冬集。由"今明经一例冬集"知,在穆宗长庆三年(823)以前,就已经规定,凡是明经,不问所习何经,一律冬集。按殷侑奏请是在长庆三年而非二年,《唐会要》误,见《旧唐书》卷十六。

从开元十六年开始,明经即明二经中只要有习《左传》等五经中的任何两经(以后是六经中的任何两经,再后是任意两经),及第后就可直接定冬集了,这与先授散当番而后再定冬集当然会不一样。这种明经及第者直接所定之冬集,其守选一般是几年呢?由于文献阙如,难以直接得知,不过,我们可从有关材料中间接推知。

元稹,贞元九年(793)明二经及第。他所写的《莺莺传》中的张生,文学界已公认为就是他本人。传中写张生与崔莺莺之事发生在"贞元庚辰"即贞元十六年(800),这年,"张生俄以文调及期,又当西去"。"明年,文战不胜,张遂止于京"。所谓"文调及期",是指文书中所规定的常调年限到期,即春关中所规定的冬集期限已到。这就是说,贞元十六年元稹明经守选期满,是年仲冬当去长安参加冬集。他于第二年春应吏部的科目选,却"文战不胜"而未能授官。由贞元九年到贞元十六年为七年,那么,唐时明二经及第者的守选年限似是七年。

此结论由小说推断出来,似缺乏充足说服力,我们还从官修记载中找到相似的证据。《旧五代史》卷一四八《选举志》载后唐闵帝应顺元年(934)闰正月丁卯,中书门下奏:

凡为进取,皆有因依,或少年便受好官,或暮齿不离卑任。

> 况孤贫举士,或年四十,始得经学及第,八年合选,方受一官,在
> 任多不成三考。

所谓"经学及第",就是明经及第,是指明二经而言的。一般来说,
三十岁明经及第,就已经老了,而那些势孤家贫的举子,既无显亲可
以因依,也无门路可以进取,至四十岁才明经及第,又得老老实实地
按规定守选,八年后铨选时,方能得到一个小官。一般铨选授官,是
在守选期满的第二年,也就是冬集的第二年春,"八年合选"即指
此,与韩愈谓孟郊"间四年,又命来选,为溧阳尉"义同。由此可见,
五代时明经及第到其冬集为七年,也就是守选七年。五代因承唐
制,守选之制一般来说变化不大,故可推断唐明经及第也是守选七
年,与元稹守选期相符。

童子科及第,守选期就更长了。《册府元龟》卷六四二《贡举
部·条制四》载后唐明宗长兴元年(930)八月敕:

> 其童子,准往例委诸道表荐,不得解送。兼所司每年所放
> 不得过十人,仍所念书并须是部帙正经,不得以诸杂零碎文书
> 虚成卷数。兼及第后十一选集,第一任未得授亲人官。

所谓"正经",是指大、中、小九经。据《新唐书》卷四十四《选举志
上》载:"凡童子科,十岁以下能通一经及《孝经》、《论语》,卷诵文
十。"所谓"能通一经",就是要通整整一部经书,且能背诵经文十
卷。敕文最后说,童子科及第后要守选十一年方能参加吏部的冬
集,而且铨选时第一任不得授予州县官之类的亲民官。由是知,五
代时童子科及第须守选十一年,则唐代亦然。

明法及第,起初和明经一样,也是先授散当番,然后定冬集守选,至大历十一年五月,才与习《礼记》人、道举等一起,改为直接守选了。那么,他们的守选年限是多少呢? 据《五代会要》卷二十三《明法》载:

晋天福六年五月十五日敕:明法一科,今后宜令五选集,合格,注官日优与处分。

敕文说,明法科及第,得守选五年才准冬集。若符合选格,注官时可优与处分。由是知五代后晋时明法守选五年。其实,在此之前,后唐明宗于长兴二年(931)曾对明法守选年限作出规定。《册府元龟》卷六四二《贡举部·条制四》载:

六月,刑部员外郎和凝奏:"臣窃见明法一科,久无人应。今应,令请减其选限,必当渐举人。……"敕旨:"宜升明法一科,同《开元礼》选数。"

明宗敕旨,《五代会要》卷二十三《明法》条中说得更清楚:

后唐长兴二年七月一日敕:其明法科,今后宜与《开元礼》科同其选数。

升明法科与《开元礼》科为同一选数,但到底守选几年,未曾明言,由后晋天福六年(941)明法守选五年推断,这"五选集"当是根据后唐长兴二年所升明法科之守选年数而重申的。由是知,五代时明法及第守选五年,则《开元礼》及第亦当守选五年。唐时,因明法一科未曾减其选限,也未升与《开元礼》同一选数,则其守选年限很可能与明经一样,是七选集,最少也不会少于六选。而《开元礼》及第与五代同,仍五选集。

《册府元龟》卷六四二《贡举部·条制四》载后周世宗显德二年(955)五月,翰林学士、礼部侍郎知贡举窦仪上言说:

> 学究,请今后《周易》、《尚书》并为一科,每经对墨义三十道,仍问经考试。《毛诗》依旧为一科,对墨义六十道。及第后请并减为上选集。

所谓"学究",即学究一经科。《唐代墓志汇编》收有裴璆撰写的《唐故乡贡学究李公(颙)墓志铭并序》一文,对学究一经作有简明扼要的说明,云:"春官氏每岁取能明一经者谓之学究,既简且易,苟得之,游历清贵,不羡词科。"窦仪上言云:"及第后请并减为上选集。"《登科记考》卷二十六引该文时于"上选"二字下注曰:"《宋史》作'七选'。"按,作"七选"是对的,"上选"不通,因"七"字与"上"字形近而讹。后周时,学究一经科及第者,守选七年方准参加冬集。学究一经之所以减为七选集,是因为自后晋天福五年(940)明经科停废,于是学究一经便取代明二经的地位而七选集了。唐时,学究一经科及第者,其守选年限当比七年多。

唐时,三礼、三传、三史出身者,多视为五经,也就是说同五经科一样看待,则其守选年限也当与五经科同,五经及第者守选年限虽不详,但要比明经科七选少,则是可以肯定的。

《宋史》卷一五八《选举志四》系统地载有宋太宗赵匡胤时各科的守选年数,除上引"进士、制举,三选"外,还载有"九经,四选";

"五经、三礼、三传、三史、通礼、明法，五选"；"学究，七选"。我们说，宋初多承唐五代制，由宋初各科的守选年数，可推知唐、五代亦多是如此。如进士，三选；九经，四选；五经、三礼、三传、三史，五选，与唐、五代皆同，明法，五选；学究，七选，则只与五代同，而与唐代未必一样。宋代已没有了明经科，故不载。

由以上所述可以看出，唐代诸科中守选年限最短的是进士科。有唐一代，尤其是自中唐以后，进士科最为吃香，趋之若鹜，其原因甚多，恐怕守选较其他科年限短，故进身快捷当是其最主要的原因吧。明经每年所取人数虽较进士多，所授品阶也较进士高，但却要先授散当番，以后不授散当番了，而守选年限却相对地延长了，这就不难解释为什么有些举子由明经改应进士或中明经后又去试进士了。反过来，进士及第后再去应明经者却没有。《新唐书》卷一六二《许孟容传》载："许孟容字公范，京兆长安人。擢进士异等，又第明经，调校书郎。"似乎许孟容先登进士第，后又明经及第。其实这明经，是指吏部科目选学究一经科，宋时没有了明经即明二经科，于是往往把学究一经就称作明经。《旧唐书》卷一五四《许孟容传》就载："孟容少以文词知名，举进士甲科，后究《王氏易》登科，授秘书省校书郎。"所谓"《王氏易》"，即指魏王弼所注之《周易》。知许孟容是以学究一经《周易》而登科的。

三、及第必守选　不守选之罕例

及第举子守选，固然是为了缓和选人与员缺之间的矛盾，但在守选期间，朝廷对他们还是有要求的，希望他们在学业上能再深造，并熟悉吏治与案情,增长实际才干和社会知识。所以守选对及第举子来说,是一个再学习与再深造的良好机会。开元三年六月的玄宗诏令上就要求他们"行业修谨,书判可观";大和九年十二月中书门下的奏章上也要求他们"必使练达,固在经历"。

在唐代,也确实有一些及第举子,在守选期间,刻苦钻研,学业大进,为以后的仕进、做人,打下了坚实的基础。如孙光宪《北梦琐言》卷八载:

> 唐相国裴公坦,大和八年李汉侍郎下及第。自以举业未精,遽此叨忝,未尝曲谢座主,辞归鄠县别墅,三年肄业,不入城。岁时恩地,唯启状而已。至于同年,邻于谢绝,掩关勤苦,文格乃变。然始到京,重献恩门文章,词采典丽,举朝称之。后至大拜,为时名相也。夫世之干禄,先资名第,既得之后,鲜不替懈。自非笃于文学,省顾宾实者,安能及斯?裴公庙堂之期,有以见进德之无斁也。

裴坦进士及第后,深感自己举进士时所修之学业未精,便在守选三年中拒绝一切来往,专心苦读,使文体大变。守选期满到京城铨选时,以文章献于座主李汉,"词采典丽,举朝称之",后来成了名相。

及第举子在守选期间,除在学业上要有所长进外,还应对吏治案情有所了解和熟悉,以便作官后能在实践中应用,故判就成了及第举子在守选期间的必修课程。白居易、元稹的百道判词就是他们进士、明经及第后作于其间的判案练习。后来白居易以书判拔萃第三等登科,元稹以平判入等,都是得力于守选期间的判词实习的。

晚唐杜去疾写有《大唐故过少府墓志铭》,云:

公讳讷,字含章,泽州高平人也。曾祖讳庭,大父讳迁,先
考讳冥。公志坚松竹,气禀山河,……以大中十二年明经擢第,
当守选时,潜修拔萃。(《全唐文》卷八〇二)

所谓"拔萃",是指书判拔萃科。书判拔萃科是"试判三条",故过讷
在守选期间,潜心修练判词,以便日后去应书判拔萃科。

但也有些人,或不安心于守选,或在守选中无心于学业,这在晚
唐五代时尤为突出。后唐明宗天成五年(930)二月九日敕:

近年文士,轻视格条,就试时疏于帖经,登第后耻于赴选。
宜绝躁求之路,别开奖劝之门。(《旧五代史》卷一四八《选
举志》)

所谓"赴选",是指离京回家守选。这些人不愿回乡守选,想在京城
寻门路作官。还有些人,就像后晋高祖天福五年(940)四月礼部侍
郎张允在奏文中所说的:

童子每当就试,止在念书、背经,则虽似精详,对卷则不能
读诵。及名成贡部,身返故乡,但克日以取官,更无心而习业。
(同上)

其实,"但克日以取官,更无心而习业",恐怕不只是童子科及第者,
更多的应是那些进士、经学出身的成年人。

唐代对及第举子还实行一种减选和殿选制度,减选就是减少守
选年数,殿选即添选,就是增加守选年数。前者是奖励,后者是惩

罚。如《唐会要》卷七十五《贡举上·明经》载：

> 建中二年十月，中书舍人权知礼部贡举赵赞奏：……如有义、策全通者，五经举人，请准广德元年七月敕，超与处分；明经请减二选。

又载：

> 贞元二年六月诏，其明经举人，有能习律一部以代《尔雅》者，如帖经俱通，于本色减两选，合集日与官。

卷七十七《崇元生》载天宝七载（748）五月十三日敕：

> 崇元生出身，至选时，宜减于常例一选，以为留放。

"崇元生"即"崇玄生"，清人为避康熙帝名讳，将"玄"一律改为"元"。崇玄生就是开元二十九年（741）于玄元皇帝庙置崇玄学，招学生学习《道德经》、《庄子》、《文子》、《列子》四经，三年业成，准明经例考试，通者及第。诏文说崇玄生出身者，铨选时，可减免一年守选期。《册府元龟》卷六四〇《贡举部·条制二》载贞元九年（793）五月诏云：

> 自今已后，明经习《礼记》及第者，亦宜冬集。如中经兼习《周易》若《仪礼》者，量减一选。

是说明经中有习中经者,若能兼习小经《周易》与中经《仪礼》的话,可减免守选期一年。

有时遇大赦,及第举子亦可得到减选,如《唐大诏令集》卷七十《宝历元年正月南郊赦》云:"其前资及有出身者,各减一选。"其"有出身者",当包括举子及第人在内。

有减选也就有殿选。如前引《旧五代史》卷一四八《选举志》载后唐天成五年二月九日敕:

> 宜绝躁求之路,别开奖劝之门。其进士科已及第者,计选数,年满日许令就中书陈状,于都堂前各试本业诗、赋、判文。其中才艺灼然可取者,便与除官,如或事业不甚精者,自许准添选。

"添选",就是殿选,即增加守选年限。

在唐代,举子及第后,在守选期间,或通过献书,如陈子昂;或通过制举,如杜牧;或通过吏部科目选,如何扶,可以较快地步入仕途。这一方面,为人们所羡慕,认为是有才华的表现,但另一方面,却又被社会所嫉恨,认为是热中于名禄的躁求之举。欧阳詹在《有唐故朝议郎行鄂州司仓参军杨公墓志铭》中赞扬杨某的一段话,可以说代表了社会的普遍看法,他说:

> 公以不仕则坠业,躁求则背道,或出或处,圣人为中。依吏部节文,敬遵常调。(《欧阳行周文集》卷四)

所谓"常调",就是按常规守选期满赴吏部参加冬集而调选。韩愈

"三选于吏部卒无成"，三上书宰相求荐又无望，于是离京归乡，而不去应是年冬的吏部常调，怕与他已被同年目为躁求之辈者有关吧。

《太平广记》卷二四二引《乾𦠄子》一书中的一个笑话说：

> 唐贞元中，萧俛新及第，时国医王彦伯住太平里，与给事郑云逵比舍住。忽患寒热，早诣彦伯求诊候，误入云逵第。会门人他适，云逵立于中门，俛前趋曰："某前及第，有期集之役，忽患病。"具说其状。逵命仆人延坐，为诊其臂，曰："据脉候，是心家热风。云逵姓郑，若觅国医王彦伯，东邻是也。"俛赧然而去。

所谓"心家热风"，就是暗讽萧俛躁求仕进、心火太热而伤风，正因为说中了他的心病，故"俛赧然而去"。可见进士及第后，先应守选，以期进德修业才是正道。

唐代举子及第后必守选，这是毫无疑问的。然而，有些书中的记载或有误，或语焉不详，往往会使人以为唐举子及第后并不守选，从而怀疑唐守选制的存在。可举数例。

《唐摭言》卷四《师友》载：

> 乔潭，天宝十三年及第，任陆浑尉。时元鲁山客死是邑，潭减俸礼葬之，复恤其孤。

鲁山令元德秀于天宝十三载（754）死于陆浑，时乔潭任陆浑县尉，这都是实事。李华《元鲁山墓碣铭》载：

维唐天宝十三载秋九月二十七日,鲁山令河南元公终于陆浑草堂,春秋五十九。服名节者,无不痛心。……名高之士陆浑尉梁园乔潭,赗以清白之俸,遂其丧葬。以明月十二日,窆于所居南冈,礼也。公讳德秀,字紫芝,延州使君之子。(《李退叔文集》卷四)

《登科记考》卷九又据《唐摭言》将乔潭进士及第系于天宝十三载下。这样一来,似乎乔潭于天宝十三载进士及第后就任陆浑尉,并未守选。其实,《唐摭言》所说是错误的。《全唐文》卷四五一收有乔潭的《霜钟赋》和《会昌主簿厅壁记》二文。他在《霜钟赋》中说:

南阳丰山。有九钟焉,霜降则鸣,斯气感而应也。潭忝预少宗伯达奚公特达之遇,擢秀才甲科,庶几人间有是誉处。然南阳即公隐居之旧地也,故为《霜钟赋》,以广知音。

"少宗伯达奚公",即礼部侍郎达奚珣,据《唐语林》卷八载,累为主司者:"达奚珣四:天宝二年、三年、四年、五年。"则乔潭"擢秀才甲科"当在这数年间。《会昌主簿厅壁记》又云:

潭忝以词赋见知春官,钦惟教忠,即簿领之能事,敢序施政。有门人之直词,乙酉岁抄,志于南轩之东壁。谁谓来者,不承乎权舆?

"乙酉岁"即天宝四载(745),知是岁乔潭已进士及第。《唐摭言》说他天宝十三载任陆浑尉是正确的,而谓是岁进士及第则是错误的。

《旧唐书》卷一二三《刘晏传》载：

> 刘晏，字士安，曹州南华人。年七岁，举神童，授秘书省正字。

《登科记考》卷七据此将刘晏举神童系于开元九年（721）下，并谓："以建中元年年六十六推之，是岁七岁。"这就是说，开元九年，刘晏七岁，以童子科及第，授秘书省正字。刘晏及第后即授秘书省正字，在小说家的笔下更是描绘得有声有色。唐郑处诲《明皇杂录》卷上载：

> 玄宗御勤政楼，大张乐，罗列百妓。……时刘晏以神童为秘书正字，年十岁，形状狞劣，而聪悟过人。玄宗召于楼上帘下，贵妃置于膝上，为施粉黛，与之巾栉。玄宗问晏曰："卿为正字，正得几字？"晏曰："天下字皆正，惟'朋'字未正得。"

唐郑綮《开天传信记》亦载曰：

> 开元初，上励精理道，铲革讹弊，不六七年，天下大治，河清海晏，物殷俗阜。……是时，刘晏年八岁，献《东封书》。上览而奇之，命宰相出题，就中书试验。张说、源乾曜等咸宠荐。上以晏间生秀妙，引晏于内殿，纵六宫观看。贵妃坐晏于膝上，亲为晏画眉总丱髻。宫中人投果遗花者，不可胜数也。寻拜晏秘书省正字。

二书所载,疑点颇多,杨贵妃入宫在开元二十四年(736),与刘晏神童及第年相距甚远。又,贵妃天宝十五载(756)死于马嵬,年三十八,由此推之,比刘晏还小五岁,如何会置晏于膝上?《新唐书》卷一四九《刘晏传》又据《开天传信记》载曰:

> 刘晏字士安,曹州南华人。玄宗封泰山,晏始八岁,献颂行在,帝奇其幼,命宰相张说试之,说曰:"国瑞也。"即授太子正字。

按玄宗封泰山,在开元十三年(725)十一月,时刘晏十一岁,而非八岁。他献《东封书》当在此时。玄宗命试之并授官,是在第二年即开元十四年(726)。《册府元龟》卷六四三《贡举部·考试一》载:

> 十四年七月癸巳,上御洛城南门楼,亲试岳牧举人及东封献赋颂人,命太官置食,赐物有差。

刘晏就是在这时参加考试并授秘书省正字的,时年十二岁。这就是说,刘晏于开元九年童子科及第,开元十四年又参加了东封献赋颂人试,此试相当于制举,故被中书门下授予秘书省正字。而非举神童后即授官。

韩愈《赠张童子序》云:

> 张童子生九年,自州县达礼部,一举而进立于二百人之列。又二年,益通二经,有司复上其事,由是拜卫兵曹参军之命。(《韩昌黎文集校注》卷四)

《登科记考》卷十三系张童子拜官于贞元十年（794）下，并谓："按童子以贞元八年举童子科，此年又明经及第也。"这就是说，张童子是以明经及第而拜官的。此说乃误。张童子于贞元八年（792）童子科及第后，已取得了出身，这与刘晏一样。按唐制，有出身人参加的应是吏部科目选或制举试。也就是说，张童子科及第后，守选一年，又参加了吏部科目选试，登科后始拜左右卫兵曹参军，这是符合唐代铨选制度的，而非礼部明经科及第后拜官的。

举子及第后，既不守选，也未参加制举或科目选试，就直接授官，难道在唐代就真的没有吗？我们说，这一情况属非常事例，而且极其罕见。有唐一代，不过只有几例，又多在晚唐五代。

其例一，于琮，大中十二年（858）进士及第即拜官。

《旧唐书》卷十八《宣宗纪》载：

> 十二年春正月，……以前乡贡进士于琮为秘书省校书郎，寻尚皇女广德公主，改银青光禄大夫、守右拾遗、驸马都尉。

《登科记考》卷二十二系于琮进士及第于大中十二年下，并引《旧唐书》此语后说："盖于放榜后尚主。"于琮之所以进士及第一过关试就授予官，是与尚公主有关。唐裴庭裕《东观奏记》卷下载：

> 始选前进士于琮为婿，连拜秘书省校书郎、右拾遗赐绯、左补阙赐紫，尚永福公主。事忽中寝，丞相上审圣旨，上曰："朕此女子，近因与之会食，对朕辄折匕箸。性情如此，恐不可为士大夫妻。"许琮别尚广德公主，亦上次女也。

《新唐书》卷一〇四《于琮传》载其及第、尚主事颇详,云:

> 琮字礼用,落魄不事事,以门资为吏,久不调,驸马都尉郑
> 颢独器之。宣宗诏选士人尚公主者,颢语琮曰:"子有美才,不
> 饰细行,为众毁所抑,能为之乎?"琮许诺。中书舍人李潘知贡
> 举,颢以琮托之,擢第,授左拾遗。初尚永福公主,主未降,食帝
> 前,以事折匕箸,帝知其不可妻士大夫,更诏尚广德公主。

为什么于琮尚公主就可以不守选? 这是因为驸马都尉为从五品下
阶。唐制,凡五品以上官阶者都不守选。尽管于琮进士及第后尚未
与公主结婚,但只要许配公主,就会授予驸马都尉,不再守选。《旧
唐书》卷一四一《张茂宗传》载:

> 贞元三年,许尚公主,拜银青光禄大夫、本官驸马都尉,以
> 公主幼待年。十三年,属茂宗母亡,遗表请终嘉礼。

知张茂宗亦尚未与公主结婚,就已经拜为驸马都尉了。

其例二,曹松等六人,即昭宗光化四年(901)"五老榜",及第后
即授官。

《唐摭言》卷八《放老》载:

> 天复元年,杜德祥榜,放曹松、王希羽、刘象、柯崇、郑希颜
> 等及第。时上新平内难,闻放新进士,喜甚。诏选中有孤平屈
> 人,宜令以名闻,特敕授官。故德祥以松等塞诏,各受正。制略
> 云:"念尔登科之际,当予反正之年,宜降异恩,各膺宠命。"松,

舒州人也,学贾司仓为诗,此外无他能;时号松启事为送羊脚状。希羽,歙州人也,辞艺优博。松、希羽甲子皆七十余。象,京兆人;崇、希颜,闽中人,皆以诗卷及第,亦皆年逾耳顺矣。时谓"五老榜"。

天复元年就是光化四年,因是年四月始改元天复,是年春进士及第、放榜时尚未改元。所谓"反正之年",是指光化三年(900)十一月庚寅,左右军中尉刘季述、王仲先废昭宗,幽于东内问安宫,请皇太子监国。十二月癸未夜,护驾盐州都将孙德昭等以兵攻刘季述,杀王仲先,放昭宗出复位。"天复元年春正月甲申朔,昭宗反正,登长乐门楼,受朝贺"(《旧唐书》卷二十《昭宗纪》)。故昭宗制曰:"念尔登科之际,当予反正之年。"

宋代洪迈《容斋三笔》卷七《唐昭宗恤录儒士》条对曹松等六人授官的过程记述颇详,云:

天复元年赦文,又令中书门下选择新及第进士中,有久在名场,才沾科级,年齿已高者,不拘常例,各授一官。于是礼部侍郎杜德祥奏:"拣到新及第进士陈光问,年六十九;曹松,年五十四;王希羽,年七十三;刘象,年七十;柯崇,年六十四;郑希颜,年五十九。"诏:"光问、松、希羽,可秘书省正字;象、崇、希颜,可太子校书。"按《登科记》,是年进士二十六人,光问第四,松第八,希羽第十二,崇、象、希颜居末级。昭宗当斯时离乱极矣,尚能眷眷于寒儒,其可书也。《摭言》云:"上新平内难,闻放新进士,喜甚。特敕授官,制词曰:'念尔登科之际,当予反正之年,宜降异恩,各膺宠命。'"时谓此举为"五老榜"。

所谓"五老榜",是指除曹松之外的其他五人。唐代以六十为老,时曹松五十四,尚不及老。而其他五人,或已及老(郑希颜五十九,举成数可曰六十),或已过老,故名。

其例三,高冕,后周世宗显德六年(959)进士及第即授官。

《登科记考》卷二十六系高冕进士及第于显德六年下,并引《册府元龟》曰:

> 二月辛卯,以新及第进士高冕为右补阙,仍赐衣一袭,乌金带一,银器一百两,衣着二百匹,银鞍勒马一匹。是时帝锐意于平燕,及冕登第,因其谢恩入对,命宰臣以《平燕论》试之。既而冕著论盛言燕可击,甚惬帝旨,故有是超拜,复厚加赐赉焉。

其例四,杜升,僖宗广明二年(881)进士及第并赐官。

《登科记考》卷二十三系杜升进士及第在广明二年下,并引《唐摭言》卷九《敕赐及第》条曰:

> 杜升父宣猷,终宛陵。升有词藻,广明岁,苏导给事刺剑州,升为军倅。驾幸西蜀,例得召见,特敕赐绯。导寻入内庭。韦中令自翰长拜主文,升时已拜小谏,抗表乞就试,从之。登第数日,有敕复前官并服色,议者荣之。

所谓"小谏",就是拾遗。《唐语林》卷四《企羡》载:"杜升自拾遗赐绯后,应举及第,又拜拾遗,时号'着绯进士'。"按唐制,服绯为四、五品官阶者。杜升进士及第前,已是五品阶官,进士及第后,当不再守选。

以上数例,虽属特殊情况,但却发生在晚唐五代之时,这可能与晚唐五代朝纲紊乱、制度松懈有关吧。

四、守选期间称呼与入幕府之实质

前已论及,举子及第后,再经关试,便有了新的称呼,曰"前进士"、"前明经"等。《蔡宽夫诗话·唐制举情形》说:"关试后始称前进士。"《唐音癸签》"进士科故实"条也说:"放榜后称新及第进士,关试后称前进士。"及第进士、及第明经之所以关试后始称前进士、前明经,是因为关试后他们就成了吏部的选人,"始属吏部守选"。故前进士、前明经究其实只是及第举子在守选期间的专称。一旦释褐授官,就再也不能称作前进士、前明经了。

关于"前进士"、"前明经"的含义,历来就有争议。程大昌《演繁露》卷一《先辈前进士》云:

> 唐世呼举人,呼已第者为先辈,其自目则曰前进士。按,魏文帝黄初五年,立太学,初诣学者为门人,满一岁,试通一经者补弟子;不通一经,罢遣。弟子满二岁,试通二经者,补文学掌故;不通经者,听须后试。故后世称先试而得第者为先辈,由此也。"前进士"云者亦放此也。犹曰"早第进士",而其辈行在先也。

《演繁露》以为"先试而得第者",自称则曰"前进士",即"早第进士"。对此,徐松《登科记考》卷二十八《别录上》则驳斥说:

按此说非也。先辈者,不过彼此互相推敬之称。如柳珪是韦悫门生,而韦称珪曰"柳先辈",是非谓"先试而得第"矣。亦曰"必先",韦庄有《览萧必先卷》诗,尚颜有《送刘必先》诗。其解"前进士"亦未确。谓前此为进士,犹今曾任某官谓之前任耳。

徐松驳斥《演繁露》关于"先辈"、"前进士"的解释"未确"是对的,他对于"先辈"的解释"不过彼此互相推敬之称"也是对的。但他认为"前进士"就是"前此为进士",犹如前任官,就不确切了。

前进士是一个有确切时间概念的称呼,即及第进士自关试后到释褐授官前这一段时间,也就是守选期间始可称为前进士。胡三省注曰:"进士及第而于时无官,谓之前进士。"(《资治通鉴》卷二五三)一旦释褐授官,或官满罢职、有罪免除,就都不能再称"前进士"了。若及第进士守选期已过或因病等其他原因而不去赴选,或无意于仕进以至于隐居终老,则仍以前进士称。《唐摭言》卷八《及第后隐居》载:

费冠卿元和二年及第,以禄不及亲,永怀罔极之念,遂隐于九华。长庆中,殿中侍御史李行修举冠卿孝节,征拜右拾遗,不起。制曰:"前进士费冠卿,尝与计偕,以文中第。归不及于荣养,恨每积于永怀,遂乃屏迹丘园,绝踪仕进,守其至性,十有五年。峻节无双,清飚自远!夫旌孝行,举逸人,所以厚风俗而敦名教也。宜承高奖,以儆薄夫。擢参近侍之荣,载伫移忠之效,可右拾遗。"

费冠卿自元和二年（807）进士及第，到长庆元年（821）被征拜为右拾遗止，这中间十五年，尽管守选期已过，但仍属守选，故仍称之为"前进士"。自长庆元年被征拜为右拾遗后，虽然他未去就任，但却不能再称他为前进士了。杜荀鹤有《经九华费征君墓》、李群玉有《经费拾遗所居呈封员外》，就只能称其官名或号了。《河南千唐志斋藏志》收有寇泚撰写的《前国子进士上谷寇塄墓志铭》一文，云：

> 大唐开元十四年正月癸未，前国子进士上谷寇塄卒。塄字子齐，代二千石宋州之次子。幼孝谨，美容仪，学如不及，文而有礼。廿五擢第，卅而终。

寇塄于开元九年（721）二十五岁进士及第，至开元十四年（726）三十岁而终，中间五年，虽守选已满，但因未去赴选，故始终以前进士称。又因他是以国子监生徒而登进士第的，故全称曰"前国子进士"。

举子及第后入幕府为幕僚，表面看来，他们似乎不守选了，不通过吏部铨选而走的是一条入仕的捷径，实际上是仍属于守选期间的活动，是以前进士身份供职的，尽管有时也带官衔，但毕竟不属吏部铨选后正式任命，只能是试、摄衔，罢职后仍然是前进士，是进士及第衔从九品下将仕郎。

我们先看几个例子。

例一，沈亚之《李绅传》云：

> 李绅者，本赵人，徙家吴中。元和元年，节度使宗臣锜在吴。绅以进士及第，还过谒锜，锜舍之，与宴游昼夜。锜能其

材,留执书记。明年,锜以骄闻,有诏召,称疾不欲行,宾客莫敢言,绅坚为言,不入,又不得去。……遂幽绅于润之外狱,兵散乃出。(《全唐文》卷七三八)

据《唐才子传》卷六载,李绅元和元年(806)进士及第。其子李浚《慧山寺家山记》亦谓先父"丙戌岁,擢第归宁,为朱方强留之"(《全唐文》卷八一六)。丙戌岁即元和元年。知李绅元和元年进士及第归宁省家时在润州入浙西节度使李锜幕府的,以前进士身份而被署于掌书记。他在《忆过润州》诗序中说:

> 元和二年,余以前进士为镇海军书奏从事。秋九月兵乱,余以不从书奏飞檄之诈,遭庶人李锜暴怒,腰领不殊者再三。后军平,尚书李公欲具事以闻,余以本乃誓节,非欲求荣,请罢所奏。(《全唐诗》卷四八一)

元和二年(807)九月李锜反,让李绅写反叛檄文,李绅假装恐惧,手颤抖写不出字,被李锜囚禁狱中。李锜兵败被诛后始放出。新任镇海军节度使李元素,即诗序中的"尚书李公"表其事欲奏,为李绅所阻。由此可见,李绅是元和元年及第后到元和二年十月,一直以前进士身份在浙西节度使李锜幕府中为掌书记的,掌书记罢后,又为前进士。

李绅在《龙宫寺》诗序中说:"元和二年,余以前进士为故薛苹常侍招至越中。"(《全唐诗》卷四八一)在《龙宫寺碑》文中又说:"元和三年,余罢金陵从事,河东薛公苹招游镜中。"(《全唐文》卷六九四)所谓"金陵从事",即指浙西节度使李锜之掌书记。据《唐方镇年表》卷五载,薛苹为浙东观察使是在元和三年(808)正月,则李绅《龙宫寺》诗序谓"元和二年,余以前进士"云云,当为"元和三年"之误。知元和三年,李绅罢掌书记后,仍以前进士称。

此处还有一事须澄清。两《唐书》本传皆谓李绅进士及第后即释褐国子助教,非其所好,不赴,东归金陵,被李锜辟为掌书记云云。按,进士及第,必须守选,不可能及第后即授官,此其一。李绅入李锜幕府,是以前进士身份为从事的,若已释褐为国子助教,不管赴任与否,都不能再以前进士称了,此其二。其实,李绅为国子助教,约在元和九年(814)春。白居易有《渭村酬李二十见寄》诗,云:

> 百里音书何太迟,暮秋把得暮春诗。
> 柳条绿日君相忆,梨叶红时我始知。
> 莫叹学官贫冷落,犹胜村客病支离。
> 形容意绪遥看取,不似华阳观里时。

(《白居易集》卷十五)

白居易又有《初授赞善大夫早朝寄李二十助教》诗,云:

> 病身初谒青宫日,衰貌新垂白发年。
> 寂寞曹司非熟地,萧条风雪是寒天。
> 远坊早起常侵鼓,瘦马行迟苦费鞭。
> 一种共君官职冷,不如犹得日高眠。

(同上)

据朱金城先生《白居易年谱》,白于元和九年冬召授太子左赞善大夫的。则后诗当作于元和九年冬。由前诗"暮秋把得暮春诗"句知,白诗写于是年九月,李诗寄于是年三月。再由"莫叹学官贫冷落"句知,李绅已为国子助教。按吏部铨选,多在春天。时李绅新授国子助教,于是寄诗白居易慨叹其学官冷落状,白于九月始收到其寄诗而安慰之。姚合也有首《和李绅助教不赴看花》诗,云:

> 笑辞聘礼深坊住,门馆长闲似退居。
> 太学官资清品秩,高人公事说经书。
> 年华未是登朝晚,春色何因向酒疏。
> 且看牡丹吟丽句,不知此外复何如。
>
> (《全唐诗》卷五〇一)

姚合在长安应试三年,于元和十一年(816)始进士及第(《唐才子传》卷六)。则此诗当写于元和九年至十一年间之春天。两《唐书·李绅传》都谓李绅不好国子助教而去,当缘于姚合此诗。其实,此诗题乃"不赴看花",而两《唐书》却误认为是不赴国子助教,将"不赴"与"助教"连读所致。

例二,韩愈于贞元八年(792)进士及第,又"三选于吏部卒无成",于贞元十一年(795)五月东归河阳。按唐制,韩愈贞元十一年春守选期满,是年冬就可参加吏部冬集,第二年春就可按常调铨选注官了。但由于三年的求仕,使他饱尝了达官贵人以及宰相的白眼、冷落、讥笑与屈辱,科目选试的失败又使他落下了钻营躁求的名声,于是他放弃了冬集铨授的机会,于贞元十二年(796)七月以前进士身份入宣武节度使董晋幕府为从事。他在贞元十五年(799)五月十八日为吏部考功司所上的《董公(晋)行状》末所署之官职为"故吏前汴宋毫颍等州观察推官将仕郎试秘书省校书郎韩愈状"。观察推官是节度使幕府中的官职,试秘书省校书郎是幕府奏请的非正式中央朝官衔,以上二职,随着罢离幕府,也就不复存在了,而将仕郎,是其进士及第的出身散官衔,却将陪伴其终身,直至取得更高的品阶止。董晋死后,韩愈又以前进士身份入徐泗濠节度使张建封幕府为节度推官,时间是贞元十五年秋,第二年五月,张建封死,韩愈也就离开了徐州幕府。据李翱《韩公(愈)行状》载,在张建封幕府中,韩愈职为节度推官、试太常寺协律郎。其将仕郎衔如故。

贞元十六年(800),韩愈入长安参加冬集,第二年春铨选为四门博士。他在给工部尚书兼山南东道节度使于頔的《与于襄阳书》中称:"七月三日,将仕郎守国子四门博士韩愈谨奉书尚书阁下。"吏部可能考虑到韩愈的学识,于是授予他学官,官虽不算末职,但却是冷官,而散位衔却依然为进士及第时所取得的出身衔。

例三,《唐才子传》卷八谓皮日休"咸通八年,礼部侍郎郑愚下及第"。皮日休于咸通八年(867)进士及第后,又参加了第二年春吏部的博学宏词科试,但却落选了。他有首诗,题作《宏词下第感恩献兵部侍郎》,是献给时由礼部侍郎迁为兵部侍郎的座主郑愚的。落选后,他就开始了东游。他在《太湖诗序》中说:

> 咸通九年,自京东游,复得宿太华,乐荆山,赏女几,度辕辕,穷嵩高,入京索,浮汴渠至扬州,又航天堑,从北固至姑苏。(《全唐诗》卷六一〇)

到苏州后已是咸通十年(869)了,适逢谏议大夫崔璞为苏州刺史,于是便被辟为郡从事。皮日休在《松陵集序》中说:"(咸通)十年,大司谏清河公出牧于吴,日休为郡从事。"(《全唐文》卷七九六)据傅璇琮先生主编的《唐才子传校笺》卷八《皮日休》条载,崔璞于咸通十年秋出牧苏州,至十二年(871)春三月离任,"日休于咸通十年秋至十二年三月在苏州崔璞幕中",当是可信的。皮日休在《江南书情二十韵寄秘阁韦校书贻之商洛宋先辈垂文二同年》诗中说:"四载加前字,今来未改衔。君批凤尾诏,我住虎头岩。"(《全唐诗》卷六一二)是说进士及第四年来,前进士衔仍未改变。因时仍在苏州,故曰"我住虎头岩"。知皮日休在崔璞幕府为从事时,是以前进士身份供职的,罢职后,仍以前进士称。诗当写于咸通十二年秋。

由以上几例知,进士及第后可入节度使或州郡幕府任幕僚从事,但这不能说进士及第后就不守选了,恰恰相反,这仍属于守选期间的事。前进士既可在家修业守选,亦可在幕府任职守选。他们入幕府的目的,主要是解决家庭的生计问题。韩愈罢董晋幕府后,本可以赴长安等待铨选,但因全家三十多口人的生活问题没有着落,才不得已入张建封幕府的。他在《与李翱书》中就道出了他的这一窘况:

> 仆之家本穷空,重遇攻劫,衣服无所得,养生之具无所有,家累仅三十口,携此将安所归托乎?舍之入京不可也,挈之而行不可也,足下将安以为我谋哉?此一事耳,足下谓我入京城有所益乎?(《韩昌黎文集校注》卷三)

除此而外,及第举子入幕府也可以在实践中锻炼增长自己的吏治才干,见识人情世故,对以后的仕进当然是有裨益的。及第举子入幕府并不像罢职的前资官将幕府作为仕进的跳板:进可以举荐入朝,退可以幕僚终生。他们多是待够守选年限就入京参加冬集,因为他们只有通过吏部铨选才能改变前进士的身份,成为国家的正式官员,在劳考中取得更高一级的品阶。

第三章　考课

一、考课程序及考牒

《唐六典》卷二《尚书吏部》载：

> 凡叙阶之法，有以封爵，有以亲戚，有以勋庸，有以资荫，有以秀孝，有以劳考。

所谓"劳考"，就是根据其事功劳绩所进行的考课。考课是官吏叙阶最主要、最普遍的一种方法。

自古以来，我国就有对官吏进行考核督察的作法，而且逐渐形成了一套完整严密的规章制度，即按一定的标准对官吏进行考察与督课的制度，世称考课制或考计制。考课制的实施，对于正确地识别、选拔和使用官吏，对于澄清吏治，保持国家机制的正常运转，都有着十分重要的意义。所以后世都把考课列入我国古代官吏管理制度的一个重要组成部分。

考课的目的是察贤佞、明功过，从而有效地起到督促、约束和激励官吏的作用。于是考课又往往与奖惩制度结合在一起,即通过考课奖励贤能、惩戒昏庸。所以考课的结果是奖惩,奖惩的依据是考课,考课是进行奖惩的前提,而奖惩又是考课的保证。二者相辅相成,不可分割。宋代苏洵在《上皇帝书》中说:

> 夫有官必有课,有课必有赏罚。有官而无课,是无官也;有课而无赏罚,是无课也。无官无课,而欲求天下之大治,臣不识也。(《嘉祐集》卷九)

《尚书·舜典》就记载说,舜时"三载考绩,三考黜陟幽明"。就是说,舜每三年对其下属考课一次,考课三次,也就是九年进行一次升降赏罚。这可能是后世考课制的滥觞。以后历朝都有考计制、考课制,而且越来越严密,越来越合理。唐朝在吸取历朝考课、上计制的基础上,进一步完善了考课制度和奖惩制度,并显示出自己独有的特色,对后世影响极大。

唐代考课的程序是由下向上呈报。

每年内外官署长官对应参加考课的下属官员写一简明考状,也就是对其一年来的功过行能作出评定意见。外官县属官员由县令负责,州属官员由司功参军负责,县令亦由司功参军考核,州刺史则由节度使或皇帝所派采访使考核。然后州、县官员的考状都会集到州府,由录事参军汇总,刺史当众宣读,大家评议。最后由录事参军根据大家的意见写出正式考状,即考绩评语。考评时并分上中下九等定其等级,这叫作考第。

京官也是一样,先由各司长官对本司官员按其功过行能写出考状,然后对众宣读,议其当否,并按其考绩分为九等,定其考第。

由州府考评叫州校考,由各司考评叫司校考。

晚唐时,吏治混乱,校考敷衍塞责,诸州、各司长官所书考第,下属并不知道,对此,大中六年(852)七月,考功司奏请道:

> 近年诸州府及百司官长,所书考第,僚属并不得知,升黜之间,莫辨当否。自今已后,书考后,但请勒名牒于本司、本州,悬于本司、本州之门三日。其外县官,则当日下县。如有升黜不当,便任披陈,其考第便须改正。(《唐会要》卷八十二《考下》)

将本人考状悬挂于本州或本司大门外三天,县属官员的考状,当天就送到县衙公布,使人人皆知,大家评论。这种做法既加强了群众的监督,又可防止营私舞弊,但却未得到皇帝批准。

一般考状的考绩是用四言写的。《大唐新语》卷二《刚正》载有一则笑话,云:

> (李)祥解褐监亭尉,因校考为录事参军所挤排。祥趋入,谓刺史曰:"录事恃纠曹之权,祥当要居之地,为其妄褒贬耳。使祥秉笔,颇亦有词。"刺史曰:"公试论录事状。"遂援笔曰:"怯断大案,好勾小稽。隐自不清,疑他总浊。阶前两竞,斗困方休。狱里囚徒,非赦不出。"天下以为谈笑之最矣。

"监亭尉"当是"盐亭尉"之误,因形近而讹。

各司、州长官考校完毕后,要将考状装订成簿报呈尚书省。所送之考状,一般不得超过两三张纸。因中央校考的时间是统一的,各地报送到京的时间也是有期限的,故各司、州校考完毕的时间按其路程远近就有所不同。按规定,京师百僚,九月三十日以前校定完,于十月一日送省。外官,离京城一千五百里以内,于八月三十日以前校定完;三千里以内,七月三十日以前校定完;五千里内,五月三十日前校定完;七千里内,三月三十日前校定完;一万里内,正月三十日以前校定完。路程越远,校定时间越早,这与古代交通不便、交通工具落后有关。总之,校定完后,外官考簿由朝集使带到京城,朝集使往往由都督、刺史或上佐(长史、别驾、司马等)担任,故朝集使又往往称之为考使。他们"皆以十月二十五日至于京都,十一月一日户部引见讫,于尚书省与群臣礼见,然后集于考堂,应考绩之事"(《唐六典》卷三《尚书户部》)。"考堂"是尚书省考校内外百官的地方。

尚书省考校百官,是交由吏部考功司负责的。

考功郎中主持判定京官的考课,考功员外郎主持判定外官的考课,这叫知考使,又称判考使。参加者还有校考使二人,即由皇帝派京官位望高者担任,一人校京官考,一人校外官考。次外还有监考使。监考使由给事中二人、中书舍人二人担任,各有一人监京官考,另一人监外官考。由知考使、校考使、监考使八人分为两组,分别考校内、外官。每组四人分工合作,共同核查覆审各司、州上报官员的考绩、考第。若覆查结果州、司校考与实事不符,知考使有权改正。考核后,考使们要重新写出其考绩、考第,然后对众宣读。京官考则集所有应考的京官宣读,外官考则对所有朝集使宣读。读后若无异议,就上奏朝廷,并将其考绩、考第正式誊录在考簿上,入库存档,为以后铨选或升迁时检勘用。

考簿上的考第,原来是用红笔书写的,时间一长容易褪色,令史等胥吏就会做手脚,以后就都改用墨汁书写了。《册府元龟》卷六三六《铨选部·考课二》载：

> （咸通）十四年，考功员外郎王徽以旧例考簿"上、中、下"字朱书，吏缘为奸，多有揩改，请以墨书。从之。

《新唐书》卷一八五《王徽传》亦载：

> 进考功员外郎。故事，考簿以朱注上下为殿最，岁久易漫，吏辄窜易为奸。徽始用墨，遂绝妄欺。

由考功司负责的考课叫省校考，因是代表尚书省的。省校考的考绩也是用四言写的。《册府元龟》卷六三五《铨选部·考课一》载：

> （开元）十七年三月，左丞相张说知京官考，特注其子中书舍人垍曰："父教子忠，古之善训。祁奚举午，义不务私。至如润色王言，章施帝道。载参坟典，例绝常功。恭闻前例，尤难以任。岂以嫌疑，敢挠纲纪？考以上下。"按，张说"知京官考"当为"校京官考"。

省校考之后，还要给所有应考的内外官员发给考牒，以为凭据。京官考则发给本人，外官考由朝集使带回。唐代规定，考牒要用绫纸写，与告身、春关一样，中上考以上者要交纳纸、朱胶费。《唐会要》卷八十一《考上》载：

> 其年（贞元元年）十二月敕：六品以下，本州申中上考

者,纳银钱一千文,市笔墨朱胶等者,元置本五分生利。吏部奏:"见有余,自今以后,其外官、京官考钱,并请敕停。"依奏。

唐时,有纳赀捉钱以生利息的制度,故云。至晚唐大中年间又开始收考牒钱了。《唐会要》卷八十二《考下》载大中六年七月,考功奏:

> 自今以后,校考敕下后,其得殊考及上考人,省司便据人数一时与修写考牒,请准吏部告身及礼部春关牒,每人各出钱收赎。其得殊考者,出一千文;上考者,出五百文,其钱便充写考牒纸笔杂用。

所谓"殊考",是指上中考以上;"上考",是指中上考、上下考。之所以中上考以上者收费,是因为得中上考以上者可受到奖赏,而中中考不赏,中下考以下就要受罚。他们既受罚,又要掏钱买考牒,当然宁肯不要考牒,也不掏钱的。到五代后周时,绫纸考牒一律改用一般纸张,且只有一张纸,当然也就不再收费了。《册府元龟》卷六三六载后周显德五年(958)闰七月,尚书考功奏:

> 其考牒本无绫纸书写敕例,今后每年奏下,逐人给省牒一纸,使大张纸书。不在使绫纸。

"不在"即"不再"之假借。
以上是四品以下内外官员的考课程序。亲王、宰相及京官三品以上官,外官大都督、节度使以上官,只将功过行能写成考状,奏于皇帝,由皇帝考校裁定其考绩、考第。《唐丞相曲江张先生文集·附录》收有唐玄宗为张九龄所写的考词三篇,今录其开元二十四年(736)所作的一篇考词如下:

> 御注考词云:才称命代,道可济时,自乎弼亮,刑于端揆。可中上。

内外官从现任改调为别官,其年考由后任司、州申报。

五代时,考课便不认真了,省校考不能按时完成,司、州校考簿不能按时送达,于是后唐明宗天成元年(926)十月,考功司不得不重新制定格令。《册府元龟》卷六三六《铨选部·考课二》载:

> 是月,尚书考功条奏格例如后:……准式,校京官考,限来年正月内;外官考,限二月内者,所司至三月内申奏了毕。伏以书校内外官考课,逐年申送考簿,各有程期。近年已来,诸道州府及在京诸司所送考解,多是稽违。自今后,所申送考簿如违格限二十日不到,其本判官并录事参军,伏请各罚一百直,本典勾官请委本道科责;如违一月日已上不申到者,本判官伏请罚二百直,录事参军量殿一选。

京官考限正月内考校完,外官考限二月内考校完,要求各州、司必须及时送到校考簿。若违程二十日,本州、司判考官和录事参军各罚钱一百,违程一月,判考官罚钱二百,录事参军增加守选期一年。

二、考课内容与标准

考课的内容和标准是四善二十七最。包括德、能两方面。

四善是指德方面，即道德品质。这四善是：一曰德义有闻，二曰清慎明著，三曰公平可称，四曰恪勤匪懈。简称德、慎、公、勤四善。这四善主要是针对全国所有的内外官员而言的，是百官的共同标准。

二十七最是指能方面，即行能才干。不同职务的官员有不同的行能标准。所谓"最"，是指最好的，也就是最高的标准，其标准是："一曰献替可否，拾遗补阙，为近侍之最；二曰铨衡人物，擢尽才良，为选司之最；三曰扬清激浊，褒贬必当，为考校之最；四曰礼制仪式，动合经典，为礼官之最；五曰音律克谐，不失节奏，为乐官之最；六曰决断不滞，与夺合理，为判事之最；七曰部统有方，警守无失，为宿卫之最；八曰兵士调习，戎装充备，为督领之最；九曰推鞫得情，处断平允，为法官之最；十曰雠校精审，明于刊定，为校正之最；十一曰承旨敷奏，吐纳明敏，为宣纳之最；十二曰训导有方，生徒充业，为学官之最；十三曰赏罚严明，攻战必胜，为将帅之最；十四曰礼义兴行，肃清所部，为政教之最；十五曰详录典正，词理兼举，为文史之最；十六曰访察精审，弹举必当，为纠正之最；十七曰明于勘覆，稽失无隐，为勾检之最；十八曰职事修理，供承强济，为监掌之最；十九曰功课皆充，丁匠无怨，为役使之最；二十曰耕耨以时，收获成课，为屯田之最；二十一曰谨于盖藏，明于出纳，为仓库之最；二十二曰推步盈虚，究理精密，为历官之最；二十三曰占候医卜，效验居多，为方术之最；二十四曰讥察有方，行旅无壅，为关津之最；二十五曰市廛不挠，奸滥不行，为市司之最；二十六曰牧养肥硕，蕃息孳多，为牧官之最；二十七曰边境肃清，城隍修理，为镇防之最。"（《旧唐书》卷四十三《职官志二》）

这四善二十七最打破了以往以部门为单位的考核方式的局限性，而具体落实到了每个人的身上，以职事为主，德能结合，全面考察其政绩功过，这就较以前的考课制度要完善、合理而又严密多了。

根据四善二十七最，唐朝把内外官吏的考第分为九等，即上上、上中、上下、中上、中中、中下、下上、下中、下下，以善最之多少有无来评定：一最以上有四善，为上上；一最以上有三善，或无最而有四善，为上中；一最以上有二善，或无最而有三善，为上下；一最以上有一善，或无最而有二善，为中上；一最以上，或无最而有一善，为中中；职事粗理，无最无善，为中下；爱憎任情，处断背理，为下上；背公徇私，职务废缺，为下中；居官谄诈，贪浊有状，为下下。

另外，"若于善最之外别可嘉尚，及罪虽成殿情状可矜，虽不成殿而情状可责者，省校之日，皆听考官临时量定"（《唐六典》卷二《尚书吏部》）。是说除善最之外，尚有三种情形需省校考时，由考官临时加以升降：一是另有其他成绩需嘉奖者，一是罪虽成殿而情状可谅解者，三是虽不成殿但情状可恶需责罚者。所谓"殿"，《唐六典》卷二注曰："诸官人犯罪负殿者，计赎铜一斤为一负，公罪倍之。十负为一殿。"《唐律疏议》卷九亦载："私坐每一斤为一负，公罪二斤为一负，各十负为一殿。"就是所犯之罪用十斤铜或二十斤铜可赎者为一殿。《新唐书》卷一一六《韦思谦传》载："及进士第，累调应城令，负殿，不得进官。吏部尚书高季辅曰：'予始得此一人，岂以小疵弃大德邪？'擢监察御史。"《旧唐书》本传也说他"坐公事微殿,旧制多未叙进"。知高宗时的韦思谦就是一位因罪成殿,考课降等,久未升迁的官员。

流外官,也有其考课内容和等第的规定,由本司根据其行能功过,分四等考校:清谨勤公,勘当明审为上考;居官不怠,执事无私为中考;不勤其职,数有愆犯为下考,背公向私,贪浊有状为下下考。考下下者,要解任。

另外,亲、勋、翊卫、诸卫主帅、监门校尉、直长、品子、杂任、飞骑等,皆有各自的考课内容和标准,并分上、中、下三等考第来评定,有两个上考者,加一阶。

安史之乱以后,使职增多,节度使、观察使等也有了一套具体的考课标准,每年八月考其政绩。节度使以"销兵为上考,足食为中考,边功为下考。观察使以丰稔为上考,省刑为中考,办税为下考。团练使以安民为上考,惩奸为中考,得情为下考。防御使以无虞为上考,清苦为中考,政成为下考。经略使以计度为上考,集事为中考,修造为下考"(《新唐书》卷四十九《百官志四下》)。

此外,对州、县官,除按正常的四善二十七最标准考课外,还有附加条件。《通典》卷十五《选举三·考绩》载:

> 诸州、县官人,抚育有方,户口增益者,各准见户为十分论,每加一分,刺史、县令各进考一等(增户口,谓课丁,率一丁同一户法。增不课口者,每五口同一丁例)。其州户口不满五千,县户不满五百者,各准五千、五百户法为分。若抚养乖方,户口减损者,各准增户法,亦每减一分降一等。其劝课农田能使丰殖者,亦准见地为十分论,每加二分,各进考一等(此谓永业、口分之外,别能垦起公私荒田者)。其有不加劝课以致减损者(谓

永业、口分之内有荒废者），每损一分，降考一等。

县令是直接亲民的官，与土地、户口的关系最为紧密，除以四善二十七最标准评定外，还要用户口、土地、粮食、赋税等项来考课，事烦而任重，每年铨选时很多人不愿去做此官，原因就在于此。为此，玄宗就曾下过一道《劝奖县令诏》，云：

> 抚字之道，在于县令。不许出使，多不得上考。每年选补，皆不就此官。若不优矜，何以劝奖？其县令在任，户口增益，界内丰稔，清勤著称，赋役均平者，先与上考，不在当州考额之限也。（《全唐文》卷二七）

唐代规定，各司按其工作量大小、各州按其等级上下，分配有一定的考第限额，如果县令在任而政绩可嘉，先予上考，并不占本州名额。虽然有此规定，但各司、州却只按名额办事，不愿破格上报。

三、奖励制及考满

考课制度往往是与赏罚制度联系在一起的。按照考第等次，唐朝对百官进行奖惩陟黜。内外官是一年一考，谓之小考；四年一总，谓之大考。小考与奖惩禄米相联系，大考与升降品阶相联系。

《新唐书》卷五十五《食货志五》载：

> 贞观初，百官得上考者，给禄一季。未几，又诏得上下考给

禄一年。

这是因为在贞观初得上下考者无人。后来，就统一定为每年考课
后，考第在中上者，按在本人原禄米的基础上，再加三个月的禄米；
上下者，加六个月禄米；上中者，加九个月禄米；上上者，加一年禄
米。考第在中中者，不奖不罚，领原禄米；而中下者，则扣发其三个
月的禄米；下上者，扣其六个月禄米；下中者，扣其九个月禄米；下下
者，扣其一年禄米。另外，又规定，若在这一年中犯有罪，私罪而考
第又在下中以上，公罪而考第又在下下者，都要罢免解任，追回其告
身官符。一周年之后，再按本品叙职。

在唐代，"凡居官必四考"（《新唐书》卷四十五《选举志下》）。
也就是说，入仕之后，升迁改转都要以四考为限。所谓四考，就是四
年，一年一考。《唐六典》卷二《尚书吏部》在"有以劳考"下注曰：

> 谓内外六品以下，四考满。皆中中考者，因选，进一阶；每
> 二中上考，又进二阶；每一上下考，进两阶。若兼有下考，得以
> 上考除之。

《册府元龟》卷六三五《铨选部·考课一》亦载：

> （贞观）十一年正月十三日敕：散位一切以门荫结阶品，然
> 后依劳进叙。凡入仕之后，迁代则以四考为限。四考中中，进
> 年劳一阶；每一考中上，进一阶；一考上下，进二阶。五品以上，
> 非特恩刺史，无进阶之令。

知四考进阶法始自贞观十一年(637)。其方法是:四考都是中中,进一阶;若四考中,有一中上考,再进一阶;有一上下考,再进二阶。上中以上属于殊考,当奏闻皇帝另行叙阶。若四考中,既有上考,又有下考者,得以"除之",即用抵消法,就是用一中上考抵消一中下考,用一上下考抵消两个中下考。若有一上中考,即使有中下考,也不再抵消,仍属殊考,得奏闻皇帝。若四考中有一下下考,就要解任。所谓抵消,不过是拉平而已,上下抵消后,就统统以四考皆中中计。

这里有三点需要说明:一是四考进阶法是指四年累积,分考进阶的方法。而有关中国历代官吏制度的书籍,却往往把它解释成四次小考,总评中上者,加官阶一级;四考总评上下者,加官阶二阶云云,这就错了。唐代四考法,无总评一说,是分年计考而进阶的。二是四考进阶法,只实用于六品以下官员。五品以上官员虽也是四考迁除,但却不用四考进阶法。六品以下官员进到五品时,也要奏闻皇帝而别叙。三是四考进阶法,所进之阶,只有到铨选时才叙,也就是铨选时按新品阶授官,叫量资注拟。在此之前,只能是前资官,即以原先的官阶称。

六品以下的供奉官、常参官如拾遗、补阙等和五品以上官,计考是用累加法。《新唐书》卷四十五《选举志下》载:

> 六品以下迁改不更选及守五品以上官,年劳岁一叙,给记阶牒。考多者,准考累加。

所谓"六品以下迁改不更选",就是指六品以下的供奉官、常参官。对他们和五品以上官,是每年一叙,发给记阶牒,并用累加法计考,当累加到十六考,才有资格进入五品,累加到三十考,才有资格进入三品。《唐六典》卷二《尚书吏部》载：

> 应入三品者，皆须先在四品以上官，仍限三十考以上，本阶正四品上，无痕累者，奏听进止。应入五品者，皆须先在六品已上官及左、右补阙，殿中侍御史，太常博士，詹事司直，京兆、河南、太原府判司，皆限十六考已上，本阶正六品上。

是说进入三品官者，必须是官职已在四品以上，品阶是正四品上，已有三十年考，而且还没有过犯者。进入五品者，必须是官职已在六品以上，以及左、右补阙，殿中侍御史，太常博士，詹事司直，京兆、河南、太原三府的诸曹参军，官阶是正六品上，有十六年以上考者。

以前进入五品、三品者，主要是计阶而进，并不考虑年考数，而且多是承泛阶而进。所谓泛阶，就是遇皇帝恩典而加阶，这种泛阶起自高宗乾封年间。《旧唐书》卷四十二《职官志一》载：

> 自武德至乾封，未有泛阶之恩。应入三品者，皆以恩旧特拜，入五品者多依选叙，计阶至朝散大夫以上，奏取进止。

至乾封元年（666），内外文武官普加二阶，泛阶自此而始。至弘道元年（683）又普加一阶。则天朝，泛阶渐多，始考虑年考数。最初，只要有八考，官职是六品者，就可进入五品。至万岁通天元年（696），就明确规定，"自今已后，文武官加阶应入五品者，并取出身已历十二考已上，进阶之时见居六品官。其应入三品人，出身已二十五考以上，进阶见居三品官"（《旧唐书》卷四十二）。至开元十一年（723）二月五日，玄宗又下诏曰："自今以后，泛阶应入五品，以十六考为定,及三品,以三十考为定。"(《唐会要》卷八十一《阶》)以后就成为定式。

唐代初期,满一周年才能算作一考,许多官吏初上任的第一年就没有考,于公于私都造成了很大的不便。至开元初期,对第一年的成考时间就作了新的规定。《册府元龟》卷六三五《铨选部·考课一》载:

> (开元)四年四月七日诏:选人既多,比铨注过谢了,皆不及考,遂使每一年选人,即虚破一年阙。在于公私,皆不利便。自今已后,官人初上年,宜听通计,年终已来满二百日,许其成考。仍准迁考例,至来年考时并校,永为常式。

官吏初上任的第一年,年终时只要任满二百天,就可成考。成考,就有考绩、考第,算一考。

五代后唐明宗天成元年十月,考功司奏请皇帝,又将二百天改为一百八十天。《册府元龟》卷六三六载这年尚书考功条奏格例云:"应申校内外六品已下赴选官员考课,准格,自上任后但满一百八十日便与成头考。"

唐政府规定:"凡居官必四考。"(《新唐书》卷四十五《选举志下》)四考后才迁除改转或罢满,但在实际执行中,内外官很少有在现任上职满四年的。《旧唐书》卷九十八《卢怀慎传》就载有卢怀慎给中宗的奏疏,他在奏疏中说:

> 臣窃见比来州牧、上佐及两畿县令,下车布政,罕终四考。在任多者一二年,少者三五月,遽即迁除,不论课最。……臣望

请诸州都督、刺史、上佐及两畿县令等,在任未经四考已上,不许迁除。

这一现象盛唐时也存在。《全唐文》卷二十七收有玄宗《更定两畿县令考满诏》云:

比来两畿县令,经一两考即改,其行苟且,罕在政要,百姓弊于迎送,典吏因而隐欺。自今以后,皆令四考满,满日听依京官例选。仍不得辄续于前劳。

以后历朝皆有是诏。如《册府元龟》卷六三六《铨选部·考课二》载:

(德宗贞元六年)十一月制:守宰之任,弊在数更。自今刺史、县令,以四考为限。

又载:

(贞元)九年七月制:县令以四考为限,无替者宜至五考。

唐人重内官、轻外任,其中的一个重要原因是外官迁除比较慢,一般要等到任满后接替官到才能离职,尤其是六品以下任边远荒凉地区的地方官更是这样。《唐会要》卷八十一《考上》就载:

(开元)二十八年三月二日敕,先是,内外六品应补授官,四考满,待替为满。是日制,令以岁为满,不待替。……至其年十二月十六日敕:内外六品已下官,依旧待替。其无替者,五考满后停。

原先,六品以下补授官员,以四考为满职,所谓满,是指替人到后接任时为满。现在规定,以年为满,即在任四年整就算满,不等替官到。这一年的十二月十六日又下诏说:内外六品以下官,依旧要等替官到才算任满,无接替者,延长一年,五考满就停任,不等替官到否。

四考为满,五考而罢这一现象,随着选人多而官阙少的矛盾日益突出,改由三考而代,四考而罢。《通典》卷十九《职官一》载开元年间,"自六品以下,率由选曹,居官者以五岁为限"。并注曰:"一岁为一考,四考有替则为满。若无替,则五考而罢。"又曰:"至广德以来,乃立制限。……官以三考而代,无替四考而罢,由是官有常序焉。"开元年间,六品以下官最多五年就罢职,一般是四年。而安史之乱后,一般三年就任满,最多四年就罢职,比以前缩短了一年。如《唐大诏令集》卷二《代宗即位赦》就载:"州县官,自今已后,宜令三考一替。"三考满,以后就成为定制了。德宗时,礼部员外郎沈既济在论选举制的改革中,针对六品以下的官员说:

> 唐虞迁官,必以九载。魏晋以后,皆经六周。国家因隋为四,近又减削为三。考今三、四则太少,六、九则太多,请限五周,庶为折中。(《通典》卷十八《选举六》)

他说,尧舜时九年迁官,魏晋以后是六年,唐初是四年为满,安史之乱后又削减为三年。他认为三、四年太少,六、九年又太多,于是建议:以五周年为满。但他的建议并未被采纳,仍以三周年为限。

五代时,三考又变成了三十个月。《五代会要》卷十五《考功》载:

> 后唐天成元年十月三日,尚书考功条奏格例如后:……今后州县官等,并许终三十个月成三考。自上官后至年终,但满一百八十日,便与成头考。次二年即须两考满足。如头考满足,第二考全足,即许计日成末考,方与三十个月事理合同。

所谓三考即三十个月,实际上只有两年半。至后周世宗显德五年(958)闰七月,考功司又奏请,想恢复三考即三周年为限的制度,但不久后周也灭亡,五代结束。实际上并未施行。

五品以上,及常参官、供奉官等,其改转就更频繁,很少有四考改转者。永贞革新时,顺宗想将其纳入改革的轨道,他在即位赦文中说:"内外五品以上文官及台省常参官,宜至四考满与改转,中外递迁,量才叙用。"(《唐大诏令集》卷二《顺宗即位赦》)但随着永贞革新的失败,四考满改转也就流产了。但白居易却在他的《策林二》"议庶官迁次之迟速"条中给予了赞扬。他说:"臣伏见顺宗皇帝诏曰:'凡内外之职,四考递迁。'斯实革今之弊,行古之道也。"(《白居易集》卷六十三)

真正对五品以上官及常参官、供奉官的改转定出具体时间的是元和二年(807)任宰相的李吉甫。《新唐书》卷四十五《选举志下》载:

宪宗时,宰相李吉甫定考迁之格:诸州刺史、次赤府少尹、次赤令、诸陵令、五府司马、上州以上上佐、东宫官詹事谕德以下、王府官四品以上皆五考。侍御史十三月,殿中侍御史十八月,监察御史二十五月。三省官、诸道敕补、检校五品以上及台省官皆三考,余官四考,文武官四品以下五考。凡迁,尚书省四品以上、文武官三品以上皆先奏。

在唐代,一般是两考就可成资,即在任两年就可获得官资。《册府元龟》卷六三六《铨选部·考课二》载:

（贞元）三年五月,诏以停减天下官员。其停官,计日成考。两考,准旧成资。准常式,两考以下,至来年五月三十日处分。

停减天下官员是宰相张延赏奏请德宗,用削减罢停官员的俸钱来助军讨伐吐蕃。由"两考准旧成资"知,两考成资,乃以前之旧规,非贞元三年(787)始规定。

四、考第

唐代一建立就实行了考课制。《唐会要》卷八十一《考上》载:

武德二年二月,上亲阅群臣考绩,以李纲、孙伏伽为上第。上初受禅,以舞人安叱奴为散骑侍郎,纲上疏论谏。伏伽亦谏赏献琵琶、弓箭者,及请择正人为太子、诸王师友,皆言词激切,故皆陟其考第,以旌宠之。

《资治通鉴》卷一八七也载,武德二年(619)二月"甲辰,上考第群臣,以李纲、孙伏伽为第一"。则诸司校考,当在武德元年(618)冬。可能因当时全国尚未平定,考课似只局限于京官。

唐代前期,考课制度的实施还是比较严格的。《通典》卷十五《选举三》载:

> 贞观六年,监察御史马周上疏曰:"今流内九品以上,有九等考第。自比年不过中上,未有得上下以上考者。臣谓所设九等,正考当今之官,必不施之于异代也。纵使朝廷实无好人,犹应于见任之内,比校其尤善者,以为上第,岂容皇朝士人遂无堪上下之考? 朝廷独知贬一恶人可以惩恶,不知褒一善人足以劝善。臣谓宜每年选天下政术尤最者一二人为上上,其次为上中,其次为上下,则中人以上,可以自劝矣。"

自此之后,是否有上下以上考者,因文献阙如,不得而知。至高宗时,狄仁杰得到过上下考。《册府元龟》卷六三五《铨选部·考课一》载:

> 高宗上元二年,大理寺丞狄仁杰考中上,考使尚书左仆射刘仁轨以新任不录。大理卿张文瓘称:独知理司之要。仁轨大惊,问:"公断几何狱?"文瓘曰:"岁竟,凡断一万七千八百人。"仁轨乃擢为上下考。

像狄仁杰这样德才兼备、断案神速而又平允的人，年考才为上下考，可见高宗时也没有上中以上考者。但却有下上考者。《资治通鉴》卷一九九载高宗永徽二年（651）：

> 金州刺史滕王元婴骄奢纵逸。居亮阴中，昳游无节，数夜开城门，劳挠百姓，或引弹弹人，或埋人雪中以戏笑。上赐书切让之，且曰："取适之方，亦应多绪，晋灵荒君，何足为则！朕以王至亲，不能致王于法，今书王下上考，以愧王心。"

《唐会要》、《册府元龟》载高宗书滕王下下考，而两《唐书》本传却谓下上考，当从。

《旧唐书》卷一〇〇《李朝隐传》载李朝隐为长安令时，有宦官诣县请托，被李朝隐赶了出来，睿宗闻而嘉叹，"特赐中上考"。同卷《卢从愿传》载开元年间，卢从愿以刑部尚书充京官校考使，时"御史中丞宇文融承恩用事，以括获田户之功，本司校考为上下"，省校考时，卢从愿坚决不同意。由此可见，开元以前，唐代的考课还是认真严肃的，考官们也基本上能够秉公考校，不避亲，不阿贵，甚至有的考官还能扬长取善，及时发现人才。《资治通鉴》卷二〇一载高宗总章二年（669）二月，以卢承庆为刑部尚书：

> 承庆常考内外官，有一官督运，遭风失米，承庆考之曰："监运损粮，考中下。"其人容色自若，无言而退。承庆重其雅量，改注曰："非力所及，考中中。"既无喜容，亦无愧词。又改曰："宠辱不惊，考中上。"

考评的严肃性自天宝始就渐渐地变滥了,出现了上上考。《资治通鉴》卷二一六载天宝九载(750)十月:

> 安禄山屡诱奚、契丹,为设会,饮以莨菪酒,醉而坑之,动数千人,函其酋长之首以献,前后数四。至是请入朝,上命有司先为起第于昭应。禄山至戏水,杨钊兄弟姊妹皆往迎之,冠盖蔽野;上自幸望春宫以待之。辛未,禄山献奚俘八千人,上命考课之日书上上考。

得上上考的还有路嗣恭。《旧唐书》卷一二二《路嗣恭传》载:

> 路嗣恭,京兆三原人。始名剑客,历仕郡县,有能名,累至神乌令,考绩上上,为天下最,以其能,赐名嗣恭。

《新唐书》本传也说他"连徙神乌、姑臧二县,考绩为天下最。玄宗以为可嗣汉鲁恭,因赐名"。知其得上上考,在玄宗天宝年间。

安史之乱后,考官们为了省事,也为了不得罪人,将京官的考第全书为中上。《唐会要》卷八十一《考上》载:

> (贞元)七年八月,考功奏:准考课令,诸司官皆据每年功过行能,定其考第。又准开元、天宝以前敕,朝官每司有中上考,亦有中考。自三十年来,诸司并一例申中上考,且课绩之义,不合雷同,事久因循,恐废朝典。自今以后,诸司朝官,皆须据每年功过行能,仍比类格文,定其升降,以书考第,不得一例申中上考。……

是月,考功又奏:准诸司官皆据功过定其考第,自至德后,一切悉申中上考,今请覆其能否,以定升降。

自至德元年(756)至贞元七年(791),三十五年来,诸司校考京官,一律以中上考向省校考申报。据悉,自考功司奏请后,开始有了中中考,"自谏议大夫、给事中、郎官,有书中中考者"(同上)。

其实,在此之间,已有个别的考官开始据实考校京官了。《新唐书》卷一四九《班宏传》载:

> 大历中,擢起居舍人,四迁给事中。……擢刑部侍郎、京官考使。右仆射崔宁署兵部侍郎刘迺为上下考,宏不从。曰:"今军在节度,虽有尺籍伍符,省署不校也。夫上多虚美,则下趋竞;上阿容,则下朋党。"因削之。

崔宁入朝在大历十四年(779)九月,卒于建中四年(783)十月,则班宏削刘迺考当在建中初。

除班宏外,赵宗儒也能考校以实。《旧唐书》卷一六七《赵宗儒传》载:

> 贞元六年,领考功事,定百吏考绩,黜陟公当,无所畏避。右司郎中独孤良器、殿中侍御史杜伦,各以过黜之。尚书左丞裴郁、御史中丞卢绍比皆考中上,宗儒贬之中。又,秘书少监郑云逵考其同官孙昌裔入上下,宗儒复入中上。凡考之中上者,不过五十人,余多减入中中。德宗闻而善之,迁考功郎中。

据《册府元龟》卷六三六载,郑云逵因书孙昌裔考失当,被赵宗儒考之中中,以示儆罚。

自贞元七年考功司奏请不得一律申中上考后,人人知惧,考官也能秉公校考了。《新唐书》卷一五〇《赵憬传》载赵憬为尚书左丞时,"考功岁终,请如至德故事课殿最,憬自言荐果州刺史韦证,以贪败,请降考。校考使刘滋谓憬知过,更以考升"。

在这些秉公校考、不畏权势的考官中,值得一提的是李渤。这是一位正直刚烈、疾恶如仇,不苟合于世的人。据两《唐书》本传载,穆宗即位,召他为考功员外郎,定京官考。他不避权幸,上书论考,自宰相以下皆行升黜。认为宰相萧俛、段文昌、崔植邪正不辨,混然无章,教化不行,赏罚不设,是尸素禄位的宰相,与翰林学士杜元颖并请考中下。御史大夫李绛、左散骑常侍张惟素、右散骑常侍李益及郑覃等,对穆宗游幸骊山和畋游无度敢于恳谏,有事君之体,请赐考上下。崔元略当考上下,但因以前考于皋不实,于皋以犯赃处死,应降考中中。大理卿许季同,任使于皋等下属犯赃而不问,应考中下,但能在刘辟叛乱中,弃家归朝,忠节可嘉,以功补过,请赐考中中。少府监裴通,职事修举,应考为中上,但因他只请追封自己的生母而摈弃嫡母,请考中下。等等。李渤的奏状呈上去后,却受到一些人的阻碍,有人认为三品以上官为内考,他越职奏请不当,还有人竟认为他卖直沽名,执政者就借故将他逐出朝廷,去做虔州刺史。

安史之乱后,京官一律考为中上考,也就是上考。外官就不如京官,考为中上者不多。在全国,考第能得上下考的如凤毛麟角。《新唐书》卷一五八《严震传》载:

　　山南西道节度府又表为凤州刺史。母丧解。起为兴、凤两

州团练使,好兴利除害。建中中,剑南黜陟使韦桢状震治行为
山南第一,乃赐上下考,封郧国公。

严震治行为山南西道第一名,才考为上下第。上下考是为官者们所
企盼的最高考第了。马戴在《赠前蔚州崔使君》一诗中就说:

> 战回脱剑绾铜鱼,塞雁迎风避隼旗。
> 欲识前时为郡政,校成上下考新书。
>
> (《全唐诗》卷五五六)

中唐以后,内外官最高考第也就是上下考,上中考以上者没有。《唐
会要》卷八十一《考上》载元和十四年(819)十二月,考功奏:

> 自今已后,其有政能卓异,清苦绝伦者,不在止于上下
> 考限。

可见,在此之前,无上中考者,这之后,也未见著录。
六品以下官员四考满,中唐以后变成了三考满,考满后就开始
守选。

第四章　六品以下官员守选

一、守选的根本原因是选人多而官阙少

六品以下官员的守选,也与及第举子的守选一样,是为解决选人多而员阙少这一社会矛盾所制订的一项政策。

在唐朝,并不是所有的六品以下官员都要守选。像各司的员外郎、补阙、拾遗、监察御史、太常博士等等,他们虽也是六品以下官员,但因他们是常参官、供奉官,官满后并不守选。守选的仅指那些旨授的、归吏部铨选的六品以下官员。若地方官带有省衔官(如检校员外郎等)或供奉官(如翰林学士、集贤学士等)称号者也不守选。五代时,官制已乱,凡曾在朝为常参官、供奉官者,即使以后为地方官不带省衔、供奉者,官满后也不守选。《册府元龟》卷六三三《铨选部·条制五》载后唐明宗长兴二年(931)七月:

> 敕旨:州县官带侍御史、殿中侍御史、内供奉、监察里行及省衔者,皆非正秩,尚出铨曹。……应州县官内有曾在朝行及佐幕,罢任后准前资朝官宾从例处分。其带省衔已上,并内供

奉、里行,及诸已出选门者,或降授令、录者,罢任日并依出选门例处分,不在更赴常调,便于除官。

所谓"出铨曹"、"出选门",皆指不再归吏部铨选。"准前资朝官宾从例处分",就是指举荐制,不由吏部铨选授官。"降授令、录者",指皇帝降敕所授县令、录事参军者。

唐初,所有六品以下官员都不守选。《通典》卷十五《选举三》载:

> 初,武德中,天下兵革方息,万姓安业,士不求禄,官不充员,吏曹乃移牒州府,课人应集。至则授官,无所退遣。四五年间,求者渐多,方稍有沙汰。

《新唐书》卷四十五《选举志下》亦载:

> 初,武德中,天下兵革新定,士不求禄,官不充员。有司移符州县,课人赴调。远方或赐衣续食,犹辞不行。至则授用,无所黜退。不数年,求者浸多,亦颇加简汰。

据史载,唐平定南北,完成统一在高祖武德七年(624),"天下兵革新定"当指此时或之前。大约到贞观初,始渐渐沙汰官吏了。

《唐会要》卷七十四《掌选善恶》载:

> 贞观元年,温彦博为吏部郎中,知选事,意在沙汰,多所摈抑。而退者不伏,嚣讼盈庭,彦博唯骋辞辩,与之相诘,终日喧

挠,颇为识者所嗤。

《资治通鉴》卷一九二于贞观元年(627)下又载曰：

> 唐初,士大夫以乱离之后,不乐仕进,官员不充。省符下诸州差人赴选,州府及诏使多以赤牒补官。至是尽省之,勒赴省选,集者七千余人,(刘)林甫随才铨叙,各得其所,时人称之。诏以关中米贵,始分人于洛州选。

二文所载,都谓贞观元年,则到底是怎么回事？查史书,原来,武德七年废吏部侍郎,由吏部郎中掌流内选,秩同侍郎。至贞观二年(628)正月,又复置吏部侍郎,掌选事,而罢吏部郎中掌选事职,并降秩。《唐会要》所载,乃贞观元年春事,时温彦博为吏部郎中掌选事,故沙汰官员当从温彦博始。由于温彦博对沙汰官员处理不当,只以辩解为务,故为识者所嗤,竟成了唐代精简官吏的"罪人"。至贞观二年正月,复置吏部侍郎,由刘林甫担任,"林甫随才铨叙,各得其所"当在此时。由于"集者七千余人"和诏以洛州分选是在贞观元年冬,故《通鉴》就全都放在贞观元年下叙述了。

然冬集时的这七千余人,并没有在第二年春被刘林甫全部铨选上。《通典》卷十五《选举三》载：

> 贞观时,京师谷贵,始分人于洛州选集,参选者七千人,而得官者六千人。

这未被铨叙得官的一千人,只好再等下一年的铨选了。

由此可见，贞观初已开始出现了选人多于员阙的矛盾，于是有了对官员的沙汰，这为守选提供了可能，但此时并未产生守选制，而是"听选"，即任其参加铨选。这些沙汰下来的官员，可以每年都去参加冬集铨选，也可在家赋闲停候两三年再去赴选。沙汰下来的官员当然是六品以下者，因为他们人数多，而官职小，又多为地方官，故精简官吏当从他们始。

贞观年间，精简后的文武朝官只留六百多人。《通典》卷十九《职官一》载："贞观六年，大省内官，凡文武定员，六百四十有三而已。"《资治通鉴》卷一九二亦载："上谓房玄龄曰：'官在得人，不在员多。'命玄龄并省，留文武总六百四十三员。"外官不详，大约在万名左右。然此时每年铨选，已达数千人，正如当时的侍中摄吏部尚书杜如晦对太宗所说："今每岁选集，动逾数千人。"(《通典》卷十五)每年有数千人参加铨选，而落选的人是大多数。这样一来，每年落选的人越积越多，至高宗时已成一大社会问题。《通典》卷十五云：

> 是时，吏部之法行始二十余年，虽已为弊矣，而未甚滂流，故公卿辅弼或有未之觉者。太宗初知其微而未及更，因循至于永徽中，官纪已紊，迨麟德之后，不胜其弊。

至高宗显庆二年(657)，黄门侍郎知吏部选事刘祥道上疏陈铨选之得失时说：

> 今内外文武官一品以下，九品以上，一万三千四百六十五员，略举大数，当一万四千人。……又常选放还者，仍停六七千

人。(《旧唐书》卷八十一《刘祥道传》)

由此分析,每年赴选者,当超过万人。

至武后朝,每年到京城参加铨选者,有数万人之多。《太平广记》卷一八五引《朝野佥载》云:"唐张文成曰:'乾封以前,选人每年不越数千。垂拱以后,每岁常至五万人。'"按,"乾封以前,选人每年不越数千",当指太宗贞观年间,至高宗时,以"十放六七"来计算,每年参选者当在万名以上。"垂拱以后,每岁常至五万人"亦不确,可能最多的一年有五万人,并非每年有五万人。

玄宗开元年间,人多员少的现象更加突出。据《资治通鉴》卷二一三载开元二十一年(733):"是时,官自三师以下一万七千六百八十六员,吏自佐史以上五万七千四百一十六员,而入仕之途甚多,不可胜纪。"所谓官,指流内铨数,吏指流外铨数。《通典》卷十五《选举三》就说得更详细具体:

> 按格令,内外官万八千八十五员,而合入官者,自诸馆学生以降,凡十二万余员。其外文武贡士及应制、挽郎、辇脚、军功、使劳、征辟、奏荐、神童、陪位,诸以亲荫并艺术百司杂直,或恩赐出身,受职不为常员者,不可悉数。大率约八九人争官一员。

由《通典》所载官员数较《通鉴》所载开元二十一年官员数多四百〇二人。可推断,《通典》所言,当是开元末、天宝初之官员数。时可以入仕者有十二万多,八九人竞争一个官位。

由高宗显庆二年内外官总数一万三千四百六十五员,到玄宗开元末年内外官总数一万八千〇八十五员，八十多年官位只增加了四千六百二十员。而每年赴京城参选的人员，由贞观年间的数千人，至武后垂拱年间的五万人，五十年间增加了近十倍。

不算流外铨人，仅每年赴选的流内铨官员，参加贡举试的举子，以及他们中有的还带着仆从眷属等，这些人加起来，则每年冬春之际聚于京城者，少说也有三四万人。这么多的人住在京城，给京城的粮草、住宿、交通、取暖、治安等等都造成了极大的压力。在古代交通不便、运输困难的情况下，成为社会一大严重问题。这种情况，在高宗时代就很突出了，已经引起了统治者的极大关注，不得不下令让满朝文武来讨论。《唐会要》卷七十四《选部上·论选事》载：

> 开耀元年四月十一日敕：吏部、兵部选人渐多，及其铨量，十放六七，既疲于来往，又虚费资粮，宜付尚书省，集京官九品已上详议。

但并没有讨论出一个好的结果来。开元三年（715）左拾遗张九龄上疏亦说："今则每岁选者，动以万计，京师米物为之空虚。"（《通典》卷十七《选举五》）可见至开元初年，问题之严峻并未稍减。

选人多而员阙少的矛盾，引起了一系列的社会问题，这使统治者不得不采取对策。

二、长名榜　州县等级　员外官

为了缓和选人多而官位少引起的一系列社会矛盾，自高宗起采取了以下几项措施。

（一）设立"长名榜"，缩短被放选人滞留京城的时间。

《通典》卷十五《选举三》载：

> 自高宗麟德以后，承平既久，人康俗阜，求进者众，选人渐
> 多。总章二年，裴行俭为司列少常伯，始设"长名姓历榜"，引
> 铨注之法。

"司列少常伯"即吏部侍郎，为高宗龙朔二年（662）所改名，至咸亨二年（671）又复旧。由是知，"长名姓历榜"是总章二年（669）裴行俭为吏部侍郎时所设立的。其实，设制的具体事务是由吏部员外郎张仁祎实际操办的。《资治通鉴》卷二〇一总章二年载：

> 时承平既久，选人益多，是岁，司列少常伯裴行俭始与员外
> 郎张仁祎设"长名姓历榜"，引铨注之法。

张仁祎是一位鞠躬尽瘁的正直官员，为制定铨注之法呕血而卒。"长名姓历榜"是将被放选人的姓名、仕历公布于榜，因被放选人的人数众、姓名多，榜又长，故曰"长名姓历榜"，简称"长名榜"。长名榜是只公布被放选人姓名的榜，也就是被驳放落选的选人才上榜。《封氏闻见记》卷三《铨曹》就载：

> 高宗龙朔之后，以不堪任职者众，遂出长榜放之冬集，俗谓
> 之"长名"。

长名榜乃驳放榜,可举数例。

《唐会要》卷七十四《掌选善恶》载:

> 宏道元年十二月,吏部侍郎魏克己铨综人毕,放长榜,遂出得留人名,于是衢路喧哗,大为冬集人援引指摘,贬为太子中允。

宏道为高宗年号,宏道元年即公元 683 年。由于长名榜只是被放人的姓名榜,而魏克己却将得留人的姓名也写在上面,故引起人们的喧哗指责。《唐会要》该卷又载:

> 开元十一年十二月,吏部侍郎崔林(按,当作"琳"),以旧例有远恶官六七百员,常不用,此冬因选深人以(按,当作"用")此阙,铨日对面注,各得稳便,不入长名,用(按,当作"因")此远阙都尽。

所谓"远恶官",是指地方偏远、条件恶劣的地方官,因这些地方无人去,于是崔琳便将那些选深人,即待选年月长久者派去,既填补了这些地方长久空缺着的官位,又免去了这些人再次被驳放的命运,故曰"不入长名"。由此可见长名榜就是选人驳放榜。然《资治通鉴》卷二〇九却有胡三省的一条注,云:

> 高宗总章二年,裴行俭始设长名榜,凡选人之集于吏部者,得者留,不得者放。宋白曰:长名榜定留放,留者入选,放者不得入选。

胡注语焉不详。所谓长名榜定留放,是因选人入长名榜者为放者,就不能入选;不写在长名榜上者为留者,就可以入选。并非得入长名榜者留,不得入长名榜者放。

长名榜的公布一般多在正月以前。此时,选人就可知道自己是留还是放。留者就可参加铨选,而放者就没有必要再滞留京城,可以及早回家了。这对京城粮草供应等可减轻负担,减少压力,因为放者是大多数。高宗开耀元年集京官九品以上讨论时,崇文馆直学士崔融就说:"选人每年长名,常至正月半后。"他认为时间过迟,"伏望速加铨简,促以程期"。右仆射刘仁轨也希望"留放速了",这样,"应选者暂集,远近无聚粮之劳;合退者早归,京师无索米之弊"。

长名榜的设立,对缓解选人多而员阙少所造成的社会矛盾是有一定的作用的。

(二)制定州县等级,扩大官位名额。

《通典》卷十五《选举三》载:

> 初州县混同,无等级之差,凡所拜授,或自大而迁小,或始近而后远,无有定制。其后选人既多,叙用不给,遂累增郡县等级之差。

并注曰:

> 郡自辅至下凡八等,县自赤至下凡八等。

最早定州县为八等的是裴行俭。《新唐书》卷四十五《选举志下》载:

高宗总章二年，司列少常伯裴行俭始设长名榜，引铨注法，复定州县升降为八等。其三京、五府、都护、都督府，悉有差次，量官资授之。

《旧唐书》卷八十四《裴行俭传》亦云："行俭始设长名姓历榜，引铨注之法，又定州县升降，官资高下，以为故事。"按，裴行俭所定诸州八等级为府、辅、雄、望、紧、上、中、下。诸县八等级为京、畿、望、紧、上、中、中下、下。

开元中，对州县等级又作了更为明确的规定。《通典》卷三十三《职官十五》载：

开元中，定天下州府，自京都及都督、都护府之外，以近畿之州为四辅，其余为六雄、十望、十紧及上、中、下之差。

并注曰："至开元十八年三月敕：太平时久，户口日殷，宜以四万户以上为上州，二万五千户为中州，不满二万户为下州。"同卷又载曰：

大唐县有赤、畿、望、紧、上、中、下七等之差。

并注曰："六千户以上为上县，三千户以上为中县，不满二千户为下县。"《唐六典》卷三《尚书户部》载：

凡三都之县，在城内曰京县，城外曰畿县，又望县有八十五焉。其余则六千户已上为上县，二千户已上为中县，一千户已上为中下县，不满一千户皆为下县。

按,《通典》所载无中下县,这是因为自天宝五载(746)后,撤消下县,并入中下县,故中唐后,人们把中下县也就称作下县。《通典》所载即此。《唐六典》无紧县,当是脱误。

中唐后,县为七等级已成定制。贞元年间欧阳詹所作《同州韩城县西尉厅壁记》就说:

> 我唐极天启宇,穷地辟土,列县出于五千,分为七等,第一曰赤,次赤曰畿,次畿曰望,次望曰紧,次紧曰上,次上曰中,次中曰下。赤县仅二十,万年为之最;畿县仅于百,渭南为之最;望县出于百,郑县为之最;紧县出于百,夏阳为之最;上县仅三百,韩城为之最。(《全唐文》卷五九七)

唐李吉甫《元和郡县志》所注县级除赤、畿、望、紧、上、中、中下、下八等外,还有次赤、赤畿。五代时,全国县级又分为九等。《五代会要》卷二十《量户口定州府等第》载:

> 周广顺三年十一月敕:天下县邑,素有等差,年代既深,增损不一,其中有户口虽众,地望则卑;地望虽高,户口至少。每至调集,不便铨衡,宜立成规,庶协公共。应天下州府及县,除赤县、畿县、次赤、次畿外,其余三千户以上为望县,二千户以上为紧县,一千户以上为上县,五百户以上为中县,不满五百户为中下县。……据户部今年诸州府所管县户数目,合定为望县者六十四,紧县七十,上县一百二十四,中县六十五,(中)下县九十七。

自高宗总章二年裴行俭定全国州县为八等后,州县开始有了等级大小,这不仅可以使按资授官有法可循,更重要的是建官置吏也就有了差别。望、紧、上州县的官员人数较之中、下州县的官员人数就要多。正像《通典》卷三十三《职官十五》所说:"大凡以州府大小而为增减。"如《唐会要》卷六十九《县令》载:

> (开元)二十九年七月敕:天下诸州县,望县、上县不得过二十人,中县不得过十五人,下县不得过十人。

这就是说,望、紧、上县,官吏人数为二十人,中县官吏为十五人,下县官吏为十人。再如,以参军事为例,上州四人,中州三人,下州二人。而县尉是赤县六人,畿、望、紧、上县为二人。中、中下、下县为一人。由于上州县以上等级的官员人数较中、下州县的官员多,这就增加了缺位,使选人有了更多的入仕机会。当然,比上每年不断增加的新选人数目来,这些增加的缺位,也是粥少僧多,解决不了大问题。

(三)在正员之外,又置员外、检校、试官等。

正员之外,又增置试官、员外、检校等,主要是在武后、中宗、睿宗时代。《通典》卷十九《职官一》载:

> 天授二年,凡举人,无贤不肖,咸加擢拜,大置试官以处之,试官盖起于此也。于时擢人非次,刑网方密,虽骤历荣贵,而败轮继轨。神龙初,官复旧号。二年三月,又置员外官二千余人,于是遂有员外、检校、试、摄、判、知之官。逮乎景龙,官纪大紊,复有"斜封无坐处"之诵兴焉。

据《资治通鉴》卷二〇五所载,天授二年(691)二月,十道存抚使所举之人,不问贤愚,悉加擢用,如并州石艾县县令王山龄等六十一人,全授拾遗、补阙;怀州录事参军霍献可等二十四人,授侍御史;并州录事参军徐昕等二十四人,授著作佐郎、评事等;魏州内黄县尉崔宣道等二十二人,并授卫佐、校书、监察御史等。这些人本来是考满罢秩的六品以下官员,等待吏部铨选,现全部被举授为朝官,他们与正员的区别,是在官职前加一"试"字。"试者,未为正命"(《通典》卷十九),就是说,不是由朝廷正式任命的。当时就有谚语讽刺这一现象道:"补阙连车载,拾遗平斗量。杷推侍御史,碗脱校书郎。"后来有个叫沈全交的举人又续了两句:"糊心存抚使,眯目圣神皇。"讽刺存抚使、武则天糊涂不明。被御史纪先知所擒,上奏朝廷,说他诽谤朝政,应打一顿后绳之以法,武则天听后却很开通,笑着说:如果你们这些人不滥的话,还怕人说吗?应该把他放了。纪先知听后很惭愧。

员外,是指正员以外的编置官,与尚书省二十四司郎中之贰员外郎有别。员外官的设置,唐初就有。《新唐书》卷四十六《百官志一》载:

> 初,太宗省内外官,定制为七百三十员,曰:"吾以此待天下贤材,足矣。"然是时已有员外置,其后又有特置同正员。

按,贞观初年,太宗命房玄龄并省文武朝官为六百四十三员,此谓七百三十员,乃误,然是否指贞观末年朝官数,可存疑。由《新唐书》知,贞观年,已有员外官,但员外置同正员则在高宗永徽年间。《旧唐书》卷四《高宗纪上》载:"(永徽六年)八月,尚药奉御蒋孝璋员外特置,仍同正。员外同正,自蒋孝璋始也。"《通典》卷十九《职官一》载:员外官,"其加同正员者,惟不给职田耳,其禄俸赐与正员同。单言员外者,则俸禄减正官之半"。

大置员外官是在武则天神功元年(697)。《资治通鉴》卷二〇六载,是年冬,"凤阁舍人李峤知天官选事,始置员外官数千人"。至中宗神龙二年(706)三月,又"大置员外官,自京司及诸州凡二千余人,宦官超迁七品以上员外官者又将千人"(同上卷二〇八)。这次大置员外官,也当是李峤所为。《资治通鉴》卷二〇八载:

> 初,李峤为吏部侍郎,欲树私恩,再求入相,奏大置员外官,广引贵势亲识。既而为相,铨衡失序,府库减耗,乃更表言滥官之弊,且请逊位;上慰谕不许。

《通典》卷十九《职官一》也载:

> 中书令李峤,初自地官尚书贬通州刺史,至是召拜吏部侍郎。峤志欲曲行私惠,求名悦众,冀得重居相位,乃奏请大置员外官,多引用势家亲识。至是,峤又自觉铨衡失序,官员倍多,府库由是减耗也。

至中宗晚年,韦后与安乐公主、长宁公主用事,又奏请"斜封官"。《资治通鉴》卷二〇九载曰:

> 安乐、长宁公主及皇后妹郕国夫人、上官婕妤、婕妤母沛国夫人郑氏、尚宫柴氏、贺娄氏、女巫第五英儿、陇西夫人赵氏,皆

依势用事,请谒受赇,虽屠沽臧获,用钱三十万,则别降墨敕除官,斜封付中书,时人谓之"斜封官"。钱三万则度为僧尼。其员外、同正、试、摄、检校、判、知官凡数千人。西京、东都各置两吏部侍郎,为四铨,选者岁数万人。

同卷又载:

> 时斜封官皆不由两省而授,两省莫敢执奏,即宣示所司。吏部员外郎李朝隐前后执破一千四百余人,怨谤纷然,朝隐一无所顾。

史载李朝隐为官清正刚直,知吏部选事时,铨衡平允,为时所称。他敢于将斜封官一千四百多人驳回,这在当时是难能可贵的。斜封官之多,有"三无坐处"之谚。《通典》卷十九《职官一》载:

> 时既政出多门,迁除甚众,自宰相至于内外员外官及左右台御史,多者则数逾十倍,皆无厅事可以处之,故时人谓之"三无坐处",谓宰相、御史及员外官也。

试官、员外官、斜封官的设置,引起了有识之士的不满与焦虑。《唐会要》卷六十七《员外官》就载道:酸枣县尉袁楚客上书中书令魏元忠,把员外官的设置比作"十羊九牧,羊既不得食,人亦不得息"。中书侍郎萧至忠上疏指责员外、斜封官为"卖官利己,鬻法徇私。台寺之内,朱紫盈满,官秩益轻,恩赏不贵,才者莫用,用者不才"。兵部尚书韦嗣立也上疏说:"员外置官,数倍正阙。官署典吏,困于祗承。府库仓储,竭于资奉。"御史中丞卢怀慎也上疏说:"臣窃见京诸司,员外官委积,多者数十倍,近古以来,未之有也。……俸禄之费,岁巨亿万,空竭府藏而已。"

试官、员外官、斜封官的设置,虽说是吏治混乱、朝政昏暗的表现,但归根结底,是选人与员阙矛盾在一定历史条件下的必然反映。执政者既想用多封官来减轻选人多的压力,又想博得贵戚亲识的拥护和支持,来满足自己对权钱的私欲。在当时正员有限的情况下,就尽量用试官、员外、检校、摄、判以及斜封等名目来增加官位,扩大名额。但这些官职的大量设置,不仅加重了国家财政的负担,而且时间一长,就会与正员抢夺职务权力,新的矛盾也随之出现。

总之,长名榜的设立,州县等级的制定,只能缓解眼前的暂时的社会矛盾,不能从根本上解决问题。尤其是试官、员外、检校等官位的设置,不仅无补于矛盾的化解,而且更是一种剜肉补疮的作法。

在以上诸措施显得收效不大的情况下,守选制就应运而生了。裴光庭创立的"循资格",比较有效地长远地缓解选人多而员阙少所引发的社会矛盾,并且比较合理地解决选人云集京城问题,减少京城供应过重和选人奔波之苦。

三、"循资格"及其利弊

开元十八年(730)四月,时任宰相的裴光庭兼吏部尚书,开始制订"循资格"。

"循资格"的具体内容,史籍政书皆未作详细的记载,《通典》、《册府元龟》、《资治通鉴》、两《唐书·裴光庭传》和《新唐书·选举

志》以及《文献通考》都只作了简要的概述。《新唐书》卷四十五《选举志下》所记最简明扼要,云:

> 开元十八年,侍中裴光庭兼吏部尚书,始作"循资格",而贤愚一概,必与格合,乃得铨授,限年蹑级,不得逾越。于是久淹不收者皆便之,谓之"圣书"。

相比之下,《通典》卷十五《选举三》的记载就要明白准确而又全面客观得多:

> 至玄宗开元中,行俭子光庭为侍中,以选人既无常限,或有出身二十余年而不获禄者,复作"循资格",定为限域。凡官罢满以若干选而集,各有差等,卑官多选,高官少选,贤愚一贯,必合乎格者,乃得铨授。自下升上,限年蹑级,不得逾越。久淹不收者,皆荷之,谓之"圣书"。虽小有常规,而抡材之方失矣。其有异才高行,听擢不次。然有其制,而无其事,有司但守文奉式,循资例而已。

《资治通鉴》卷二一三的记载与《通典》略有不同,二者可以互补:

> (开元十八年夏四月)乙丑,以裴光庭兼吏部尚书。先是,选司注官,惟视其人之能否,或不次超迁,或老于下位,有出身二十余年不得禄者。……光庭始奏用"循资格"。各以罢官若干选而集,官高者选少,卑者选多,无问能否,选满即注,限年蹑级,毋得逾越,非负谴者,皆有升无降。其庸愚沈滞者皆喜,谓

之"圣书",而才俊之士无不怨叹,宋璟争之不能得。

其他文献所记与以上引文大同小异,不再赘录。将以上三文综合起来,"循资格"的主要内容如下:六品以下官员考满罢秩后,得守选若干年才能参加吏部的冬集。守选的年数是各有差等的:官阶高者守选年数少,官阶低者守选年数多,贤愚一样,不问才能,但必须符合选格条件,才能铨选授官。也就是说守选期限一满,就可以按资注官。只要不犯法受罚,就都会自下向上地升陟。所谓"限年蹑级",就是限年月守选,随官阶升迁。人人如此,不得逾越。

前已论述,所谓"守选",就是在家守候吏部的铨选期限。唐人将守选一年叫作一选,"罢官若干选而集",就是罢官后守选若干年而冬集。对六品以下官员来说,守选期限最多十二年,最少一年。《新唐书·选举志下》就说:"凡一岁为一选、自一选至十二选,视官品高下以定其数,因其功过而增损之。""视官品高下以定其数",就是"卑官多选,高官少选","因其功过而增损之",就是按其功过而减选与殿选。

"循资格"与考课制度是紧密联系在一起的。六品以下官员四考而满(中唐以后三考而满),就要停秩罢官,在家守选。守选年限是根据考满罢秩时的官职大小来定的。守选期满,他们就以"前资官"的身份赴吏部参加冬集铨试。注拟授官时,才根据前任考课等第,也就是四考都是中中进一阶,有一中上考进二阶的方式进阶授官,这就叫量资注拟。授官后又是考满而罢,选满再集,依资注授,周而复始,直至达到五品官阶出了选门为止。因为一切都是按照"资",也就是官阶品级来规定的:守选年数是根据官阶高低来定的,铨选注官是量其官阶大小来授职的,所以人们称裴光庭所制定的这一套令文叫作"循资格"。

"循资格"的核心是守选,守选的实质,说通俗点,就是分期分批地会集京城,分期分批地轮流作官。按宝塔型的官吏建制而言,官阶越小,官位越多,官吏也就越庞大,则考满罢秩而守选的人数也会更多,守选时间也就更长。这对于选人多而员阙少的社会矛盾是有一定的缓解作用的,它既大大地减轻了数万选人同时云集京城的压力,又为国家财政节省了一大笔俸禄开支,同时又可以使所有选人(除犯法者外)都有做官升迁的机会。

"循资格"的创立,《通典》卷十五认为是"起于后魏崔亮停年之制也",胡三省《资治通鉴》注也说:"此即后魏之停年格,循而行之。"关于崔亮创立停年格及其缘由,《魏书》卷六十四《张彝传》、卷六十六《崔亮传》和《通典》卷十四《选举二》、《资治通鉴》卷一四九都有记载。

北魏孝明帝即位时年幼,由胡太后临朝执政。神龟二年(519)正月,征西将军、冀州大中正张彝之子张仲瑀向太后上封事,请别造选格,使武人不能入清品之流,其目的是限制武夫掌握地方政权。于是激怒了武夫,他们大吵大闹,扬言要屠杀张家,而张彝父子却不以为然。二月,羽林军、虎贲军近千人,相率撞入尚书省诟骂,要捉拿张彝的长子左民郎中张始均,没有找到张始均,就用瓦块石头砸尚书省的门窗,当时人人都很害怕,没有人敢出来阻止他们。然后这些人又拿着火把,直奔张彝家。到了张家,把张彝拖到堂下,连打带骂,肆意侮辱。他们犹不解恨,一把火就将房屋给烧了。张始均、张仲瑀兄弟俩在忙乱中趁人不备已翻墙逃跑,但听见父亲被捶打,就又跑回来救父,也被抓起来毒打。张始均被投入火中烧死,张仲瑀也被打成了重伤。张彝被抬到隔壁的沙门寺暂住,第二天也死了,张彝临终前,让家人按其口述草拟了一本奏章,说其子张仲瑀所上封事有益于国,希望太后能采纳。但胡太后只将羽林军、虎贲军中特别凶恶的八个人斩首治罪,其余人一概不问,后又下大赦令,以安定武夫之心。对此,天下之人莫不惊骇,并为张氏父子的冤情痛心。后来胡太后又命武官依资参加铨选。

武官依资入选,使官位少而应调者多这一社会矛盾逾加突出了。吏部选曹无法应付这一局面,当时吏部尚书李韶更是焦头烂额,莫衷一是,百姓怨嗟载道。于是朝廷就命殿中尚书崔亮为吏部尚书,负责铨选。崔亮审时度势,权衡利害关系后,制定了一套格令,即不问贤愚才能,官满后都罢秩待选,以停官日月多少为准进行铨选。虽然某一官位正需要这一种人,但因他停官在后,待选日月不够,仍不能用他。而一些庸才和下品官吏,因其停官年月长也就按规定入选了。这就打破了先前依官资入选,以门第入仕的旧规,得到了久滞不迁者的称赞。后世称崔亮的这一套作法为"停年格"。

"停年格"在推行之时,就遭到一些人的反对。崔亮的外甥、时任司空咨议的刘景安写信责怪他未能推行殷周贡士、两汉荐才之道,在朝廷取士不溥、沙汰未精的情况下应该改张易调,举贤任能,现在反而创立停年格来限制有才能者,使天下士子谁再愿修行学业? 崔亮写信回答说:

> 古今不同,时宜须异,……今勋人甚多,又羽林入选,武夫崛起,不解书计,唯可弘弩前驱,指踪捕噬而已。忽令垂组乘轩,求其烹鲜之效,未曾操刀,而使专割。又武人至多,官员至少,不可周溥。设令十人共一官,犹无官可授,况一人望一官,何由可不怨哉? 吾近面执,不宜使武人入选,请赐其

爵,厚其禄。既不见从,是以权立此格,限以停年耳。(《魏书》卷六十六《崔亮传》)

"停年格"的创立,是蕴含有崔亮的苦衷的,他在复信的末尾说,我的良苦用心,只有等待将来知我的人了。

南北朝时期,是一个战乱相仍、攻伐频繁的时代。北魏,是鲜卑族拓跋氏用武力建立的国家,他们将游牧打猎的民族习性带入国家事务中,战事是其主要的国事活动,尚武便成为其民族精神。打仗离不了武人,朝廷又要靠这种人维护。于是这些人就威扬跋扈,为所欲为,到后来,养疽成痈,尾大不掉,让这些人来治国,尤其作亲民的州县官,其结果也就可想而知了。想要从道德、文才方面限制这些人入仕作官,比登天还难。张仲瑀只想从修改选格上来限制他们的入仕品位,就遭到了父子被打、身亡家焚的下场。崔亮的停年格就是鉴于此才迫不得已而行之的权宜之制,是用人人平等,大家一样,文武无别,贤愚一贯的方式来限制武人入仕的。从这一点来说,"停年格"还是功不可没的。

有人从贤才角度来责备崔亮,说:"自是贤愚同贯,泾渭无别,魏之失才,从亮始也。"(《魏书·崔亮传》)不错,崔亮的"停年格"是以牺牲某些贤才的利益而求得国家、人民的相对平安的,所以只能说"停年格"在限制武人的同时,也限制了有才能的人及时发挥其作用,但并没有把他们排挤在仕门之外,永世不让他们作官。"停年格"自实施以来,对国家的长治久安还是有其裨益的。"后甄琛、元修义、城阳王徽相继为吏部尚书,利其便己,踵而行之"(同上)。后人能够"踵而行之",除了"利其便己"之外,几十年间,国家相继无事,"停年格"是起了一定的作用的。

裴光庭的"循资格"是在借鉴崔亮"停年格"的基础上,吸收其合理部分,又结合唐代社会实际情况而创立的。它以官阶大小为准来确定守选年限长短,这较之"停年格"就合理得多。当然,它与"停年格"一样,也存在着失才之嫌,这留待下文再议。

"循资格"除借鉴崔亮的"停年格"外,在唐代,守选这一现象本身就已经存在着。开元十八年"循资格"诞生以前,及第举子就已率先实行了守选制。前已论及,开元三年六月玄宗就下诏说,进士、明经及第后"三选听集",而且已规定进士守选三年,明经等科及第举子在当番后也定有守选年限。"循资格"规定六品以下官员守选当是吸取了及第举子的守选制的。

另外,在裴光庭设立"循资格"之前,六品以下官员考满罢秩后就已经存在着积年待选的实事。唐初规定,六品以下官员考满罢官后"听选",就是都有资格每年赴吏部参加冬集铨选,但吏部在铨选时却已开始注意以停年待选的时间长短作为留放官员的标准了,对那些刚刚罢官或罢官时间不长的人吏部往往不予铨选。于是一些官员自知自己停年不够,也就自觉地不去赴选而在家积年。如《全唐文》卷一六五收有员半千的《蜀州青城县令达奚君神道碑》,云:

> 君讳思敬,字安俨,河南洛阳人也。……总章中,以仁勇校尉守左卫率府翊卫。秩满,以文艺优长,简入吏部。后解褐承奉郎,行幽州新平县尉。虽时以为美,心非所好,故跬步之间,无因骋迹也。秩满,停家积年。授征展骏足,未超前路;辞满之后,遂以丘壑为心。垂拱之初,天命已改,则天皇帝摄行君政,心遍区中。……二年,授高陵县主簿,以旧德起也。

碑文说,达奚思敬授官新平县尉时,"心非所好",且未"展骏足"而"超前路",于是秩满后就"以丘壑为心",游山玩水,过起了隐逸生活。其实,这都是誉词。达奚思敬秩满后不去赴选的实质是"停家积年",即在家积累停官年月,由选浅人变为选深人,只有这样才能被吏部铨选上。终于,至武则天垂拱二年(686)他始授高陵县主簿。则他任新平县县尉,当在高宗时。由是知,高宗时就已存在着停官待选积累年月这一作法了。碑文中所说的"停家积年",就是守选的雏型,或者说是守选的前身。

殿选与减选在"循资格"产生之前也已仿照及第举子守选制的作法开始应用在六品以下官员的身上了,殿选就是对那些犯有过失的六品以下官员,考满罢秩后罚他若干年不许参加吏部铨选。如《唐会要》卷七十五《选部下·杂处置》载:

> 神功元年十月敕:选司抑塞者,不须请不理状,任经御史台论告,不得辄于选司喧诉,有凌突选司,非理喧悖者,注簿量殿。尤甚者,仍于省门集选人决三十,仍殿五、六选。

神功元年(697)为武则天年号。这年十月武则天下诏说,被吏部驳放又不予复查的选人,不必到中书门下省去请求填写不理状,可到御史台论理上告,但不得在吏部喧扰吵闹,有凌辱冲击吏部,无理取闹者,要写入簿中按过殿选,对那些特别突出的人,应在尚书省门前召集选人责打三十大板,还要罚他五六年不得参加铨选。

减选是对那些政绩突出,或工作需要的六品以下的官员,在其考满罢秩后可优先参加铨选,也就是提前若干年参加铨选。如《唐会要》同卷又载:

（开元）十七年三月敕：边远判官，多有老弱，宜令吏部每年于选人内，简择强干堪边任者，随缺补授。秋满，量减三两选与留，仍加优奖。

所谓"秋满，量减三两选与留"，就是在其考满罢秩后可提前三两年参加铨选，让其留下来仍作判官。

在"循资格"创立之前，停家积年、殿选、减选等制度已在六品以下官员中实行了。当然，这只不过是仿照及第举子的守选制而实行的。至于停家积年的时间应该是多少，是按习以为常的惯例来执行的，并没有一定的标准和确切的概念。裴光庭在"循资格"中规定按官阶大小作为守选年限标准，则标志着守选已制度化、正式化、规范化了。从此以后，选人按规定的年限自觉地在家守选，不再是盲目地心中无数地停官积年待选了。对吏部来说，铨选有了依据，有了法律条文，省去了许多麻烦。且冬集人数大量减少，工作就可以作得更细些。对选人来说，守选年限不到，就不符合选格条件，没有资格赴选。只有守选期满的人才能到京城参加冬集铨选，这也大大地减少了京城粮草供应的负担，免除了一大批人在路上来往奔波的辛苦，这可以说是"循资格"的最大贡献吧。

然而"循资格"从一产生就遭到了一些人的反对，反对最激烈的是时任宰相的萧嵩。《唐会要》卷七十四《选事上·吏曹条例》载：

开元十八年四月十一日，侍中兼吏部尚书裴光庭，奏用"循资格"。至二十一年，光庭薨，中书令萧嵩与光庭不协，以"循资格"取士不广，因奏事言之。六月二十八日，诏："……顷者，有司限数,及拘守循资,遂令权衡,不得拣拔天下贤俊,屈滞颇多。凡人三十始可出身,四十乃得从事,更造格限,分品为差,若如所制之文,六十尚不离一尉。有材能者,始得如此,稍敦朴者,遂以终身,由是取人,岂为明恕?自今以后,选人每年总令赴集,依旧以三月三十日为限。其中有才优业异,操行可明者,一委吏部临时擢用。"

据《旧唐书》卷八十四《裴光庭传》载:

初,光庭与萧嵩争权不协,及为吏部,奏用"循资格",并促选限至正月三十日令毕,其流外行署,亦令门下省之。光庭卒后,嵩又奏请一切罢之,光庭所引进者尽出为外职。

玄宗的制诏,就是因萧嵩的奏请而颁发的,诏书以"循资格""不得拣拔天下贤俊"、"六十尚不离一尉"为由,罢除了"循资格",下令"自今以后,选人每年总令赴集",恢复旧制,任选人每年都可参加冬集。但据《通鉴》卷二一三载:"虽有此制,而有司以循资格便于己,犹踵行之。"尤其是这年十二月萧嵩罢相后,无人再反对了,当年的冬集就又恢复用"循资格"来权衡选人了。

　　如果说萧嵩的反对是出于个人恩怨、私人报复的话,则宋璟等人的反对则是从"循资格"的所谓失才方面考虑的。《通鉴》卷二一三就记载说:"其庸愚沈滞者皆喜,谓之圣书,而才俊之士无不怨叹,宋璟争之不能得。"宋璟为开元前期的名相,时已罢政为右仆射,他从"循资格"未能劝奖贤才角度出发,所以他的争论更有其代表性。

　　另外,大历年间的洋州刺史赵匡、贞元年间的礼部员外郎沈既济也都反对过"循资格",主张废除守选制,恢复以前选人每年总集京城的作法。如赵匡在《选举议》中建议:"其前资官及新出身,并请不限选数任集,庶有才不滞,官得其人。"(《全唐文》卷三五五)沈既济在改革选举论中也说:"但以一官已满,即任召用,并无选数。"(《通典》卷十八《选举六》)

然而赵、沈所论,不免书生之气。他们只注意到"循资格"在劝奖贤才方面的不足,而未注意到它在缓解社会矛盾方面的重大作用。"循资格"的弊病,是以牺牲一部分贤才的利益来求得社会矛盾的缓和,有顾此失彼的缺陷,但在当时,是利大于弊的,是符合社会历史的改革趋势和实际要求的。我们只有把它放在当时的社会环境和历史条件下,全面地加以考察,才能看出其功过利弊。

"循资格"规定,"贤愚一贯",不问才能,凡官罢满都要守选,以官阶大小来定选数,守选期满,即符合选格,才能授官。这样一来,似乎"循资格"只重视官资而不重视人才。其实,在"循资格"产生之前,失才的现象更为严重。试想,每年有数万名选人一窝蜂似地涌进京城,吏部"按名授职,犹不能遣,何暇采访贤良,搜核行能耶?"(《全唐文》卷三七二刘秩《选举论》)《通鉴》所说"先是,选司注官,惟视其人之能否,或不次超迁",这只不过是极少数,大多数是"或老于下位,有出身二十余年不得禄者"。这是因为贤能者多出身于贫寒,而又做官清廉,他们在朝中力单势孤,既乏权势请托,又无贿赂之资,罢官后,只能凭其才能、逢其机遇了。而那些出身于势族权贵人家的选人,凭借钱权及门第资荫,又有着相当的活动能力,若遇贿货纵横、赃污狼藉的时代与选官,则连选连任,"不次超迁"的往往是他们。既然"循资格"产生之前,没有条条框框时,犹不能把贤才都铨选上,贤能者只占极小数,我们又何必责怪"循

资格"有失才之咎呢？"循资格"的规定,使人人都有平等的机遇,
"自下升上,限年蹑级,不得逾越",这在限制有才能者的同时,也
遏止了那些善于钻营之辈,因为这些人占入仕的大多数。所以那
些"老于下位"、"久淹不收者"称赞"循资格"为"圣书",是有其原
因的,这些人并不全是愚鲁平庸之辈,其中有相当一部分是出身
贫寒、无力钻营但却有一定才干的人。

全面审核"循资格",它也规定有"其有异才高行,听擢不次"。
对有异才高行的人,并不按官资守选,可以超拔不次,而"有司但守
文奉式,循资例而已",那是属于后来执行者的问题,不全是"循资
格"的过错了。另外,裴光庭也意识到"循资格"有失劝奖之道,就
又设立了科目选,使那些才华之士可以早日脱颖而出。

总之,"循资格"有功也有过,有利也有弊,作为封建社会开元
盛世的一项制度,不可能是十全十美、面面俱佳的。但从其历史角
度看,是功大于过,瑕不掩瑜的。它自诞生以来,就成为唐五代铨选
的法度和律令,被选司奉行二百多年而不能革,可见"循资格"有其
存在的价值。张九龄在《大唐金紫光禄大夫侍中兼吏部尚书宏文馆
学士赠太师正平忠献公裴公碑铭》中,对裴光庭制定"循资格"曾给
予了公平的评价。他说:

> 先是,大化之行,务以玄默,遵夫简易。旧章在而不议,吏
> 道杂以多端。公于是求革故之实,契随时之义,作执秩以平之,
> 设循资以定之,谨权衡以选之,考殿最以参之。奸回无所措其
> 邪,嚚嗟不能介其量。多士动色,群方改瞻,仰之者邈乎如山,
> 窥之者间不容发。(《全唐文》卷二九一)

虽有谀墓之辞，但也不乏公允之言，在肯定"循资格"的历史功绩方面，还是实事求是的。

　　但近年来，一些有关中国古代官吏制度的书籍，却将"循资格"纳入考课制度中来论述，认为这是一种不问贤愚、仅凭作官时间长短来确立升降与否的考课方法，这就大错而特错了。连其性质、作用都未曾搞清楚，就妄下结论，说什么循资考课法是违背社会发展规律的保守的封建主义的陈腐观念，对封建国家有百害而无一利，等等，这种论调，当然是隔靴搔痒的话了。

四、守选年限

　　"循资格"规定："卑官多选，高官少选。"《新唐书·选举志下》也说："凡一岁为一选，自一选至十二选。"那么，到底是多大的官守选多少年，因资料匮乏，只能存疑。但从一些有关载记中还多少能推断出一些。如畿县令，唐代一般是三选，也就是守选三年。《旧唐书》卷九《玄宗纪下》载天宝五载（746）正月：

　　　　乙亥，敕大小县令并准畿官吏三选听集。

就是说，上、中、下县的县令按畿县县令对待，官满后守选三年。《全唐文》卷二五收有玄宗《安养百姓及诸改革制》，当是天宝五载正月乙亥的敕文，云：

　　　　比来中、下县令，或非精选，吏曹因循，徒务填阙，天下大率小县稍多,……宜令选人内取中外清资,是明经、进士、应制、明法并资荫出身、有干局书判者,各于当色内量减一两选注选(按,"选"字衍)拟。赴任之日,仍令引见,朕当察审去就。其老弱者,更不得辄注。考满之后,准畿官等例,三选听集。

知畿县县令是三选听集。天宝五载敕大小县令亦守选三年,乃是优惠,非其正常守选年限。若遇恩典大赦,诸县县令有时也会三选听集。如《唐大诏令集》卷五《改元天复赦》云:

> 应两京、畿、赤县,委中书门下切加选择,务在得人。诸州府县,令、录宜三选,不得轻于注受,切须审以人材。

史载,昭宗光化四年(901)四月丁丑,改元天复,大赦天下。按唐制,赤县县令,正五品上,已出选门,由中书门下制授,故不守选。畿县县令,正六品下,当守选三年,因遇大赦,也就与赤县县令一样,由中书门下选择而制授,不再守选。赦文规定,诸州县令、录事参军守选三年,当属恩典。在正常情况下,诸州县令要守选五年。《五代会要》卷二十二《吏曹裁制》载:

> 后唐长兴二年七月,吏部南曹奏:前守郓州卢县令李玭,曾两任秘书丞、一任国子《毛诗》博士。虽前任有升朝官,今任合准格五选集。

"今任"即指郓州卢县县令,卢县为紧县,"今任合准格五选集",就是指按选格,紧县县令应守选五年。五代承唐制,五代紧县县令守选五年,则唐代亦当如此。

有时候,我们从唐人的诗文中也能推算出某官守选年数之大概。如《欧阳行周文集》卷八载有欧阳詹《上郑相公书》一文,说他自己是:

> 五试于礼部,方售乡贡进士;四试于吏部,始授四门助教。……噫,四门助教,限以四考,格以五选,十年方易一官也。自此循资历级,然得太学助教,其考、选年数,又如四门,若如之,则二十年矣。自兹循资历级,然得国子助教,其考、选年数,又如太学,若如之,则三十年矣。三十年间,未离助教之官。

郑相公指郑余庆。欧阳詹的《上郑相公书》写于贞元十五年(799)。《全唐诗》卷四七三收有孟简的《咏欧阳行周事并序》诗,序中说:"闽越之英,惟欧阳生,以能文擢第。爰始一命,食太学之禄,助成均之教,有庸绩矣。我唐贞元年己卯岁,曾献书相府,论大事,风韵清雅,词旨切直。"己卯岁即贞元十五年,所谓"献书相府",当指此书。书中说,四门助教,按考限,四考为满;论选格,五年守选,第十年才能授以太学助教。太学助教,也要经历四考五选,第二十年才能再授以国子助教。国子助教,又经四考五选,第三十年才能再授以他官。欧阳詹的话虽不免有所夸张,但由是知,国子监助教,守选年数为五年,似问题不大。

另外,欧阳詹还有一篇《有唐故朝议郎行鄂州司仓参军杨公墓志铭》,也涉及到守选问题,云:

公讳某,字某,其先关右宏农人。……永泰中,以耕战之法致梁宋军,画用有成。大历元年,节度使右仆射田公荐授左武卫率府仓曹参军事,在位以贞慎闻。公以不仕则坠业,躁求则背道,或出或处,圣人为中,依吏部节文,敬遵常调。大历八年,集授吉州永新县丞。兴元元年,集授庐州司田参军;贞元二年,授鄂州司仓参军。累职贞慎,如率府仓曹时,每罢官待集,卜胜屏居,晏如也。鄂州秩满,爱其风土,亦止焉。贞元十二年冬又合集,春赴京师,遇疾于途,以二月四日,终于汝州龙兴县之逆旅,时年六十七。凡入仕三十一年,历官四政。(《欧阳行周文集》卷四)

杨某自大历元年(766)授官至贞元十二年(796)病卒,共三十一年,历任左武卫率府仓曹参军、吉州永新县丞、庐州司田参军、鄂州司仓曹军四政,在这四政中,除贞元二年(786)由庐州司田参军换为鄂州司仓参军为改转外,其他三政都是遵循吏部常调即考满、守选而冬集铨授的。在这三政中,自大历元年授左武卫率府仓曹参军到大历八年(773)冬集,为八年;自大历九年(774)春被铨选授官吉州永新县丞到兴元元年(784)冬集,又为十一年;自贞元元年(785)春选授庐州司田参军到贞元十二年冬集,又为十二年。但由于其中可能有替人不到、延期任职,或考数未满、提前解职等情况,故每一政中到底是任职几年,守选几年不易确知,但守选待集之年多于在职居任之年是显而易见的。

又,《全唐文》卷五〇四收有权德舆《再从叔故京兆府咸阳县丞府君墓志铭》一文,云:

府君讳达,字某,天水略阳人。……大历初,调为家令寺主
簿,历同州冯翊县尉、河南府登州主簿、京兆府咸阳县丞。……
大率每十岁徙一官,故历三纪而四受禄。……贞元十九年岁在
癸未秋七月壬戌,感风疾终于永昌里,享年六十。

这与欧阳詹所志杨某相似,自大历元年至贞元十九年(803)共三十
八年,言"三纪"乃取其成数。三十八年而四政,每政约十年,这十
年,不仅只是居任期,当包括守选期在内。故知权达每一政也是遵
循吏部常调而授任的。

五代时,各地节度使、观察使的下属官吏也要守选,这在唐代却
未曾有过。《册府元龟》卷六三三《铨选部·条制五》载后唐明宗长
兴二年(931)十一月敕:

阙员有限,人数常多,须以高低定其等级。起今后,两使判
官,罢任后宜一年外与比拟。书记、支使、防御团练判官,二年
外与比拟。两使推巡、防御团练推官、军事判官等,三年后与
比拟。

所谓"两使",指节度使、观察使。"比拟",就是按与同类官比较注
拟。又,卷六三四《铨选部·条制六》载后周太祖广顺三年(953)五
月敕:

应前后出选门州县官内,有十六考叙朝散大夫阶、次赤令,
并历任中曾升朝,及两使判官、五府少尹,罢任后一周年除官。
曾任两藩营田判官、书记、支使、防御团练判官,罢任后二周年

与除官。

以上二文中的判官、推官、书记、支使等，在唐代，都是由节度等使临时聘任，并不守选，五代时，逐渐变为固定官员，尽管有些已出选门，但在当时人多缺少的情况下，对他们也就规定守选期了。所谓"一年外与比拟"、"一周年除官"，其实质就是守选一年，只不过他们由中书门下除授，而不归吏部铨选，故不用"一选听集"等字眼。至宋代就都变成了守选。

宋初之制多承唐五代，《宋史》卷一五八《选举志四》载："吏部铨惟注拟州县官、幕职，两京诸司六品以下官皆无选。"宋初吏部铨选注拟的是州县官和幕府官员，两京诸司六品以下的官员不再守选。是卷又系详细地记载了宋太宗淳化年间州县、幕府六品以下官的守选年限，迻录如下：

> 其铨选之制：两府司录，次赤令，留守、两府、节度、观察判官，少尹，一选；两府判司，两畿令，掌书记，支使，防御、团练判官，二选；诸府司录，次畿令，四赤簿、尉，军事判官，留守、两府、节度、观察、防御、团练军事推官，军监判官，三选；①诸府司理，判司，望县令，四选；辅州、大都督府司理，判司，紧、上州录事参军，紧、上县令，次赤、两畿簿、尉，五选；雄、望州司理，判司，中州录事参军，中县令，次畿簿、尉，六选；紧、上州司理、判司，下州、中下州录事参军，中下县、下县令，紧、望县簿、尉，七选；中州、中下州司理，判司，上县簿、尉，八选；下州司理，判司，中县

---

① 三选中还有进士、制举，因前已论例。故删去，下同。

簿、尉,九选;中下县、下县簿、尉,十选。

司理,即诸州、府司理参军,是唐代所没有的,除此而外,其他官职唐代皆有,职事也与唐代相似。故以上宋代官吏的守选年限,可作为唐五代官吏守选的参考。如诸畿县令,唐代是"三选听集",宋代也是"三选";紧县县令,唐五代是"五选集",宋代也是"五选"。前引《册府元龟》卷六三四所载五代时次赤令,节度、观察使判官,五府少尹"罢任后一周年除官",宋代是"一选";掌书记、支使、防御、团练判官"罢任后二周年与除官",宋代是"二选"。由此可见,唐、五代、宋之官吏守选年限大多是相同的。既然如此,从宋代某些官吏的守选年限,也就可以大致知道唐五代同类官的守选年限了。如宋代的上县令五选,中县令六选,中下县令和下县令七选,则唐五代也当如此。

五、不守选 减选 殿选

按"循资格",六品以下的官员考满后都要守选。但也有例外,像六品以下的常参官、供奉官诸如各司的员外郎、监察御史、拾遗、补阙等就不守选。白居易自元和元年(806)四月授周至尉至元和五年(810)四月在左拾遗任上已四考满,因时为供奉官,罢任后不守选,就直接改官京兆府户曹参军。

在唐代,不守选者,除六品以下的常参官、供奉官外,还有历任政绩特别卓著者。《旧唐书》卷四十三《职官志二》载:

凡内外官有清白著闻,应以名荐,则中书门下改授,五品已上,量加升进;六品已下,有,付吏部即量等第迁转。若第二、第三等人,五品已上,改日稍优之,六品已下;秩满听选,不在放限。

所谓"清白著闻",据《唐六典》卷二《尚书吏部》的解释,是指"每任有使状一清,考词二清"。所谓"使状",《通典》卷十五《选举三》载:

　　开元二十五年十二月,命诸道采访使考课官人善绩,三年一奏,永为常式。至二十七年二月,赦文:"……自今以后,诸道使更不须通善状。每至三年,朕自择使臣,观察风俗,有清白政理著闻者,当别擢用之。"

由三年一奏改为三年一派,再到后来又逐渐地扩大为内外官员,在其每一任中(不管是三年任满还是四年任满),所派采访使、按察使或黜陟使都要对其作一总的评价,这每一任的评价就叫"使状",因为它是由采访使、按察使、黜陟使所作。"清",就是指清白公廉,即"清白政理著闻者",属四善范畴。在每一任中,使状评议中只要有"清"字,就叫"使状一清"。除此而外,在每一任的考课中(不管是三考满还是四考满),只要有两考,也就是两年的省校考考绩词中也出现了"清"字,这就叫"考词二清"。总之,在一任中有使状一清,考词二清为第三等;连续两任中,每一任都有使状一清,考词二清为第二等;连续三任中,每一任都有使状一清,考词二清为第一等。对六品以下官员来说,第一等,任满后不仅不守选,还要由吏部按等第超资加官;第二等、第三等,任满后也不守选,直接由吏部量资授官。

另外,若遇重大事件,皇帝特颁发制诏,规定一部分六品以下官员不守选。如《唐大诏令集》卷九十九《建易州县》就收有兴元元年(784)六月德宗《改梁州为兴元府诏》,云:

> 宜改梁州为兴元府,其署置官资,一切并与京兆、河南府同。南郑县升为赤县,诸县并升为畿县,县官各令终考秩,至考满日放选,依本资处分。

《旧唐书》卷一一七《严震传》亦载其诏曰:“宜改梁州为兴元府,官名品制,同京兆、河南府;郑县升为赤,诸县升为畿,见任州、县官,考满日放选。”史载,建中四年(783)十月,泾原军在长安叛乱,迎朱泚为帝,德宗逃至奉天县,后又改幸梁州。事平还京前,下诏改梁州为兴元府,与京兆、河南府同。梁州州治南郑县升为赤县,其他诸县升为畿县。原梁州的州、县各类官员,考满之日不再守选,可直接参加吏部铨选,并按原官资升迁改转。《旧唐书》卷十二《德宗纪上》又载,是年七月德宗自兴元府回长安途经凤翔府时,还下诏说:“府、县置顿官,考满日放选。”是说凤翔府中那些曾安置供应德宗吃住行的六品以下府、县官员,考满后也不守选,即可参加铨选。

有些六品以下地位特殊的官员,考满后也不守选。如《唐会要》卷七十四《选部上·吏曹条例》载:

> 开元二十四年十二月二十四日敕:王子未出阁者,侍讲、侍读、侍文、侍书,并取现任官充,经三周年放选,与处分。

给小王子们教学的官,在任三年后,不再守选,由吏部授官改迁。既然是"放选"，当是六品以下官员。

"循资格"实施之后，由于六品以下官员的守选有了一定的期限，于是褒之以减选，罚之以殿选，也就多起来了。《新唐书·选举志下》所说的"因其功过而增损之"即指此。

减选的缘由是多种多样的，减选的例子也是很多的，而且很琐碎，现择其要者，例举一二说明之。

户口增添，租税增加者可减选。如德宗于贞元四年（788）正月的《春令大赦文》中就说："户口增加，田畴广辟者，长吏加一阶，县令减选，优与处分。"（《全唐文》卷五十五）《唐会要》卷六十九《县令》载有宣宗于会昌六年（846）五月的敕文：县令在任时，"如增加二百户以上者，减一选；五百户以上者，书上考，减两选。"五代时，这一类的减选就更频繁了。《册府元龟》卷六三四《铨选部·条制六》载后晋少帝天福八年（943）三月敕：

> 诸道州府令、佐，在任招携户口，比初到任交领数目外如出得百户已上，量添得租税者，县令加一阶，减一选；主簿减一选。出二百户以上及添得租税者，县令加两阶，减两选；主簿减两选。出三百户以上及添得租税者，县令加两阶，减两选，别与转官；主簿加两阶，减两选。

同卷又载后周太祖广顺元年（951）九月敕：

> 起今后，应罢县令、主簿，招添到户口，其一千户以下县，每增添满二百户者减一选。三千户以下县，每三百户减一选。五千户以下县，每四百户减一选。万户以下县，每五百户减一选。

纳粮助边者可减选。《唐会要》卷七十五《论选事·杂处置》载：

> （元和）十二年七月诏：入粟助边，古今通制，如闻定州侧
> 近，秋稼未登，念切饥民，不同常例。有人能于定州纳粟五百石
> 者，放同优比出身，仍减三选。一千石者，无官便授解褐官；有
> 官者，依资授官。纳二千石者，超两资。如先有出身及官，情愿
> 减选者，每三百石与减一选。

定州属河北道，州治即今之河北省定县。

愿到边远地区作官者可减选。《册府元龟》卷六三一《铨选
部·条制三》载：

> 元和八年十二月，吏部奏："比远州县官，请量减选：四选、
> 五选、六选，请减一选；七选、八选、九选，各请减两选；十选、十
> 一选、十二选，各减三选。伏以比远处，都七十五州，选人试后，
> 惧不及限者，即伏请注拟，虽有此例，每年不过一百余人。其比
> 远州县，皆是开元天宝中仁风乐土，今者或以俸钱减少，或以地
> 在远方，凡是平流，从前不注。至若效课耕种，归怀逃亡，其所
> 择才，急于近地。有司若不注授，所在惟闻假摄，编甿益困，田
> 土益荒，请减前件选。"敕旨："宜依。"

唐代重京官，轻外任，尤其对偏远州县的官，铨选注拟时一般选人都
不愿去，愿去的是铨试不及格者，有时也用当地附近人去假摄，于是
民困地荒，日益严重。吏部就奏请用减选方法鼓励选人到那儿去：
应守选四年、五年、六年者，减选一年；守选七、八、九年者，减选两

年;守选十、十一、十二年者,减选三年。

考课中得上考者可减选。《册府元龟》卷六三二《铨选部·条制四》载:

> (宣宗大中六年)五月诏:吏部选格一曰:县令、司录、录事参军,今任四上考,减两选;余官得四上考,县令、司录参军得三(上)考,并减一选。

另外,《唐会要》卷七十四《选部上·论选事》亦载文宗大和七年(833)五月敕文,说县令、录事参军在任内得上下考者,不再守选,"其余官见任,得上下考,与减三选"。

有时,工作无过错也减选。《唐会要》卷六十一《御史台中·馆驿》载:

> (贞元二年)十二月敕:节文:从上都至汴州为大路驿,从上都至荆南为次路驿。知六路驿官,每一周年无败阙,与减一选,仍任累计。次路驿官,二周年无败阙,与减一选;三周年减两选。

《册府元龟》卷六三一《铨选部·条制三》载:

> (宪宗元和四年)三月诏:今后,宗正寺修撰图谱官、知匦使判官,至考满日宜各减两选。

若遇皇帝南郊祭天等大典,六品以下行事官也可减选。《册府元龟》卷六三二《铨选部·条制四》载五代后唐庄宗同光二年（924）三月敕：

> 应南郊大礼，六品已下行事官，……如文书尽备，只欠一选者，便与依资注官；欠两选者，与注同类官；欠三选、四选者，与减一选；欠五选至七选者，与减两选；欠八选至十一选者，与减三选。

《全唐文》卷一〇六又载有后唐明宗长兴元年（930）五月发布的《减拜郊行事官选数制》，云：

> 获遇拜郊，远来行事，既施微效，宜被优恩。欠一选者，宜令待阙；欠两选者，减一选；欠三选、四选者，减两选；欠五选、六选者，减三选；欠七选、八选者，减四选；欠九选已上者，减五选。

五代时，对那些长年守选而贫困潦倒的选人，经常颁布振滞减选的恩典。《册府元龟》卷六三三《铨选部·条制五》载后唐明宗长兴四年（933）二月，中书奏：

> 诸道州、县官甚有缺员，前资官皆拘选限，其间有朝廷选择，侯伯荐扬，得者无多，余难骤进。或病跧于陋巷，或老谢于穷途，宜开振滞之门，雅合推恩之道，今等第减选。一选者，无选可减，亲公事得资考者，宜优与处分；不得资考者，准格施行。两选、三选者减一选，四选、五选者减两选，六选、七选者减三选，八选、九选者减四选，十选、十一选者减五选，十二选者减

六选。

中书奏后，明宗即下减选敕文。但"逾年后，竟以选人烦多，喧诉相接，乃追罢此敕"（《五代会要》卷二十一《选事下》）。《册府元龟》卷六三四《铨选部·条制六》又载后晋少帝天福八年（943）五月敕：

> 吏部已判成选人等，访闻人数绝多，阙员甚少，颇为淹注。例是饥贫，宜推振滞之恩，用广进身之路。……候秩满无遗阙者，五选、六选减一选，七选、八选减两选，九选、十选减三选。

除以上情况可减选外，诸如州、县升级，进纳图书，进献可行之良策，与皇族结亲，以及参与皇帝山陵知杂等等的六品以下前资官，都可得到减选。

殿选的情况也是多种多样的，亦很烦琐，比如，户口减少，县令要殿选。《唐会要》卷六十九《县令》载会昌六年五月敕：

> 自今以后，县令非因灾旱，交割之时，走失二百户以上者，殿一选；三百户已上者，书下考，殿两选。

选人在守选期间，如遇父母亡故，即使守选期满，也还必须守制三年（实际上是二十七月），如有隐瞒或提前参选，是要受到惩罚的。按《唐律疏议》卷十载，若在二十五月内求仕，徒刑三年；二十七月内求仕，徒刑一年。这叫作"冒哀求仕"。五代时，却改为殿选。《册府元龟》卷六三二《铨选部·条制四》载后唐明宗天成二年（927）十二月中书门下奏：

据长定格,选人中有隐忧者,殿五选。伏以人伦之贵,孝道为先,既有负于尊亲,定不公于州县,有伤风教,须峻条章。

选人冬集铨选时,要交纳各种历任文书,如有缺,是不能参选的,甚至终身不录。五代时,由于战乱兵燹等原因,丢失或拿不到文书者甚多,故用殿选以示惩罚。《五代会要》卷二十一《选事下》载后唐明宗长兴二年(931)五月中书奏:

此后选人,如有解由及批得历子,无考牒者,殿一选;有批得历子,无解由、考牒,殿两选;如只有解由、考牒,不批得历子,殿三选;如无前项三件文书,并同有过,停官。

选人失坠文书,由所司出具公凭证明外,还要殿选。《册府元龟》卷六三四《铨选部·条制六》载后周太祖广顺元年(951)八月吏部南曹奏:"宜令所司各出给失坠文书公凭,候参选日磨勘,理本官选限外,仍各殿两选。"若文书上司批署有错,选人本人也要殿选。《册府元龟》卷六三三《铨选部·条制五》载后唐长兴二年五月中书奏:

诸色前资官告身,今任入仕历子,或批到上任月日,或是有名假故,批历子处多无观察使及刺史具衔押署,只有录事参军批署者。逐处长吏,自此后并须依格文押署,如故违者,本人殿两选。

除此而外,皇帝陵墓被盗,赴任违程,送考簿违期,考课等第为下考,长名驳放后无理取闹等等,有关选人都要殿选,甚至曾受契丹族伪命而任过职的选人,也要殿选。

  总之,由以上可以看出,中唐以前,减选、殿选的尺度掌握地还是比较严的,不轻易颁布减选、殿选诏。至晚唐、五代就渐渐地泛滥了,名目繁多,有些名目已失去了减选以奖劝、殿选以惩罚的目的,变得毫无意义了。

第五章　铨选

一、选限及铨选机构

铨选只是针对六品以下旨授的官员而言的,对六品以下敕授的官员和五品以上制授的官员,因已出选门,不属吏部铨选,就留待下章再述。

旨授的六品以下官员归尚书省任命,具体来说,文官属吏部,武官属兵部,通谓之铨选。文武官铨选又分流内铨和流外铨。本章只讨论吏部文官的流内铨,武选及流外铨亦留待下章再议。

唐代铨选是有时间期限的,世称选限。《唐会要》卷七十五《选部下·选限》载:

> 武德初,因隋旧制,以十一月起选,至春即停。至贞观二年,刘林甫为吏部侍郎,以选限既促,选司多不究悉,遂奏四时听选,随到注拟,当时以为便。

后来选人越来越多,一年四季,吏部都忙于铨选注拟,没有空暇时间。至贞观十九年（645）十一月，吏部尚书马周，就奏请每年十月一日选人赴京冬集，三月三十日铨选完毕。于是吏部铨选始于每年孟冬，终于第二年季春，就成了有唐一代的固定选限，一直施行了下来。但这一选限的规定，是否始于马周，《唐会要》卷七十五在"贞观十九年十一月"条下却注曰：

> 按工部侍郎韦述《唐书》云：贞观八年，唐皎为吏部侍郎，以选集无限，随到补职，时渐太平，选人稍众，请以冬初一时大集，终季春而毕，至今行用之。诸史又云是马周，未知孰是，两存焉。

按，所谓韦述《唐书》，《新唐书》卷五十八《艺文志二》曾收录，云："《唐书》一百卷。又一百三十卷，（吴）兢、韦述、柳芳、令狐峘、于休烈等撰。"其实，此《唐书》，乃令狐峘、于休烈等根据吴兢、韦述所撰《国史》一百一十三卷重新修补而成的。今皆亡，故所言唐皎事无考。又，两《唐书·唐皎传》却云唐皎确有此事。《旧唐书》本传与《唐会要》所载完全一样。《新唐书》本传，也说："贞观中，官吏部侍郎。先是，选集四时补拟，不为限。皎请以冬初集，尽季春止，后遂为法。"《五代会要》卷六《杂录》载后唐明宗天成元年（926）八月御史台的奏章中也说：

> 伏准故事，吏部选限，自贞观八年唐皎为吏部侍郎，以选人稍众，奏请以冬初大集，季春而毕。

由此可见，唐皎奏请在前，马周奏请在后。贞观八年（634），唐皎奏请"冬初集,尽季春止",但具体日月并不明确,也未形成制度。至贞观十九年,马周始以吏部尚书的身份,明确规定,铨选自十月一日起,三月三十日毕。

铨选初期,是"三年一大集,每年一小集"(《唐会要》卷七十四《选部上·论选事》)。自开元十八年,"循资格"实施之后,选人不再分大集、小集,只要守选期满,符合选格,每年都集。安史之乱后,选人三年一集,吏部三年一铨选。至贞元八年(792),陆贽为相,又令吏部恢复旧制,每年置选。《旧唐书》卷一三九《陆贽传》载:

> 国朝旧制,吏部选人,每年调集。自乾元已后,属宿兵于野,岁或凶荒,遂三年一置选。由是选人停拥,其数猥多,文书不接,真伪难辨,吏缘为奸,注授乖滥,而有十年不得调者。贽奏吏部分内外官员为三分,计阙集人,每年置选,故选司之弊,十去七、八,天下称之。

吏部铨选除有时间性外,而且还有一套完整严密的机构和程序。

吏部铨选机构只在铨选期间即选限中存在,铨选结束后有些也就撤销了。《册府元龟》卷六三二《铨选部·条制四》载后唐庄宗同光二年(924)"八月,中书奏:吏部三铨、门下省、南曹、废置、甲库、格式、流外部(按,"部"字衍)铨等司,公事并繁"云云,除门下省外,其他皆属吏部铨选机构,主要有三铨、南曹、废置、甲库、格式及流外铨司,流外铨司留待下章再议,其他五司现分别介绍于后。

(一)三铨

吏部有尚书一人,侍郎二人。三铨就是指吏部尚书与吏部侍郎分别所典之铨,所谓"尚书典其一,侍郎分其二"(《通典》卷十五《选举三》)。尚书所典之铨为尚书铨,侍郎所典之铨,一名中铨,一名东铨。

关于三铨之名,《资治通鉴》卷二一○所言与《通典》卷二十三《职官五》所言不同。《通鉴》云:"尚书曰中铨,侍郎曰东、西铨。"而《通典》却云:"尚书所掌,谓之尚书铨;侍郎所掌,其一为中铨,其一为东铨。各有印。"后人多有从《通鉴》之说。其实,《通典》所言是正确的。武德、贞观年间,唐承隋制,吏部、兵部各设尚书一人,侍郎一人。尚书所掌为尚书铨,侍郎所掌为中铨。后来到高宗总章二年(669),吏部、兵部又各增侍郎一人,于是就出现了东铨,由新增加的这一侍郎担任。《唐会要》卷五十八《尚书省诸司中·吏部侍郎》载:

> 本一员,总章二年四月一日,加一员,以裴行俭为之。本员为中铨,新加员为东铨。

《册府元龟》卷六二九《铨选部·总序》也说:"总章中添一员为二员,本员为中铨,新加员为东铨。"这以后就成为定制,久任侍郎为中铨,新任侍郎为东铨。到肃宗"乾元二年八月,改中铨为西铨"(同上卷)。改名的原因,《唐会要》卷五十八《吏部侍郎》载:

> 乾元二年八月二日,侍郎崔器,以中铨阙,承前多贬降,遂奏改为西铨,仍转厅居之。

这以后又以久任侍郎为东铨,新任侍郎为西铨。到文宗大和四年

（830）七月，又改为久任侍郎为西铨，新任侍郎为东铨。《册府元龟》卷六三一《铨选部·条制三》载：

> （文宗太和四年）七月，吏部奏："当司两铨侍郎厅，伏以吏部居文昌首曹，侍郎为尚书二职，铨庭所宜顺序，厅事固有等差。旧以尚书厅之次为中铨，其次为东铨。自乾元中，侍郎崔器以当时休咎为虞，奏改中铨为西铨。久次侍郎居左，以新除侍郎居右，因循倒置，议者非之。伏请今以后，以久次侍郎居西铨。以新除侍郎居东铨。"敕旨："依奏。"

所谓"居左"，是指东铨；"居右"，是指西铨。吏部所奏转厅之事，是因中铨原为久任侍郎所居，改名为西铨后，亦当为久任侍郎所居，而以前所居则非，乃"因循倒置"。

大体说来，天宝以前，侍郎所掌分中铨、东铨，安史之乱后，改为西、东铨。尚书所掌，仍为尚书铨，并未改为中铨，《通鉴》误。

起初，唐承隋制，尚书铨掌六品、七品官的铨选，中铨和东铨掌八品、九品官的铨选。睿宗景云元年（710），宋璟为吏部尚书，奏请尚书、侍郎通掌六品以下官的铨选。所谓通掌，不是三铨在一起铨注，而是说尚书铨也可铨选八、九品的官，中、东铨也可铨注六、七品的官。不过，《通典》卷二十三《职官五·吏部尚书》却载："大唐自贞观以前，尚书掌五品选事。"并在此句下注曰：

> 贞观二十二年二月，文部侍郎卢承庆兼检校兵部侍郎，仍知五品选事。承庆辞曰："五品选事，职在尚书，臣今掌之，便是越局。"太宗不许，曰："朕今信卿，卿何不自信也。"由此言之，

即尚书兼知五品选事明矣。

按,吏部改名文部,在天宝十一载(752)。据《唐会要》卷五十八《吏部尚书》和两《唐书·卢承庆传》。皆言卢承庆是以民部侍郎兼检校兵部侍郎的。民部即户部,贞观二十三年(649)太宗死后,为避李世民讳,才改民部为户部,当时卢承庆为民部侍郎也就是户部侍郎兼检校兵部侍郎的,而非文部侍郎即吏部侍郎兼检校兵部侍郎的。关于卢承庆掌五品选,不仅《通典》载有此事,《唐会要》卷五十八与两《唐书》本传也有是载,于是后人也就以为,尚书原先也掌五品选,起码贞观年间及以前是如此。其实,细绎《通典》那段注,说的是兵部。在唐代,文官属吏部铨选,武官归兵部铨选。贞观年间,可能兵部尚书掌五品武官的铨选,而吏部,仍承隋制,只掌六品以下官的铨选。且武官五品,皆作文官六品叙,故五品武官归兵部铨选,也有可能。

三铨的职责,主要是铨试、注拟。自尚书、侍郎通掌六品以下官吏的铨选之后,吏部尚书又多由宰相兼任,于是铨选的重担就主要落在了二位侍郎的肩上。《册府元龟》卷六二九《铨选部·总序》就说:"其选试之任,皆侍郎专之,尚书通署而已。"

(二)南曹

据《唐会要》卷五十八《吏部员外郎》载:

> 南曹起于总章二年,司列少常伯李敬元奏置,未置已前,铨中自勘责。

"李敬元"即李敬玄,清人避康熙名讳而改。知南曹设置于高宗总章二年,在此之前,选人的审察检验,由三铨负责。

南曹的办公地点在吏部南院,也称作选院。开元二十四年(736)贡举试由考功员外郎移交礼部侍郎后,原考功贡院就辟为吏部南院。《唐会要》卷七十四《选部上·吏曹条例》载:

> (开元)二十八年八月,以考功贡院地置吏部南院,以置选人文书,或谓之选院。其选院本铨之内,至是移出之。

由吏部员外郎一人判南曹,有时也用两人。《唐会要》卷五十八《吏部员外郎》载:

> 初,武太后延载元年,加一员,以周质为之,圣历二年八月省。开元十二年四月十六日,敕兵、吏各专定两人判南曹,以陈希烈、席豫为之,寻却一人判。贞元元年九月十六日,又以两人判南曹,以库部员外郎崔锐、比部员外郎刘执经权判,事毕日停。至十二年闰八月二日,又却以一员判也。

关于开元十二年(724)"敕兵、吏各专定两人判南曹"事,《册府元龟》卷六三〇《铨选部·条制二》有较详细地说明,云:

> 十二年三月诏曰:文武选人,十月下解,既逼铨注,勘简难周,不能自亲,并委猾吏,恣成奸滥,为蠹尤深。自今以后,兵、吏两司专定员外两人判南曹事。……其判南曹官,所司即进名,朕自简择。

以陈希烈、席豫判吏部南曹,刘同升、源复判兵部南曹。

吏部南曹的工作比较繁重,除举行新及第举子的关试、散发春关外,凡选人参选所呈交的一切文书均由南曹审核。《旧唐书》卷四十三《职官志二》就说:

> 员外郎一人掌判南曹,每岁选人,有解状、簿书、资历、考课,必由之以核其实,乃上三铨。

南曹虽为吏部员外郎一人负责,但具体工作却由令史去做,大约有十多人。《唐会要》卷七十五《杂处置》载大和四年(830)七月吏部奏:"南曹令史一十五人,今请依太和元年流外铨起请节文,减下三人。"

(三)废置

废置是专门复查被南曹驳放的选人是否合理正确以判定其留放的机构。《唐会要》卷七十四《选部上·论选事》说:"其铨综也,南曹综核之,废置与夺之。"选人经南曹磨勘核检,再由废置详细审断后,就可以定留放了。《唐会要》卷七十四《选部上·吏曹条例》载:

> (太和)五年六月敕:"南曹检勘,废置详断,选人倘有倔事,足以往复辨明。"

卷七十五《选部下·杂处置》亦载有是年六月敕,云:

> 应选人未试以前，南曹驳放后，经废置详断，及准堂判
> 却收。

可见废置的作用主要是对被驳放选人进行详断与夺。

掌管废置的是吏部员外郎。按吏部员外郎二人，一员判废置，一员判南曹。在唐代，判废置与判南曹的两位吏部员外郎施行"两转厅"制。即以久任员外郎判南曹，新补员外郎判废置，若南曹有缺，则曾任废置的员外郎补。《唐会要》卷五十八《吏部员外郎》载：

> 判废置一员，判南曹一员。……故事，两转厅。至建中元年，侍郎邵说奏，各挟阙替。南曹郎王锏已后，遂不转厅。贞元十一年闰八月一日，侍郎杜黄裳奏："当司郎官，判南曹、废置，请准旧例转厅。"敕旨："依奏。"

（四）格式

格式是掌管官署编制，统计官员满缺、制定铨选格令节文及其样式的机构。每年吏部所颁发的选格，就是由格式机构制定的，对各地申报的员缺由格式统计修定后提供给三铨，以便注拟。《册府元龟》卷六三二《铨选部·条制四》载哀帝天祐三年（906）四月，"吏部奏：比者格式申送员阙，选人多有重叠。……诏曰：比者吏部注官，只凭格式送阙"。同卷又载后唐庄宗同光二年（924）三月中书门下奏："其州县官任三考满，即具阙申送吏部格式候敕，除铨注。"

掌管格式的是吏部郎中一人。按，吏部郎中二人，一掌流外铨，亦谓之小铨，一掌格式。《太平广记》卷一八七《尚书省》载：

郎官故事,吏部郎中二厅,先小铨,次格式。员外郎二厅,
先南曹,次废置。

(五)甲库

甲库是专门管理官吏档案材料的机构。中书、门下、吏部各有
一甲库,名为三库。铨选时,甲库就为南曹提供前资官的档案材料,
供南曹复核检勘。铨选后,再将所授官员的档案材料按类别整理成
册,叫作"团甲",要一式三份,分别归入中书、门下、吏部三库。《册
府元龟》卷六三一《铨选部·条制三》载:

> (太和)九年十二月诏:中书、门下、吏部各有甲库,籍天
> 下诸色出身,以防逾滥。诸道应奏诸色官改转,悉下三库,以
> 稽其实。

三库档案,由于经过安史之乱、吐蕃入京、朱泚叛乱,散失甚多。贞
元中,吏部奏请皇帝下诏,按式样到各州府征集现任官、前资官的档
案材料,按期送交吏部,重新编辑入库,以备校勘。《唐会要》卷七
十四《选部上·论选事》载:

> 贞元四年八月,吏部奏:伏以艰难以来,年月积久,两都
> 士类,散在远方,三库敕甲,又经失坠。因此人多冒罔,吏或
> 诈欺。……谨具由历状样如前,伏望委诸州府县,于界内应
> 有出身以上,便令依样通状。限敕牒到一月内毕,务令尽出,
> 不得遗漏。

中书、门下、吏部三库各有中书舍人、给事中和吏部格式郎中负责领管,下设一名专知官和甲库令史具体掌管。《唐会要》卷八十二《甲库》载:

> (建中)二年十月十一日,中书门下奏:中书、门下及吏部制敕甲库等,准式,中书舍人、给事中、吏部员外郎(按,当为"吏部郎中"之误),并合专判。缘官望清高,兼外有职事,不得躬亲,所以比来文历,多有罪过。今请每库采择一公清勤干,专押甲库,冀事得精详。其知经四周年,无负犯,仍望依资与改官。

同卷又载:

> (太和)九年十二月敕:中书、门下、吏部,各有甲库历,名为三库,以防逾滥。如闻近日诸处奏官,不经所司检寻,未免奸伪。起今已后,诸司、诸使、诸道应奏六品以下诸色人,……宜令先下吏部、中书、门下三库,委给事中、中书舍人、吏部格式郎中各与本甲库官同检勘,具有、无申报。

甲库专知官往往由前资官充任。每经铨选后,专知官和甲库令史要将敕甲档案点检收验,明文立案,如有丢失、欠少、偷改,专知官和令史都要受到处罚。

以上吏部铨选各机构,若本曹专判官有缺,则往往改派他官担任,谓之"权判"。如《册府元龟》卷六三四《铨选部·条制六》载五代后周太祖广顺元年(951)十月敕:"吏部尚书铨见阙,宜差礼部尚书王易权判。"

二、铨选程序(上)

铨选的程序,大体说来,如《唐会要》卷七十四《选部上·论选事》所说:"其铨综也,南曹综核之,废置与夺之,铨曹注拟之,尚书仆射兼书之,门下详覆之。覆成而后过官。"细言之,则可分为以下几个步骤:

(一)颁布选格 应格取解

吏部于三月三十日铨选完毕后,四月就开始修订来年的选格,以便五月颁发到各州府。修订选格是由掌管格式的吏部郎中负责,选格修订好以后就以吏部的名义颁布。所谓选格,就是参选的格令条款,也就是选人参加本届铨选的条件要求。选格修订的依据主要是诸州府县及中央各部门所申报的官位员缺数,与守选期满的前资官、各类出身人数目之比例。若缺员多而选人少,选格条件就适当放宽一点;若缺员少而选人多,选格条件就相对严一些。总之,选格修订的关键是员缺问题。这也是整个铨选的关键问题。

选格是每年修订一次,颁布一次。开成二年(837),中书门下建议修订一个长年固定的选格,即"长定格",以免年年修订,年年颁布,既麻烦,又误期。《唐会要》卷七十四《选部上·论选事》载:

开成二年四月,中书门下奏:天下之治,在能官人,古今以还,委重吏部。自循资授任,衡镜失权,立格去留,簿书得计。

比缘今年三月,选事方毕,四月已后,方修来年格文,五月颁下。及到远地,已及秋期。今请起今月,与下长定格,所在府州,榜门晓示。其前资官,取本任解;黄衣,本贯解。一千里内,三月十日解到省;二千里、三千里,递加十日,并本州赍送。选人发解讫,任各归家。其年七月十五日,齐于所住府,看吏部长榜,定留放。其得留人,并限其年十二月十日齐到省试注唱。正月内,铨门开,永为定例。如其年合用阙少,选人文书无违犯可较(按,当作"校"),则于本色阙内,先集选深人、年长人,其余既无缺可集,南曹但为判成榜,示所住州府,许次年取本住州府公验,便依限赴集,更不重取本住、本贯解。

所谓长定格,就是前资官、有出身人将自己的选解取到后,于三月份由各州府派人送到吏部,选人便各自回家。于七月十五日到原取解州府看吏部长名榜,被留选人,于十二月十日到吏部参加铨试注拟。正月内,铨选结束,这就是长定格,要"永为定例"。对员缺矛盾,长定格制定者认为,如果这一年官缺少,而选人文书又校勘不误,可先集守选年限长、年纪大的人铨注,其余人因无缺可授,就由南曹将判成选人榜出示州府,第二年,这些选人只取州府证明,不再取解,于十二月十日到吏部参加铨试注拟就行了。

其实,这种长定格,对南曹、对州府,对选人都不方便,所以不曾施行也就罢停了。"旧格已久,不便更改,事遂不行"(同上卷)。故第二年就明文规定,罢除长定格,恢复旧选格。《册府元龟》卷六三一《铨选部·条制三》载:

(开成)三年三月,吏部奏:"去年所修长定选格,或乖往制,颇不便人,不可久施,请却用旧格。""从之。"

五代十国时,由于各朝各国地域有限,员缺、选人相对而言也都大大地减少了,有可能制定长定格。《五代会要》卷二十《选事上》载后唐同光二年八月,中书门下奏:"望差权判尚书省(按,"省"字衍)铨左丞崔沂,吏部侍郎崔贻孙,给事中郑韬光、李光序,吏部员外郎卢损等,同详定旧长定格、循资格、十道图,务令简要,可久施行。"可见在后唐之前就已经存在着长定格了。但这种长定格绝非开成二年四月中书门下建议的那种。

看来,有唐一代,选格是每年修订,每年颁布的。一年一度的选格修订好后,吏部就于五月颁布于各州县。《通典》卷十五《选举三》载:

> 先时,五月颁格于郡县,示人科限而集之。初,皆投状于本郡或故任所,述罢免之由,而上尚书省,限十月至省。

《新唐书》卷四十五《选举志下》也说:

> 每岁五月,颁格于州县,选人应格,则本属或故任取选解,列其罢免、善恶之状,以十月会于省,过其时者不叙。

选格颁布后,那些守选期限已满,符合选格条件的出身人、前资官就可报名参选、应格取解了。出身人向本籍贯州府、前资官向曾任职州府写出申请书,状述自己应选的理由,前资官还要写出自己罢官免职的缘由。州府审查后,认为该选人符合选格条件,即为合格选人,就可发给其应选解文,这解文就叫作"选解",又称作"解状",与士子应举时州府所发之解文是同一类型的,都起介绍信的作用,是应选的证明。只不过选解是参加铨选的证明,是介绍给吏部的;而士子的文解是参加贡举试的证明,是介绍给礼部的。

选解的实施,大约是从贞观二十年(646)开始的。《唐会要》卷七十五《选部下·选限》载:

> 贞观十九年十一月,马周为吏部尚书,以吏部四时持衡,略无暇休,遂奏请取所由文解,十月一日赴省,三月三十日铨毕。

贞观十九年十一月马周始奏请取文解,则真正实行当在第二年。

州府所给的选解是有一定格式的,如格式有错,选人也会被驳落。因此,州府给解,必须按格式书写。但在五代时,选解不合式样是经常发生的。《册府元龟》卷六三三《铨选部·条制五》载后唐长兴三年(932)正月敕:

> 守选之辈,例是艰贫,合格之时,渐多衰老,更添杂犯,转见忧嗟。方当开泰之期,宜轸单平之众。自今后,合格选人,历任无违碍者,并仰吏部南曹判成。如文解差错,不合式样,罪在发解官吏。

该书同卷又载后晋高祖天福三年(938)正月敕云:

> 举选之流,辛苦备历,或则耽书岁久,或则守事年深,小有违碍格条,例是不知式样。……仍令所司遍下诸道,起今后,文

解差错,过在发解州府官吏。

州府发解官吏,主要是录事参军。为了防止文解差错,后晋开运年间,曾将选解式样下发到各州县,令悬挂在州县门口,让给解官吏作为样板,照此给解,也使选人知晓。《册府元龟》卷六三四《铨选部·条制六》载:

> (晋开运)三年四月,吏部侍郎王易简奏:"伏以选门格敕,条件具存,藩府官僚,该(按,当作"赅")详盖寡。所以凡给文解,莫晓规程,以致选人自诣京都,亲求解样。往来既苦,已堪悯伤,传写偶差,更当驳放。伏见礼部贡院,逐年先书板榜,高立省门,用示举人,俾知状样。臣欲请选人文解,委南曹详定解样,兼备录长定格取解条例,各下诸州,如礼部贡院板样书写,立在州县门,每遇选人取解之时,各准条件遵行,仍依板样给解。"从之。

合格选人,拿到州府所给的按式样书写的选解后,就可以上京了。

(二)三旬会集 选官免朝

一般来说,州府给解,多在秋天。按《新唐书·选举志下》所载,必须是"以十月会于省,过其时者不叙"。由于全国各地地理位置不同,距京城有远有近,于是又规定:"凡选授之制,每岁孟冬,以三旬会其人:去王城五百里之内,集于上旬;千里之内,集于中旬;千里之外,集于下旬。"(《唐六典》卷二《尚书吏部》)选人将州府所给解,按路程远近,在十月内分三旬交于吏部南曹,这就是所谓的十月下解,三旬会人,也就是人们常说的"冬集"。至五代后唐长兴三年(932)正月,明宗又下诏谓举子与选人,"下纳文解之时,不在拘以三旬,但十月内到者并与收受"(《册府元龟》卷六三三《铨选部·条制五》)。

自十月一日起,就进入选限。在选限内,担任铨选的吏部官员准例请假不朝参。对此,贞元十二年(796)四月,御史中丞王颜给德宗上书《请厘肃朝班状》云:

> 吏部、兵部侍郎、郎中、员外,共一十三员,起去年十一月一日至今年三月三十日,并不入朝。臣此谓选限内不朝,实凭格敕。……国朝故事,开元以前,旬假节日,百官尽入朝。至天宝五载,始有敕放旬节假日不入。比及近来,又赐常参分日。伏缘前后优待之厚,致有慢易违失之愆。臣忝职司,合当举正,庶使朝行自肃,典礼克行,伏请厘革。(《全唐文》卷五四五)

王颜认为,选限内五月不朝,时间太久,请求厘革。于是德宗下诏曰:

> 自今以后,吏部、兵部尚书、侍郎,除试人铨注唱官,并礼部侍郎,(吏)、兵部南曹官试人,及入宿日,其余朝参等官,并准式。(《唐会要》卷二十四《朔望朝参》)

诏文说,在选举期间,吏部、兵部的尚书、侍郎,礼部侍郎、吏、兵部南曹官,除考试、铨选注拟和锁宿时期可不朝参外,其余时间都要准式朝参。但不久又恢复了原状。"寻为吏部、兵部、礼部奏举,诏又可之"(同上卷)。

至元和元年(806)三月,御史中丞武元衡又奏:

> 准吏部、兵部尚书、侍郎、郎官,并礼部侍郎,前件等司,近起十月至来年三月,称在选举限内,不奉朝参。令式无文,礼敬斯缺。一年之内,半岁不朝。准贞元十二年,中丞王颜奉敕厘革,载在明文。寻又因循,辄自更改。……臣以为王颜举奏甚详,当时敕文,处分甚备。请准贞元十二年四月敕旨,自今以后,永为常式,他年妄改前条,请委台司弹奏,庶使班行式序,典法无亏。(同上卷)

从此,吏部、兵部、礼部三司有关官员只有在考试期间和锁曹、锁铨期间不朝参,其他时间都要朝参。以往是五六个月不朝参,而现在是一两个月不朝参。后来虽有人想恢复旧制,但都遭到了御史中丞的弹奏。

五代时,可能又恢复了旧制,于是至后唐天成元年(926)就又制定了一个新的条格。《五代会要》卷六《杂录》载是年十二月御史台奏:

> 今缘选人未多,免朝合约新定条格:伏请南曹郎官,自锁曹前五日免朝;三日(按,"日"字衍)铨,自锁铨前五日免朝,至三月三十日。……所请三铨免朝,事系繁省,选人既少,公务非多,宜且依请奏铨锁前五日免朝,将来人数渐多,须容点检,既许开曹后免朝,永以为例。

新定条格规定,南曹官员,锁曹前五日免朝,三铨官员,锁铨前五日免朝,都直到三月三十日为止。如果以后选人多了,三铨官员就提前到南曹开曹后免朝。这一规定可能只在后唐一朝有效,因《五代会要》卷二十二《吏曹裁制》载:

> 周显德五年闰七月,吏部南曹状申所行事件画一如后:一、每年十月一日入选限,判曹员外郎准例免常朝。

则三铨免朝时间亦同。

(三)锁曹磨勘　驳杂逾滥

选人十月到京后,除向南曹交纳选解外,有出身之人得交纳出身文凭,如科举及第者,得交纳春关。前资官得交纳解由、历子、考牒等。这就是《旧唐书》卷四十三《职官志二》所说的"每岁选人,有解状、簿书、考课"。这些文书与选解同时交纳,也就是按十月三旬期限内交齐。

南曹将以上文书收齐后,就开始锁曹磨勘。锁曹就是南曹官吏住宿在南曹内,不与外人接触,故锁曹又称锁宿、入宿。锁宿制在盛唐时期就已经开始存在了。如《唐会要》卷七十五《杂处置》载:"天宝四载九月二十一日敕:侍郎铨曹,入宿令史加转。"就是指吏部侍郎和所领铨曹内的令史加阶转勋。

南曹锁宿自十一月一日开始。《五代会要》卷二十二《吏曹裁制》载后周显德五年(958)闰七月吏部南曹状申所行事件中就有一条云:"新起请十月一日,锁曹磨勘。"按,如十月一日锁曹磨勘,时选人尚未到京,如何磨勘?又,选人是十月才开始陆续到京交纳解状、文书,时南曹已锁,不与选人接触,选人如何投递? 故知《五代会要》所载"十月一日"当为"十一月一日"之误,脱一"一"字。前引贞元十二年王颜奏文之吏部铨曹官自十一月一日始不朝参,当是指从锁曹之日起不再朝参。又,后唐天成元年规定,"南曹郎官自锁曹前五日免朝",若十月一日锁曹,南曹郎官自九月二十五日开始免朝,这比旧例还要早,更不合典章了。

所谓磨勘,就是南曹将选人交纳的各类文书与甲库中的档案材料一一对检勘照来审查核实其符合铨选条件否,有无弄虚作假,以定其留放。磨勘的内容主要如下:

1. 所通文书是否粟错。

选人向南曹所交纳的各类文书都有一定的式样。这种式样,大约是高宗总章二年由吏部侍郎李敬玄委托吏部员外郎张仁祎修订创立的。《旧唐书》卷八十一《李敬玄传》载:

> 总章二年,累转西台侍郎,兼太子右中护、同东西台三品,兼检校司列少常伯。时员外郎张仁祎有时务才,敬玄以曹事委之。仁祎始选姓历,改修状样、铨历等程式,处事勤劳,遂以心疾而卒。敬玄因仁祎之法,典选累年,铨综有序。

张仁祎所修订的这些文书状样,虽使"铨综有序",大大方便了吏部铨选,却苦害了不少选人。如解状式样稍有细微差误,即所谓的粟错,选人就被驳放。五代后晋天福二年(937)五月,前汴州浚仪县主簿何光在所进的策中,就深有感触地说:

> 窃见诸道选人合格下解,不出十月,立定三旬,此则常程,

向来旧制。却是或有因解样所误,式例稍亏,字内点画参差,印处高下讹舛,便乃驳犯。(《册府元龟》卷六三三《铨选部·条制五》)

就像字的笔画不齐,印章盖的高低有误,这样的小毛病也算式样粟错而被驳放,可见样式要求之严到了何等程度。《封氏闻见记》卷三《铨曹》载:

> 选曹每年皆先立版榜,悬之南院,选人所通文书,皆依版样,一字有违,即被驳落,至有三十年不得官者。

《新唐书》卷二〇六《杨国忠传》也载:"故事,岁揭版南院为选式,选者自通,一辞不如式,辄不得调,故有十年不官者。"

在唐代,因一字有违,传写偶差而被驳落者不计其数,《册府元龟》卷六三三《铨选部·条制五》载后唐长兴元年九月前兴唐府冠氏县尉杨知万陈状,说他于庄宗同光二年拟授太子通事舍人时,因"旋直错竖父母年几驳落"。"旋直错竖"为"旋只错书"之讹。杨知万因错写父母年龄就被驳落。唐人传奇中,有不少因文书粟错而被驳放的故事。如牛僧孺《玄怪录》卷三《齐饶州》载,湖州参军韦会娶饶州刺史齐推女。长庆三年(823)韦会以守选期满,将赴京调选,于是将妻送往饶州岳父家。后其妻因难产而死,齐推便派人往京城报信,而此时"韦以文籍小差为天官所黜"。薛用弱《集异记》有《贾人妻》一篇,云:"唐余干县尉王立调选,佣居大宁里。文书有误,为主司驳放,资财荡尽,仆马丧失,穷悴颇甚。"

虽然《新唐书·选举志下》说:"文书粟错,隐幸者驳放之,非隐幸则不。"《册府元龟》卷六三三载后晋天福二年五月的诏敕也说：
"今后宜令所司点简文书，如有粟错，详酌事理，非藏奸隐幸者，不要
驳放。"但吏部南曹，为了省事图便，只要"一字有违，即被驳落"，何
暇"详酌事理"？

文书粟错而被驳放，若遇恩典大赦，或皇帝诏令，才有被重收的
可能。如《唐大诏令集》卷七十载有敬宗《宝历元年正月南郊
赦》，云：

> 如闻去冬吏部三铨选人，驳放者众，或文状粟错，或书判差
> 池，主司守文，不得不尔。既施惠泽，亦在沾恩。其长名及杂驳
> 选人，如有未离京城者，委吏部今月检勘毕，除涉逾滥者，余并
> 却收，以地远残阙，量才注拟。

再如《册府元龟》卷六三一《铨选部·条制三》载有开成四年(839)
二月文宗诏敕云：

> 吏部去冬粟错及长名驳放选人等，如闻经冬在京，穷悴颇
> 甚，街衢接诉，有可哀矜。宜委吏部简勘，条流钤辖，如非逾滥、
> 正身不到、欠考欠选、大段瑕病之外，即与重收，以比远残阙
> 注拟。

像这样因文书粟错而被驳放的选人，流落街头，有家难归，贫困潦倒
者不少。

2. 所纳文书是否齐全。

有出身人、前资官丢失应纳文书证件，这在晚唐五代时是极其

普遍的。《册府元龟》卷六三二《铨选部·条制四》载后唐同光四年（926）二月左拾遗李慎仪、吏部员外郎王松上表云：

> 自天下乱离，将五十载，无人不遇兵革，无处不遭焚烧，性命脱免者尚或甚稀，文书保全者固应极少。

在这种形势下，只要情况属实，政府也就采取了一些补发证件的措施。如《册府元龟》卷六三三《铨选部·条制五》载后唐长兴二年四月敕：

> 举选人众，例是艰辛，曾因兵火之余，多无敕甲，不有特开之路，皆为永弃之人。其失坠春关冬集者，宜令所司取本人状，当及第之时，何人知举，同年及第，人数几何，如实，即更勘本贯得同举否。授官者，亦先取状，当授官之时，何人判铨，与何人同官上任，罢任何人交代，仍勘历任处州县。如实，则别取有官三人保明施行。

五代时，由于朝廷更迭频繁，各朝代对待选人失坠文书的态度和措施也往往有所不同。后唐明宗天成三年（928）正月，吏部格式司的奏状说，失坠告身，"臣伏请重给告身。令先与简敕甲，如无敕甲可简，即仰取同敕甲人告身勘验。同，即重与出给"（《册府元龟》卷六三二）。虽可"重给告身"，但对待本朝授官者与前朝授官者，在方式上仍有不同。"若是本朝授官，及同光元年后授官，勘验同，即重与告身。如是伪朝授官，勘验不虚，亦与出给公验"（同上卷）。本朝授官者可给告身，前朝授官者只给公验，也就是证明。至长兴元年五月,朝廷的诏文又有所不同。《五代会要》卷二十一《选事下》载:"如告赤文书,自中兴以来,或有失坠,即须于失处州县投状,具三代名讳,及出身、历任,请公凭赴京,勘会甲库同,即重与出给。"至长兴二年五月,中书省的奏文又有了变化:"今日已前失坠考牒、解由、历子,如有公凭者,亦与收竖。如无公凭,将来选时,特降资注官。自此后,选人更有失坠,则须却于本处具所失因由,重具批给,如违,准前殿选。"(同上卷)

到后周广顺元年五月,中书门下的奏文所言又与后唐所采取的措施不一样了。"今后请若无解由、历子、考牒者,候牒本道州府,勘寻有何殿最,候回文,与陈状官员事理同,即依牒申铨取保,再给凭由"(同上卷)。

总之,南曹所收纳的文书,除解状外,对前资官来说,主要是解由、历子(或告身)、考牒;有出身人是出身文凭。若有丢失,或有公凭证明,或是取保证明。否则,就被驳放。

3. 检勘有无身名逾滥者。

南曹磨勘,最主要的是检勘合格选人中是否有身名逾滥者,所谓身名逾滥,是指冒名顶替、身名不符。剔除身名逾滥者是南曹磨勘工作的重点。文书粟错,文书不全,若遇恩典大赦有时还会被收录,但身名逾滥是绝对不行的。"逾滥",又作"渝滥"。

身名逾滥的表现形式是多种多样的。《新唐书·选举志下》所说的"假名承伪,隐冒升降者"和"有伪主符告而矫为官者,有接承它名而参调者",都属身名逾滥的范畴。就是说选人中有用假姓名的,有用假证件的,有隐瞒其过的,有冒充功绩的,有伪造告身的,有冒名顶替的等等。《唐会要》卷七十四《选部上·论选事》载有贞元四年(788)八月吏部上奏的一段文字,更是将冒名顶替具体化了。

"分见官者,谓之擘名;承已死者,谓之接脚,乃至制敕旨甲,皆被改张毁裂。如此之色,其类颇多"。将现有前资官的文书分出一部分去改名顶替,叫作"擘名";冒充已死前资官的姓名,叫作"接脚"。更有甚者,将制授、敕授、旨授官的档案材料,皆通过收买而被涂改、分张、销毁、割裂。凡此等等,都可以说是身名逾滥者惯用的手法。

五代时,战争频繁,世道混乱,冒名顶替就更多了。有将历任文书分假于人的,有买卖告身、历子的,有顶替死亡父兄姓名的等等。《册府元龟》卷六三二《铨选部・条制四》载有后唐庄宗同光二年九月侍中郭崇韬的奏文,云:

> 臣伏见今年三铨选人并行事官等内,有冒名入仕、假荫发身,或卜祝之徒、工商之类。……应见注授官员等内,有自无出身入仕,买觅鬼名告赤,及将骨肉文书楷改名姓,或历任不足妄称失坠,押被公凭;或假人荫绪,托形势论嘱,安排参选,所司随例注官者。……见任官及诸道选人身死,多有不肖子孙将出身、历任、告赤货卖于人。

卷六三三《铨选部・条制五》就载有这类的例子:后唐明宗长兴元年"七月,吏部南曹奏:磨勘南郊行事官前守濮州范县主簿李范,是同光三年不纳告身人数,准敕:终身不齿。今又冒名于四方馆行事。前河南府长水县主簿赵知远,使兄为父荫行事者"。连皇帝的敕旨都说:"赵知远以兄为父,未之前闻。"看来,为了作官,斯文丧尽,脸面不要者大有人在。

为了防止弄虚作假,冒名顶替,唐五代在文书格式上曾采取了一系列的措施,使南曹磨勘有据。如历子上要批有上任和罢任的年月日期,要有观察使、刺史的签名画押。"选人有今任文书备足,只历子内批到上任月日,不批得替罢任月日,即别有解由,或公凭文书,证据分明,今日已前,并准前项指挥收竖。此后更有此色人,并同有过停官。"(《五代会要》卷二十一《选事下》)

为了防止不肖子孙将已死父兄的出身、历子、告身等文书货卖于人,后唐同光二年九月郭崇韬在其奏文中建议:"自今后仰所在身死之处,并须申报本州,令录事参军于告敕上分明书身死月日,却分付子孙。"为了防止将历任文书、告身分假于人,后唐长兴元年三月明宗下敕说:

> 其判成诸色选人,黄甲下后,将历任文书、告身连粘,宜令吏部南曹逐缝使印,都于后面粘纸,具前后历任文书,都记多少纸数,兼具年月,判成授官去处,缴尾讫,给付本人。(《五代会要》卷二十二《杂处置》)

如果"公然拆破印缝,不计与人不与人,将来求事,并令焚毁,其人当行极典"(《册府元龟》卷六三三)。

尽管有这样多的措施,但身名逾滥的现象仍然屡禁不止,不断重演。究其实,并不完全在选人本身,主要还在朝廷和铨选内部有人,他们内外勾结,上下串联。正如后唐长兴元年五月明宗在制诏中所说:

> 秩高者以荫绪假人,广求财货;吏狡者以贪婪得志,不顾宪章。遂致传授身名,分张告敕。勘初任则多称失坠,论资考则只有公凭。前后相蒙,真伪莫辨。(同上卷)

故身名逾滥是南曹磨勘的重点,也是南曹磨勘的难点。

4.检勘有无过格年深及欠考欠选选人。

所谓过格选人,就是曾符合往年某一届选格条件而未能及时参选者。由于某种原因,选人超过选格年限的事在唐代是大量存在的。尤其晚唐五代,战事频仍,兵火连年,被阻隔参选更是司空见惯的事。甚至过格有达二三十年而依然未注官者,这些人,便称作过格年深者。对他们,南曹一般是不收的。这些人有时借加入山陵职掌南郊行事等行列而求得入仕。如宝历三年(827)正月,山陵使奏:

> 有过格年深、身名逾滥、赴常选不得者,多求减选职掌,图得非时赴集。因缘优救,成此幸门,其吏曹为弊颇甚。今请应差前资官充职掌,并不得取选数已过格人,庶绝奸冒。(《唐会要》卷七十五《杂处置》)

那么过格多少年就不收了呢?唐五代也有规定。《五代会要》卷二十《选事上》载:

> (后唐)天成二年三月二十四日,铨司奏:据南曹驳放选人,累经铨及,经中书门下论诉,准堂判具新旧过格年限,分析申上者。伏以选人或有出身,或因除授,各拘常例,方赴调集。多因远地兵戈,兼以私门事故,遂致过格,固非愿为。新条标在七年,旧格容于十载。臣等参详,其选人过格年限,伏请且依旧格,不问破忧停集本数,过格十年外,不在赴选之限。

所谓“旧格”,当指唐代所订;所谓“新条”,似是五代所订。可知有唐一代,过格十年,就不在赴选期限了。到五代初,由于战乱,过格人数增多,就改为七年。至后唐天成二年又恢复到唐代"旧格"所限的十年了。

五代时期,对过格年深选人还是采取宽容态度的。天成二年十月,明宗就下诏说:

> 抡选之道,虽在精研,调集之劳,颇闻艰苦。应选人内,有过格年深,无门参选者,纵有材器,难逐进趋。宜令三铨磨勘行止,实曾兵戈阻隔,即与今年冬集判成选人例,量材注官。如或诈称,不在此限。(《册府元龟》卷六三二)

这年十二月,中书门下在条流选人的奏文中又重申了明宗的诏令,并为过格选人说了句实事求是的公道话:"凡是选人,专思合格,不肯固逾选限,自滞身名。"(同上卷)他们之所以过格,必因兵戈阻隔或其他迫不得已之处,所以中书门下要求"吏部南曹子细磨勘",不可轻易驳放。

后晋天福五年(940)十月的诏令,对过格年深选人又放宽了尺度,诏云:

> 过格选人等,早列官途,合依选限,或值戈铤之隔越,或缘贫病以淹延,既碍旧条,永为废物,适当开创,宜悯湮沈。可赴吏部南曹,准格召保,是正身者,降资注官。(同上卷六三三)

所谓"旧条",就是"旧格"。旧格规定,过格十年,不在赴选之限,而诏文说:"既碍旧条,永为废物,适当开创,宜悯湮沈。"可见这年铨选,过格十年以上者,也可以赴选,只不过是取保降资注拟罢了。

所谓欠选欠考,就是守选年限不足,任职期间考数不够。守选期限不满是不符合选格条件的,不能参选。但有些选人,通过各种手段,想蒙混过关,这就成为南曹磨勘的一大对象。当然符合减选条件者又当别论了。唐代实行四考满、三考满,有些官员在任职期间因某种原因提前罢职,或天数不足,当年无考,造成了罢任后考数不够而欠考的现象。对这些人,唐五代有时也按实际情况进行减考。如后周广顺元年五月的诏敕中就说,对那些确实是无过而停替罢任的前朝官员,南曹磨勘时可准格减一考(《册府元龟》卷六三四)。

(四)废置详断　长名留放

南曹在锁宿期间,对应选之人从文书是否粟错,是否齐全,有无冒名顶替及过格年深、欠选欠考等方面进行仔细磨勘覆核后,将应驳放选人交废置司详断定夺。实际上,废置司的工作是与南曹同步进行的,南曹旋磨勘,废置旋详断,驳落选人经二司往复辨明,就可减少冤屈之事发生。

南曹的磨勘工作和废置的详断工作结束后,南曹就可以开宿了。五代时,开宿在十一月末。唐代不详,然五代承唐制,大概也差不多。这就是说,南曹磨勘工作大约限定一月左右。南曹开宿后,一面将磨勘合格的选人也就是判成选人向三铨、门下省申报,交铨司铨选,一面将驳放选人出长名榜公布。《五代会要》卷二十一《选限》载后周显德五年闰七月,吏部流内铨状申见行条件公事中就说:"南曹十一月末开宿,判成选人后,先具都数申铨。"卷二十二《吏曹裁制》也载有是年是月吏部南曹状申所行事件中云:"一新起请十月一日锁曹磨勘。选至至开曹日，便具判成名衔榜示，及申中书门下，申铨，兼牒门下省。一锁内有违碍选人，准久例，至开曹日晓示驳放。及申堂申铨、牒台刺省。"是说，南曹开宿后，将判成选人和驳放选人都要分别出榜公布，以示留放。而且要分别向中书门下申报，这叫申堂。向铨司申报，这叫申铨，并通报御史台、都省。将"判成名衔榜示"，可能至五代时才实行，也许只是后周显德五年南曹状申所行事件之建议。在唐代，似只有长名驳放榜，未见记载有将判成选人也出榜之说的。说见前章。

在裴光庭"循资格"之前，长名榜由吏部出示，之后，才渐渐改由吏部南曹在南院张榜公布。《太平广记》卷一八六《李林甫》条引《国史补》云："自开元二十年，吏部置南院，始悬长名以定留放。"然《唐国史补》卷下却载："自开元二十二年，吏部置南院，始悬长名以定留放。"《唐会要》卷七十四又载："开元二十八年八月，以考功贡院地置吏部南院。"《唐国史补》与《唐会要》所言之南院，是否为同一地，若是，当从《唐会要》所载年月为是，因考功贡院地只有在开元二十四年贡举试由考功司移交礼部后才有可能置南院。

吏部南曹出长名榜后，若有选人感到冤屈，可向中书门下陈状。中书门下批文下达到吏部，再由铨司和废置司会审详断。若确属冤屈，废置员外郎要受到处罚；若详断不误，投诉者要处以殿选。《唐会要》卷七十四《吏曹条例》载：

> （太和）五年六月敕：南曹检勘，废置详断，选人傥有屈事，足以往复辨明。近年以来，不问有理无理，多经中书门下接诉，致令有司失职，莫知所守。选人逾分，惟望哀矜，若无条约，恐更滋甚。起今以后，其被驳选人，若已依期限，经废置详断不

成,自谓有屈,任经中书门下陈状。状到吏部后,铨曹及废置之吏,更为详断,审其事理,可收即收。如数至三人已上,废置郎官请牒都省罚直;如至十人已上,具事状申中书门下处分。如未经废置详断,公然越诉;或有已经详断不错,辄更有投论者,选人量殿两选,当日具格文榜示,冀无冤滥,亦免幸求。

三、铨选程序(下)

(五)取保锁铨　三度引验

南曹开宿后,一面将判成选人申堂、申铨,一面将驳放选人长名榜示。至此,南曹的铨选工作基本结束,开始着手及第举子的关试工作。以后的铨选工作就由铨司也就是三铨来做了。

铨司工作的程序,有关唐代的极少,而记载五代的较多,但很乱,现据有关文献,试作整理如下。

铨司接到南曹的申报材料后,榜示判成选人交纳家状、保状及试判纸,交齐后,就开始锁铨引验。《册府元龟》卷六三四《铨选部·条制六》、《五代会要》卷二十一《选限》都有记载,现比照二文,择善而录:

> 周显德五年闰七月,吏部流内铨状申见行条件公事:铨司先准格例,南曹十一月末开宿,判成选人后先具都数申铨。铨司据状,便榜示选人,引纳京诸司识官使印(保状,按,"保状"二字夺)家状及试判纸。三度榜引得齐足,方至十二月上旬内

定日锁铨者。铨司若候南曹十月内开宿（按，"十月"当为"十一月"之误）引纳家状，虑恐迟滞，今后，才南曹锁宿后，先榜示选人，予纳家状。其合保文状，使识官司使印，限开曹后两日内赴铨送纳，须得齐足。如限内不纳到家状、保状、试纸人，便具姓名落下，不在续纳之限。据纳到文状，至十月二十二日以前锁铨（按，"十月二十二日"当为"十二月十二日"之误）。

文中说，铨司根据南曹申报的材料，出榜让选人交纳在京识官所属官署盖印的保状、家状及试判纸。由于保状、家状、试判纸各出一榜，这就叫作"三度榜"。等三度榜交齐后，大约就到了十二月上旬，然后就定日锁铨。铨司若认为南曹于十一月末开宿后再引纳家状，有点过迟，耽误工作，可在南曹锁宿期间就出榜，让选人予纳家状。保状必须由京城识官所在司盖印，于南曹开宿后两日内交纳。家状、保状、试判纸必须在期限内交齐，若在期限内交不齐者，铨司可将其驳落，而且还不许补交。这一工作结束后，就可于十二月十二日以前锁铨了。文中谓"十月二十二日"，是将"十二月"的"二"字，误抄于"月"字之后了。

锁铨与锁曹一样，指的是铨司具体办事人员如令史等必须食宿在铨内，不与选人交通。唐代初期锁铨，还要在吏曹屋舍周围插上荆棘，以防令史与选人来往。《大唐新语》卷十载：

姜晦为吏部侍郎，性聪悟，识理体。旧制，吏曹舍宇悉布棘，以防令史与选人交通，及晦领选事，尽除去，大开铨门，示无所禁。

据《资治通鉴》卷二一二载，姜晦由吏部侍郎坐贬春州司马在开元十年(722)九月，则他领吏部选事当在开元八、九年间。在此之前，似乎吏部屋舍在锁铨期间一直是插棘以示禁地的。

关于家状的内容，据《通典》卷十五《选举三》载，谓"郡县乡里名籍、父祖官名、内外族姻、年齿形状"。五代时，吏治混乱，假冒成风，于是后唐天成三年(928)十二月明宗就下敕将家状也归档，一式三份，由南曹盖印后纳入三库，以备铨选时检勘。《册府元龟》卷六三二《铨选部·条制四》载其敕曰：

> 选门官吏，讹滥者多，自今后并令各录三代家状，乡里骨肉，在朝亲情。先于曹印署，纳吏部、中书、门下三库各一本。

有些选人，竟不愿实写自己的乡里籍贯。如后唐长兴元年十月，中书奏吏部流内铨诸色选人时就说："诸色选人，或有原通家状，不实乡里名号，将来赴选者，并令改正，一一书本贯属乡县。"（同上卷六三三）

关于保状，《通典》卷十五《选举三》载曰：

> 以同流者五五为联，以京官五人为保，一人为识，皆列名结款，不得有刑家之子、工贾殊类及假名承伪、隐冒升降之徒。

所谓"同流者五五为联"，是指同一类的人五人一组，五组相联，自由结合。这二十五人由京官五人作保，一人为识官。所谓识官，就是对这些选人都认识、熟悉。保状上要有保官五人、识官一人的亲笔签名，以及保、识官所属官署的印章。所保识的选人，不能有受刑人家的子弟、从事于工商业之人及假冒顶替者。

选人纳保状,起初,还得由保识官所在官署出具证明。《唐会要》卷七十五《选部下·杂处置》载:

> 其年(开元四年)九月十二日敕:诸色选人纳纸保后五日内,其保、识官各于当司具名品,并所在人州贯头衔,都为一牒,报选司。若有伪滥,先用缺,然后准式处分。

敕旨说,选人纳保状后的五天内,保、识官由所在官司出具其姓名、官品及其州名籍贯、官衔职务的证明,牒报吏部。若有伪滥不实,先按缺授官,然后按规定处分。可能后来选人多了,保、识官官署出具证明太频繁,太麻烦,于是就在保状上由保、识官所在官司加盖印章,以示证明。

充作选人保、识官的人选是有限定的。《唐会要》卷六十五《宗正寺》载:

> 开成三年正月,宗正卿李玭奏:宗子诸亲、斋郎、室长选人,准格,每年遣诸陵、庙丞等充保识官,今请选人自于诸司求觅清资及在任宗子京官充保识,以凭给解。伏乞编入吏部选格,以为久例。

宗正寺是管理皇家宗族属籍及事务的机构,其官员悉由宗子担任,卿为其最高长官。从宗正卿李玭的奏章中知,皇家宗族中参加铨选的各色选人,按照以往的规定,每年派遣各陵丞、庙丞充当他们的保识官,现由选人自己于各司寻找清资官和现任宗族京官充任保识官,并以此为据给予证明文书。

选人多了,保识官未必都认识,于是也就有了假证明、假保状,正如《新唐书·选举志下》所说:"有远人无亲而置保者。"唐代因保所累而被驳放者有之。皇甫氏的传奇小说集《原化记》中,有一篇名《李老》的故事,就说到此事,云:

> 开元中,有一人姓刘,不得名,假荫求官,数年未捷。忽一年铨试毕,闻西市有李老善卜,造而问之。老曰:"今年官未合成。"生曰:"有人窃报我,期以必成,何不然也?"老人曰:"今年必不成,来岁不求自得矣。"生既不信,果为保所累,被驳。生乃信老人之神也。

五代时,保官由五人改为三人。《五代会要》卷二十一《选事下》载:"长兴元年五月敕:应除授州县官,引见磨勘,须召命官三员为保,然后奏拟。仍于告身内,书保官名衔。"卷二十二《吏曹裁制》也载:"周显德五年闰七月,吏部南曹状申所行事件,画一如后:……磨勘三旬选人,及非时投状人等,并准例详验正身,及取有官三人保明、识官司使印文状。"

除家状、保状外,五代时还要交纳试判纸,试判纸的大小类型、质地颜色想必是统一的。唐代是否也要交纳试纸,因文献阙如,不得而知。

家状、保状、试纸在期限内收齐后,铨司就开始锁铨引验。所谓引验,因古代无照片,于是就根据文状来验明正身,通过家状上的"年齿形状"来对验是否与本人相符,是否冒名顶替。除家状外,保状、告身、历子、考牒、春关等文书也是引验的证据。引验的方式是点名三次,每三天点名一次,共九天,三次点名都不到者,便驳落。五代后周时改为一天一点名,三天三点名毕。显德五年闰七月吏部流内铨状申见行条件公事云:

> 先准格例,锁铨后便榜示引验正身、告敕文书,三引共九日,如三度引不到者,便落下。铨司自今后,锁铨日便榜示选人,至次日引验正身及告赤文书,限三日内三引毕,如不到者,便落下。每年南曹判成选人中,多有托故不赴铨引,铨司准格例伺候,须及三引计九日不至者,方始落下。今后有此色人,逐引不到,便据姓名落下。

三次引验完毕后,铨司就将选人的家状、保状等材料,即所谓的"铨状",连同南曹上报的历任、告赤文书等于三日内审查点检整理好,如无问题,就申报中书门下请示铨试。并请中书省在试纸上加盖印章,以防作弊。

(六)铨试四事　糊名入等

关于铨试的内容,史书典籍上都有记载,如《唐六典》卷二《尚书吏部》载:

> 以四事择其良:一曰身、二曰言、三曰书、四曰判。

《通典》卷十五《选举三》也说:

> 其择人有四事:一曰身,取其体貌丰伟;二曰言,取其词论

辩正;三曰书,取其楷法遒美;四曰判,取其文理优长。……凡选,始集而试,观其书、判;已试而铨,察其身、言。

新、旧《唐书》所载略同。身、言、书、判这四事,还有分别:察其身、言,谓之铨;观其书、判,谓之试。

所谓身,要求体格健壮、形貌端庄;所谓言,要求语言流利,说话清楚。这只不过是象征性的标准而已,而实际上,只要不是全瞎、全哑、全聋和瘫痪者,一般还是会授官的。官场上,眇一目者、口吃者、瘸拐者,并不少见。可以说,铨其身、言,看似标准高,而实际上却是考试的软件。关于铨察身、言,是否设有专门的考场,因未见记载,所以我们说可能没有。而且也没有必要专设考点,在三旬会集,铨司引验和注拟唱名时都可以见其身材,听其言辞的。

书、判是考试的重点。所谓书,要求书法遒劲秀美。后人认为唐代书法普遍可观,是与吏部铨试书法有关。如宋朝朱弁《曲洧旧闻》卷九载:

> 唐以身言书判设科,故一时之士无不习书,犹有晋宋余风。今间有唐人遗迹,虽非知名之人,亦往往有可观。

洪迈《容斋随笔》卷十《唐书判》载:

> 唐铨选择人之法有四:一曰身,谓体貌丰伟。二曰言,言辞辩正。三曰书,楷法遒美。四曰判,文理优长。……既以书为艺,故唐人无不工楷法。

赵彦卫《云麓漫钞》卷五也载：

> 唐人书皆有楷法，今得唐碑，虽无书人姓名，往往可观。说
> 者以为唐以书判试选人，故人竞学书，理或然也。

唐人以楷书作为选试的内容，还有另外的作用。《册府元龟》卷六
三八《铨选部·谬滥》载德宗贞元九年（793）御史中丞韦贞伯奏：
"又按选格，铨状选人自书，试日书迹不同，即驳放殿选。"代宗大历
时任洋州刺史的赵匡，在其《举选议》中建议，选人秋季先由州府试
判，然后"限十月内到，并重试之讫，取州试判类，其书踪及文体有伪
滥者，准法处分"（《全唐文》卷三五五），由此可见，吏部试书，不仅
取其楷法遒美，而且还可校勘其文书笔迹，检验其真伪，防止冒名
顶替。

唐五代似乎为试楷法设有专门的书题考场。赵匡在《举选议》
中就曾提到吏部"曹判及书题"云云的话。《唐会要》卷七十五《杂
处置》载：

> 圣历元年二月二十二日敕：选人无故三试、三注唱不到者，
> 不在铨试、重注之例。

圣历为武则天年号。按唐代，铨试是试判两道，此说"三试"，当包
括试书题一场，又，五代后周显德五年闰七月吏部状申见行条件公
事中也说到"试判三场"，这三场，也当有试书题一场。

在身、言、书、判四事中，试判是关键，也是铨试中最起决定作用
的一事。

吏部试判,《通典》卷十五《选举三》谓起于流外铨:

> 按,显庆初,黄门侍郎刘祥道上疏曰:"今行署等劳满,唯曹司试判,不简善恶,雷同注官。"此则试判之所起也。

"今行署"云云,是高宗显庆二年(657)黄门侍郎知吏部选事刘祥道在《陈铨选六事疏》奏中说的话,意谓吏部取人,伤多且滥,其缘由是入流人太多而失于简择。所谓行署,就是指在京城各司供役使差遣的小吏,如令史、掌固等。"以其未入九流,故谓之流外铨,亦谓之小铨"(《唐六典》卷二),小铨由吏部郎中一人掌管。由是知,行署等劳考已满,升迁时由掌小铨的吏部郎中(即曹司)对他们试以判,然后就可以注拟转官了。这试判,当起于唐初武德年间,按,贞观初,流内铨官员渐多,他们考满后,即赴吏部铨选,量书判注拟,书判劣者即被沙汰,此乃沙汰之始。看来,在流内铨试书判沙汰之前,流外铨就已经用试判来铨注行署了,则流内铨试书判当借鉴于流外铨的。

按时间推算,铨司锁宿后三引验九日毕,再经三日的点检,就开始着手试判了,大约试判在十二月末、正月初。《唐会要》卷七十四《选部上·掌选善恶》载:

> 天宝元年冬选,六十四人判入等,时御史中丞张倚男奭判入高等,有下第者尝为蓟令,以其事白于安禄山,禄山遂奏之。至来年正月二十一日,遂于勤政楼下上亲自重试。

由此文知,吏部试判,当在天宝元年(742)十二月,玄宗重试在天宝二年(743)正月。

试判地点即考场,与贡举试、关试地点相同,也都在都堂。《旧五代史》卷一四八《选举志》就载有后唐天成五年(930)二月九日敕,谓及第进士选满就试时,"于都堂前各试本业诗赋判文"。

选人试判前与礼部贡举试一样,也先要清场。《通典》卷十五《选举三》载:

> 其试之日,除场援棘,讥察防检,如礼部举人之法。

《册府元龟》卷六二九《铨选部·条制一》也载:

> 其试之日,搜索防援,棘篱机察,如礼部举人之法也。

所谓礼部举人之法,就是"阅试之日,皆严设兵卫,荐棘围之,搜索衣服,讥诃出入,以防假滥也"(《通典》卷十五)。

不仅如此,试判这天,还要有识官亲自送进考场。《唐六典》卷二《尚书吏部》载:"每试判之日,皆平明集于试场,识官亲送。"这一作法也和礼部举试一样。白居易的《早送举人入试》诗,就是他任校书郎时以识官身份送举人入场应礼部试而作。识官亲送的目的,是为防止有假冒者代笔替考。《白居易集》卷六十七《判》收有一道判词,题作"得乙充选人识官,选人代试。法司断乙与代试者同罪,诉云:‘实不知情。’"识官送进去的选人之间互相代考,这当然是识官始料不及的,故曰"实不知情",由此亦可见唐代试判中弄虚作假风气之盛,正如《新唐书》卷四十五《选举志下》所说:"试之日,冒名代进,或旁坐假手,或借人外助,多非其实。"

试判的主考官是吏部侍郎。《新唐书·选举志下》载:"侍郎主试判而已。"《唐六典》卷二《尚书吏部》也说:"侍郎出问目,试判两道。"则知,吏部侍郎主试,且判词题目亦由吏部侍郎出。但随着选人的增多,也为了防止营私舞弊,朝廷每年派有学识者为考官定上下。《旧唐书》卷一一三《苗晋卿传》就说:"选人既多,每年兼命他官有识者同考定书判,务求其实。"如天宝二年正月,因御史中丞张倚之子张奭曳白一案而被贬官的除主考官"吏部侍郎宋遥贬武当郡太守、苗晋卿贬安康郡太守"外,"考官礼部郎中裴朏,起居舍人张烜,监察御史宋昱,左拾遗孟国朝,并贬官"(《唐会要》卷七十四《掌选善恶》)。再如《册府元龟》卷六三五《铨选部·考课一》载大历八年(773)十月敕:"中书舍人常衮、谏议大夫杜亚、起居郎刘湾、左补阙李翰,考吏部选人判。"

除考官外,中书门下还要派覆考判官覆审,至贞元十六年(800)被罢除。《册府元龟》卷六三〇《铨选部·条制二》载:

> (贞元)十六年十二月,罢吏部覆考判官。先是,每岁吏部选人试判,别奏官考覆,第其上下。考讫,中书门下覆奏,择官覆定,浸以为例。至是,中书侍郎平章事齐抗奏言:"吏部尚书、侍郎,已(是)朝廷精选,不宜别考重覆。"其年,他官考判讫,俾吏部侍郎自覆问。后一岁,遂除覆考判官。盖因抗所建白也。

按,"不宜别考重覆",据《旧唐书》卷一三六《齐抗传》载,当是"不宜别差考官重覆"。《新唐书》卷一二八《齐抗传》也载有此事,却简明扼要。云:

初，吏部岁考书言，以它官第上下，中书门下遣官覆实，以为常。抗以尚书、侍郎皆大臣选，今更覆核，非任人勿疑之道。……皆奏罢之。

至元和初，朝廷派遣考官的制度也被罢除，全由吏部自考自定。《旧唐书》卷一六四《杨於陵传》载：

初，吏部试判，别差考判官三人校能否，元和初罢之。七年，吏部尚书郑余庆以疾请告，乃复置考判官，以兵部员外郎韦顗、屯田员外张仲素、太学博士陆亘等为之。於陵自东都来，言曰："本司考判，自当公心。非次置官，不知曹内公事。考官只论判之能否，不计阙员。本司只计员阙几何，定其留放。置官不便。"宰执以已置顗等，只令考科目选人，其余常调，委本司自考。

由是知，考判官已在元和初罢之，元和七年（812）吏部尚书郑余庆想恢复，也未能成功。从吏部侍郎杨於陵的言中知，吏部试判的松严程度视当年员阙的多少而定。员阙多，则试判就松；员阙少，则试判就严。

有唐一代，铨选试判，都是两道，已成定制。《唐六典》卷二就载："侍郎出问目，试判两道。"直至五代也还是如此，如《册府元龟》卷六三三《铨选部·条制五》载后唐长兴元年（930）中书奏："吏部流内铨诸色选人，所试判两节，欲悉定其等第。"又，同卷载后晋天福二年（937）十月敕："选人试判两道。"至北宋初年，已增为试判三道了。《宋史》卷一五八《选举四》载宋太宗太平兴国以前的考判云：

> 先是,选人试判三道,其二全通而文翰俱优为上,一道全通
> 而文翰稍堪为中,三道俱不通为下。

"先是",当是指宋太祖时期,知宋代时已施行试判三道了。

唐代铨选的试判两道,要比及第举子关试的试判两道,难度大,水平高,字数多,不再是"短行",而以二百字左右为准。随着选人的增多,判词的内容愈来愈复杂古怪,艰难刻薄,惟恐选人能回答上。《通典》卷十五《选举三》载:

> 初,吏部选才,将亲其人,覆其吏事,始取州县案牍疑议,试
> 其断割,而观其能否,此所以为判也。后日月寝久,选人猥多,
> 案牍浅近,不足为难,乃采经籍古义,假设甲乙,令其判断。既
> 而来者益众,而通经正籍又不足以为问,乃征僻书、曲学、隐伏
> 之义问之,惟惧人之能知也。

《大唐新语》卷十《厘革》亦载:

> 国初因隋制,以吏部典选,主者将视其人,核之吏事。始取
> 州县府寺疑狱,课其断决,而观其能否。此判之始焉。后日月
> 淹久,选人滋多,案牍浅近,不足为难。乃采经籍古义,以为问
> 目。其后官员不充,选人益众,乃征僻书、隐义以试之,惟惧选
> 人之能知也。

本来,选人试判的目的,就是在于考察其吏治才干、断案水平,所以最初还能与实际相联系,取州县实案中的典型事件、疑难问题来考

试。后来选人多了,而注官有限,实际案件不足以难倒选人,于是就在经书古籍中找难题,再到后来竟发展到在僻书隐义中寻怪题,务必使选人答不出,这已经失去了考判的意义。马端临《文献通考》卷三十七《选举十·举官》就说:

> 按唐取人之法,礼部则试以文学,故曰策,曰大义,曰诗赋。吏部则试以政事,曰身,曰言,曰书,曰判。然吏部所试四者之中,则判为尤切,盖临政治民,此为第一义,必通晓事情,谙练法律,明辨是非,发摘隐伏,皆可以此觇之。今主司之命题则取诸僻书曲学,故以所不知而出其所不备。选人之试判则务为骈四俪六,引援必故事,而组织皆浮词,然则所得者不过学问精通、文章美丽之士耳。盖虽名之曰判,而与礼部所试诗赋杂文无以异,殊不切于从政,而吏部所试为赘疣矣。

用四六骈文的文体来选官,曾引起唐代不少有识之士的非议。如《唐会要》卷七十四《选部上·论选事》就载曰:

> 天宝十载,吏部选才多滥,选人刘迺献议于知铨舍人宋昱曰:"……夫判者,以狭词短韵,语有定规为体,犹以一小冶而鼓众金,虽欲为鼎为镛,不可得也。故曰判之在文,至局促者。夫铨者,必以崇文冠首,媒耀为贤,斯固士之丑行,君子所病。若引周公、尼父于铨庭,则虽有图书易象之大训,以判体措之,曾不及徐、庾。

沈亚之于长庆元年(821)在其所应贤良方正能直言极谏科对策中

也说：

> 今吏部之补吏，岁调官千余。其试以偶文俪语之书程，以
> 二百字为准，考其能否，以定取舍。……以此而求其实，不可得
> 也。(《登科记考》卷十九)

的确，这种文体的判，远离实际，是绣花枕头装稻草，于实有案狱并
无补。张鷟的所谓《龙筋凤髓判》就是这种文体的典范。作者摘取
古籍、假设两方，而又词藻缛丽，对偶工切，为典型的骈四俪六判体，
是供当时选人试判的程式化范本。其实，不过是文字游戏而已。

吏部铨选试判定等第，一般是公开的，有时也糊名，以防止营私
舞弊走后门。《唐六典》卷二就说："试判两道。或有糊名，学士考
为等第。"关于试判糊名，起于何时，有不同的记载。《通典》卷十
五载：

> 武太后又以吏部选人多不实，乃令试日自糊其名，暗考以
> 定等第。糊名自此始也。

然《新唐书·选举志下》却说：

> 初，试选人皆糊名，令学士考判，武后以为非委任之方，罢
> 之。而其务收人心，士无贤不肖，多所进奖。

糊名试判，一说自武后始之，一说自武后罢之，正好相反。孰是孰
非，让我们来看看有关的记载。《旧唐书》卷一九〇《文苑中·刘宪

传》载：

> 初，则天时，敕吏部糊名考选人判，以求才彦，宪与王适、司
> 马锽、梁载言相次判入第二等。

《全唐文》卷二九五收有韩休《唐金紫光禄大夫礼部尚书上柱国赠
尚书右丞相许国文宪公苏颋文集序》，云：

> 十七游太学，对策甲科。……后因选集，时属糊名考判，公
> 与宋璟，俱入殊等，由是天下益称焉。

按《旧唐书》本传，苏颋卒于开元十五年（727），五十八岁，弱冠举进
士。则十七入太学，当在武后垂拱二年（686），进士及第在永昌元年
（689）。那么他与宋璟糊名考判亦当在武后长寿年间了。又，《全
唐文》卷三四〇有颜真卿《唐故通议大夫行薛王友柱国赠秘书少监
国子祭酒太子少保颜君碑铭》一文，云：

> 君讳惟贞，字叔坚。……天授元年，糊名考试，判入高等，
> 以亲累授衢州参军。

"天授"为武则天革唐命、改国号为周时的年号。《登科记考》卷三
将颜惟贞糊名考判系于拔萃科下则是错误的。

由以上数例知，《通典》所载是正确的，糊名考判，始自武后初。

糊名考判，在武后朝也曾罢过。《唐会要》卷七十五《杂处置》
载武则天天册万岁元年（695）十月二十二日敕，云：

> 糊名考判,立格注官,既乖委任之方,颇异铨衡之术。……
> 其常选人,自今已后,宜委所司依常例铨注,其糊名入试,及令
> 学士考判,宜停。

据此,《新唐书》便以为"初,试选人皆糊名,令学士考判,武后以为
非委任之方,罢之"。殊不知天册万岁乃武则天后期年号。武后登
基之始励精图治,大事革新,以吏部选人不实,乃实行糊名制。过了
数年,为了务收人心,又废除糊名制。

玄宗开元年间,也曾实行过糊名制。《唐会要》卷七十五《杂处
置》载:

> (开元)十五年九月敕:今年吏部选人,宜依例糊名试判,
> 临时考第奏闻。

是年糊名考判,苏晋、齐澣知选。《旧唐书》卷一〇〇《苏晋传》载:

> 开元十四年,迁吏部侍郎。时开府宋璟兼尚书事,晋及齐
> 澣递于京都知选事,既糊名考判,晋独多赏拔,甚得当时之誉。

苏晋为吏部侍郎至开元十八年(730)。在他任吏部侍郎期间,曾举
行过糊名试判。以后就再未见有糊名试判的记载了。这可能与"循
资格"的实施有关。

开元十八年裴光庭创立"循资格"以前,凡六品以下考满罢秩
而无殿犯的前资官都有资格参加每年的冬集铨选。选司在据阙留
人中,除考虑选人的考第、善状等条件外,书判等第也是十分重要的

一个因素,因为这是量才注拟的一大依据。为了使书判等第合理而防止不实,糊名制往往被采纳。《唐会要》卷七十五《杂处置》就载:

> 大足元年正月十五日敕:选人应留,不须要论考第。若诸事相似,即先书上考,如书判寥落,又无善状者,虽带上考,亦宜量放。

由此可见,书判等第有时要比考课等第在铨选中更为重要。

自"循资格"实施之后,六品以下考满罢秩的官员都必须按官阶守选,"卑官多选,高官少选",而且守选期满铨选时"自下升上,限年蹑级,不得逾越"。这样,每年参加冬集铨选的人就大大地减少了,据缺留人的矛盾也大大地缓和了。只要符合选格条件,被南曹判成选人的,都有被铨选注官的可能。于是试判就相对而言显得不那样重要了。尤其是选人与员缺持平的情况下,只要合格,判虽下劣,也有官可注。洋州刺史赵匡在《举选议》中就说:"今选司并格之以年数,合格者,判虽下劣,一切皆收。"在这种情况下,糊名试判也就没有必要了。

"循资格"之后,糊名试判虽然没有必要了,但书判等第仍然还是需要的。因考判入等往往是注好官注京官注清资官的依据之一。"其官好恶,约判之工拙也。"(赵匡《举选议》)

铨选中的书判等第,虽有第一等,却是虚设,因不曾授予人。开元以前,以第二等为最高,如前引《旧唐书·文苑传》谓刘宪、王适、司马锽、梁载言,在则天时都相次试判入第二等。韩休谓苏颋、宋璟糊名试判"俱入殊等","殊等"即第二等。开元以后,第二等也渐渐地不再授人了,于是就以第三等为最高。《全唐文》卷四二〇收有常衮《叔父故礼部员外郎墓志铭》，言其叔常无名于开元十年（722）以制举擢鄠县尉，"秩满，判入第三等。自周、隋已来，选部率以书判取士，海内之所称服者，二百年间，数人而已。又居其最焉。复以常资授万年尉"。第三等又称甲科，凡判入等者一般分为甲、乙、丙三科。《新唐书》卷一四〇《苗晋卿传》载：

> 方时承平，选常万人，李林甫为尚书，专国政，以铨事委晋卿及宋遥，然岁命他官同较书判，核才实。天宝二年，判入等者凡六十四人，分甲、乙、丙三科，以张奭为第一。奭，御史中丞倚之子，倚新得幸于帝，晋卿欲附之，奭本无学，故议者嚣然不平。安禄山因间言之，帝为御花萼楼覆实，中裁十一二，奭持纸终日，笔不下，人谓之"曳白"。

《册府元龟》卷六三八《铨选部·谬滥》也说："有张奭者，御史中丞倚之子，不辨菽麦，假手为判，时升甲科。"甲科即第三等，时张奭为第三等甲科第一名。乙科为第四等，丙科为第五等。次外为不入等者，不入等者也注官，一般是恶官，即偏远地方官。书判甚差者称之为"蓝缕"。《新唐书·选举志下》就说："凡试判登科谓之入等，甚拙者谓之蓝缕。"书判蓝缕是不收的。《册府元龟》卷六三〇《铨选部·条制二》载天宝十一载（752）七月敕："吏部选人书判蓝缕，及杂犯不合得留者，不限选数并放。"这就是说，选人中只要书判蓝缕，即使守选年数合格，也要被驳放。

　　吏部铨选除试判外，有时也试以杂文。这主要是针对有文采的选人，尤其是针对前进士而设的。《唐六典》卷二《尚书吏部》就说："或有试杂文，以收其俊乂。"如《全唐文》卷三三七收有颜真卿《尚

书刑部侍郎赠尚书右仆射孙逖文公集序》一文,云:

> 年未弱冠而三擅甲科。吏部侍郎王丘试《竹帘赋》,降阶
> 约拜,以殊礼待之。

《唐会要》卷七十五《藻鉴》载:

> 开元八年七月,王丘为吏部侍郎,拔擢山阴尉孙逖,桃林尉
> 张镜微,湖城尉张普明,进士王冷然、李昂等,不数年,登礼闱、
> 掌纶诰焉。

《旧唐书》卷一九〇《文苑中·孙逖传》载:

> 开元初,应哲人奇士举,授山阴尉。迁秘书正字。

由以上引文知,孙逖为山阴尉考满罢秩后,于开元八年(720)赴吏部
冬集铨选时,被时任吏部侍郎的王丘试以《竹帘赋》,因大为赏识而
擢为秘书正字的。《登科记考》卷五以为“吏部侍郎”当作“考功员
外”,意谓《竹帘赋》为开元二年(714)王丘为考功员外郎知贡举时
所试。按,是年进士试的赋题为《旗赋》,而非《竹帘赋》,且史书均
未言孙逖进士及第事,“三擅甲科”俱指制举。《登科记考》误。

可见唐代铨试时,有时也试杂文。至五代后唐,已明确规定,前
进士守选期满,铨选时要试以诗赋判。《旧五代史》卷一四八《选举
志》载后唐天成五年(930)二月九日敕:

> 其进士科已及第者,计选数,年满日,许令就中书陈状,于
> 都堂前各试本业诗、赋、判文。其中才艺灼然可取者,便与除
> 官,如或事业不甚精者,自许准添选。

所谓"添选",就是增加守选年限,也就是殿选。

(七)据阙量资　三注三唱

吏部铨试后,就开始注拟。注拟前,先将选人按三铨分组,即尚
书铨、中铨(西铨)、东铨三组,由吏部尚书和两位吏部侍郎分铨注
拟。所谓注拟,就是根据缺位先将某选人拟定为某官,并注录在簿。
注拟的标准有三,即《旧唐书》卷四十三《职官志》所说的"校功以三
实"。所谓"三实,谓德行,才用,劳效"。注拟时,要统盘考虑,"德
均以才,才均以劳,劳必考其实而进退之"。具体而言,德行,就是看
有无善状,是否以清白著称;才用,就是书判入等否,及其等第;劳
效,就是考课中的考绩考第。

据《册府元龟》卷六三五《铨选部·考课一》和《全唐文》卷二十
七《整饬吏治诏》载,玄宗于开元三年(715)六月下诏云:每年十月
委按察使、州长官对所属官员的每一任任绩按五等评定(后又变为
每三年一评),上等为最,下等为殿,中间三等以次定优劣。这就叫
使状。凡定为上等即"最"等的叫清白状。《唐六典》卷二《尚书吏
部》载:

> 清白著称,皆须每任有使状一"清",考词二"清",经三任
> 为第一等,两任为第二等,一任为第三等。

所谓"清白著称",就是对"四善"的概括,故又称善状。注拟时所据以为凭的德行,就是看有无善状和善状等级。

三实中,先德行,次才用,后劳效。但三者又是全面考察,综合互补的,"德均以才,才均以劳"。善状、书判、考第,可以说是"三实"的具体化。

注拟的标准是"三实",而注拟的原则却是量资,即"量其资而拟之"(《唐六典》卷二),"据其官资,量其注拟"(《旧唐书·职官志二》)。

官资,就是品阶。由原考满罢秩时的官阶即前资,加上考第所应进、退之品阶,即四考中中进一阶,有一中上进一阶,有一上下进二阶等等,就是注拟时的官资。然后,按其官资,注拟与之相当之官职,就叫量资注官。一般来说,注拟时是按循资格"自下而上,限年蹑级,不得逾越"的规定授官的。在正常情况下,注拟不得超资逾越。但若有特殊情况,可超资甚至隔品注拟。若有过犯,就要降资注拟。如果铨司超资注拟不当,是要受处罚的。如文宗大和二年(828),吏部三铨超资注拟六十七人,被都省驳下,文宗降旨,判尚书铨的吏部尚书郑絪、权判西铨的工部侍郎丁公著各罚一季俸,东铨超资人数较少,吏部侍郎杨嗣复罚两月俸(《唐会要》卷七十四《掌选善恶》)。五代时,超资注拟就比较多而乱了。如《册府元龟》卷六三三《铨选部·条制五》载后唐末帝清泰二年(935)四月:

> 中书门下以吏部三铨注拟大违条格,帖门下省诘,录事强知谦云:"天成三年已前,许超折一资至两资或三资者,不过三两人。天成三年后不许超折。今铨注拟选人,有自超一资至五资,亦有三两人超六资、七资、八资者。"

注拟除以"三实"为标准、以量资为原则外,还要以员阙为核心。实际上,吏部铨选的一切工作都是围绕着员阙这一中心而进行的。《唐会要》卷七十四《论选事》就说:

> 宝历二年十二月,吏部奏:伏以吏部每年集人,及定留放,至于注拟,皆约阙员。

可见每年吏部颁布选格,要计划冬集多少人;南曹磨勘,需要留放多少人;以及铨司试判取舍多少人和注拟多少人,都是围绕着阙员数而开展的。阙员多,一切工作就宽松一些;阙员少,相对而言,一切就都严苛起来了。

阙员数先由各州府、道申报,然后由格式司汇综起来提供给铨司注拟。如果地方不申报,铨司就无阙可注。如《册府元龟》卷六三一《铨选部·条制三》载:

> (元和)十四年三月,吏部奏请用郓、曹、濮等一十二州州县官员阙。先是,淄青不申阙员,至是,叛将李师道诛,始用阙焉。

安史之乱后,淄青平卢一带一直是藩镇割据,节度使多由军阀世袭,他们所辖州县官员也由他们自己任命。至元和十四年(819)二月九日,节度使李师道被部下所诛,淄青平卢十二州也就收回中央了,吏部才能奏请据阙注官。

有时,各地节度使只申报一部分员阙,大部分官员仍派自己的亲信假摄。如《唐会要》卷七十五《杂处置》载:

（元和）七年十二月，魏博奏：管内州县官二百五十三员，内一百六十三员见差假摄，九十员请有司注拟。

时魏博节度使田季安卒，田兴即任，以魏博六州归顺朝廷，故请吏部铨注九十员官阙。

除各地节度使以假摄为名占用一部分员阙外，有时宰相也会利用职权，留着好官阙不放，准备走后门。如《册府元龟》卷六三二《铨选部·条制四》就载有后唐明宗天成二年（927）十二月中书门下条流诸道选人的奏文，说：

三铨注拟，自有常规，从前或有宰臣占着好州县员阙，不令铨曹注授。今年，应是员阙，并送铨曹。

判成选人无缺可注的现象，在唐五代是经常发生的，在吏治紊乱的时代有时竟逆用员阙。如《旧唐书》卷一八五《良吏下·李尚隐传》载中宗景龙时，"中书侍郎知吏部选事崔湜，及吏部侍郎郑愔同时典选，倾附势要，逆用三年员阙，士庶嗟怨"。三年后才考满罢职而离任的官位，现在就已被注拟，令其候任，可想见铨选之滥。五代时，这一情形更多。《册府元龟》卷六三三《铨选部·条制五》载后唐末帝清泰二年三月工部尚书权判吏部尚书铨崔居俭奏："今年选人内八十三人无阙注拟，词诉纷纭。……请下格式，取四月后合用员阙发遣。"

有时官员尚未离职，选人就已经盯上这一缺位要求注拟。《大唐新语》卷十一《惩戒》就讲了这样一件事：

> 刘思立任考功员外,子宪为河南尉。思立今日亡,明日选人有索宪阙者。吏部侍郎马载深咨嗟,以为名教所不容,乃书其无行,注名籍。……其人比出选门,为众目所视,众口所讦,亦趑趄而失步矣。

古代实行丁忧守孝制,父死子守制三年。所以刘思立死的第二天,就有选人到吏部要求注拟其子刘宪的河南县尉阙,令吏部侍郎马载大为愤慨,这位选人也遭众人鄙视。

总之,吏部三铨以"三实"为标准,以量资为原则,以员阙为依据,在全面考察选人各方面条件的情况下开始分铨注拟,即不仅选人分为三组,而且员阙也分作三组。这一分阙的工作是由南曹具体拟定的。《册府元龟》卷六三八《铨选部·谬滥》载:

> 令狐峘大历中为刑部员外判吏部南曹,时刘晏为尚书,杨炎为侍郎。峘以晏举,分阙必择其善者与晏,而以恶者与炎。

据《旧唐书》卷一四九《令狐峘传》载,令狐峘是刘晏举荐为权判吏部南曹事的,他为感激刘晏举荐之恩,在分阙时就将好阙分在尚书铨名下,而将不好的阙分在与刘晏不和的吏部侍郎杨炎所掌铨名下。

三铨注拟时,必须当着选人的面唱名注示,拟官时要征求选人的意见。若选人以为所注官缺与自己的官资不相当,或以为不方便,注拟之官自己不满意,可于三日内写出退官报告。三日后,再参加第二次的注拟唱名。若第二次也不伏,又可在三日内具状退官,再参加第三次的注拟唱名。若第三次还不满意,就不再注拟,可听任其今年冬集,明春注官(一般注拟在第二年春)。只不过不再由南曹磨勘、吏部试判,以上一年的旧判为准直接参加注拟就行了。这就是所谓的"三注三唱"。《通典》卷十五《选举三》载:

> 凡选,始集而试,观其书判;已试而铨,察其身言;已铨而注,询其便利而拟其官。已注而唱示之,不厌者得反通其辞,他日,更其官而告之如初。又不厌者亦如之。三唱而不服,听冬集。

《唐六典》卷二《尚书吏部》也说:

> 凡注官皆对面唱示,若官资未相当及以为非便者,听至三注。三注不伏注,至冬,检旧判注拟。

所谓"询其便利",就是征求选人愿到何处去任职。《唐会要》卷七十四《掌选善恶》就讲到贞观年间唐皎为吏部侍郎时有意刁难选人的情形说:

> (贞观)八年十一月,唐皎除吏部侍郎,尝引人铨问何方便稳。或云,其家在蜀,乃注与吴。复有云,亲老先任江南,即唱之陇右。论者莫能测其意。

《封氏闻见记》卷三《铨曹》也讲到此事,并说:"有一信都人心希河朔,恩给曰:愿得淮泗。即注漳滏间一尉。由是大为选人作法,取之往往有情愿者。"

三注三唱时,选人都必须到,无故而三次都不到者,以自动放弃论,不再重注。一般来说,每次注拟唱名后的第二天要出榜告示,不伏者具状退官。这样每注为三天,三注共九天。但到五代后周时却改为五天,即第一注、第二注各两天,第三注只一天。显德五年闰七月,吏部流内铨状申现行条件公事云:

> 铨司自前注拟诸色选人,准格三注。每一注内有不伏官者,限三日内具状通退,三注共九日者。铨司自今后,第一、第二注榜出后,各限次日内具通官不伏文状,便具姓名落下。第三注毕日开铨,不在开通官之限。三注共五日。

铨司于第三注结束后就可以开铨了。后周显德五年规定第三注的次日开铨,而在此之前,一直是第三注的三天后开铨。开铨意谓着铨司的铨试与注拟工作基本结束,铨内的工作人员可以与外人接触了。

开铨一般在正月内。《旧唐书》卷八《玄宗纪上》载开元二十年(732)二月己未敕云:

> 文武选人,承前例三月三十日为例,然开选门,比团甲进官至夏末。自今已后,选门并正月内开,团甲二月内讫。

"开选门",就是开铨。玄宗的这一敕令乃是根据裴光庭的奏请而颁布的,但第二年六月,由于萧嵩的奏请,就又恢复了以三月三十日团甲毕的旧例。故敕文"承前例"云云,当是"承前例三月三十日始毕"之讹。然开铨在正月内却成为定制。如《唐会要》卷七十四《论选事》就载开成二年（837）四月，中书门下奏请订立长定格时说：
"正月内，铨门开，永为定例。"

（八）送省过官　旨赐告身

开铨后，三铨各将自己的注拟名册按类整理好，上报都省，由尚书左右仆射审查。这叫"送省"。但在送省之前，由吏部侍郎掌管的中铨（西铨）、东铨先送吏部尚书过目，吏部尚书批准后并签名盖章，然后再送省。名义上，送省之注拟簿由尚书左右仆射覆核，而实际上却由尚书左右丞具体审查，因仆射一职，多由年老而德高位崇官员担任，自开元以后，只示崇宠，实不厘事，故都省事由尚书左右丞通判，三铨所上注拟簿亦由尚书左右丞审核。如《旧唐书》卷一五七《韦弘景传》载："岁满，征拜尚书左丞，驳吏部授官不当者六十人。"尚书左右丞审核后，仍由左右仆射批复画押。若认为三铨所注官合理，便批曰："可。"若不合理，便批曰："官不当。"驳下后由三铨重新注拟改正。被都省驳落最典型的事例就是文宗大和二年吏部三铨超资注拟案。《唐会要》卷七十四《掌选善恶》载：

> 太和二年三月，都省奏："落下吏部三铨注今春二月旨甲内超资官洪师敏等六十七人。"……时尚书左丞韦宏景，以吏部注拟多不守文，选人中侥幸者众，纠案其事，落下甲敕。

时吏部尚书和二侍郎都因此事而受罚。

尚书仆射批复画押后，再上报门下省。到门下省后，由给事中读，门下侍郎省察，侍中审定，这叫"过官"。"过官"是选人授官的最后一道关口。若门下省认为所注之官合适，就由侍中批曰"可"，若不合适,就批曰"官不当"。一如尚书仆射那样。门下省驳下后,三铨也要重新改注,改注后再上报门下省审批,若门下省仍认为"官不当",再驳下,再改注,再上报,如此往复,最多不过三次,这叫"三过",也叫"三引"。三引不过者,就不再改注重拟了。《唐会要》卷七十五《杂处置》载:

> 圣历元年二月二十二日敕:选人无故三试、三注唱不到者,不在铨试、重注之例。其过门下,三引不过者,亦不在重注之限。

然而,门下省驳下后,如果三铨认为自己所注拟官职是正确的,也可以不改注,仍原样上报并说明理由即可。

侍中批复"可"后,也要画押签名盖章,选人才算过了官。

《唐会要》卷七十四《掌选善恶》载有一则门下省驳落选人的故事,云:

> (开元)十八年,苏晋为吏部侍郎,而侍郎(按,当为"侍中"之讹)裴光庭每过官应批退者,但对众披簿,以朱笔点头而已。晋遂榜选院云:"门下点头者,更引注拟。"光庭以为侮己,不悦。
>
> 时有门下主事阎麟之,为光庭心腹,专知吏部过官。每麟之裁定,光庭随口下笔,时人语曰:"麟之手,光庭口!"

时任门下省侍中的裴光庭,为图省事,对过官批退的选人,不在其名下批复"官不当"三字,而却用红笔在其姓名前点一下。待驳下后,吏部侍郎苏晋就在选院门前出榜说:"被门下省用红笔点了头的选人,要重新注拟。"由此可见,侍中批复"可"或"官不当",用的是红笔,而非墨笔。另外,驳下后,改注时,仍要选人在场,征求意见。裴光庭将吏部选人的过官之事,专委门下主事阎麟之裁定,这不仅不负责任,也是对选人的大不敬。他用红笔点选人头,就更不应该了,这与犯死罪者无异。

对门下过官一事极不负责、形同儿戏者,莫过于杨国忠的所作所为了。《资治通鉴》卷二一六载:

> 故事,兵、吏部尚书知政事者,选事悉委侍郎以下。三注三唱,仍过门下省审,自春至夏,其事乃毕。及杨国忠以宰相领文部尚书,欲自示精敏,乃遣令史先于私第密定名阙。
>
> (天宝)十二载春正月壬戌,国忠召左相(按,即侍中)陈希烈及给事中、诸司长官皆集尚书都堂,唱注选人,一日而毕,曰:"今左相、给事中俱在座,已过门下矣。"其间资格差缪甚众,无敢言者。于是门下不复过官,侍郎但掌试判而已。侍郎韦见素、张倚趋走门庭,与主事无异。

按,《通鉴》谓"自春至夏,其事乃毕",不确。唐代的整个铨选工作不得超过三月三十日。故三铨上报门下省,门下省过官,时间都是限定好了的。五代后周显德五年闰七月,吏部流内铨状申现行条件公事中就说:

> 准格,铨司送省,逐年二月二十五日送门下省毕,三月十五日过官毕。

这就是说,铨司于正月内开铨后,将注拟簿编类送省,由尚书仆射批复,然后再送门下省去审定,这一工作大约要费时一个月,最迟不得超过二月二十五日,门下省过官约二十天左右,最迟不得超过三月十五日。这虽是后周的作法,想必唐代也差不多。

门下省过官后,吏部格式郎中就负责按类编组,大约三十人为一甲,这叫"团甲";然后奏请皇帝旨示,这叫"团奏";皇帝下旨画"闻"而授官,这叫"奏受",亦曰"旨授"。吏部授官时要给官符,即告身。文武百官及命妇都有告身。《唐会要》卷七十五《杂处置》载:

> (天宝)十三载三月二十八日敕:旨授官取蜀郡大麻纸一张写告身。

按,唐代麻纸一般是写诏令的。凡赦书、德音、立后,建储、拜免三公将相等大事,皆用白麻;一般诏书用黄麻。以后,翰林院所出制诏,多用白麻,而中书诏令,则多为黄麻。天宝十三载(754)敕六品以下旨授官用蜀郡大麻纸,当是黄麻。在此之前,即初唐和开元年间,六品以下旨授官是否也用黄麻写告身,可存疑。但中唐以后,却用绫纸了。《唐会要》同卷载:

> (元和)八年八月,吏部奏:请差定文武官告纸、轴之色物。五品以上,用大花异纹绫纸,紫罗里,檀木轴;六品已下朝官,装写大红绫纸,及小花绫里,檀木轴;命妇邑号,许用五色笺,小花诸杂色锦褙,红牙、碧牙轴。

告身所用绫纸、裱轴原是自费的。如《册府元龟》卷六三六《铨选部·考课二》载大中六年(852)七月考功奏:"自今以后,校考敕下,其得殊考及上考人,省司便据人数一时与修写考牒,请准吏部告身及礼部春关牒,每人各出钱收赎。"由是知吏部告身是要收费的。但到五代时却变成了官给。《册府元龟》卷六三二《铨选部·条制四》载后唐明宗天成四年(929)十二月(按,应为十一月)戊戌敕:

> 其自陈状乞除官者所赐告身,并系特恩,虽旧例令本官自出价钱,虑不迨者稍难送纳,兼知本司人吏以此为名,接便更致邀颉(按,即"要挟"),于官估绫罗纸价外,广索价数,力及者随时应付,缺乏者须至淹延。今后应是官告,除准宣官破外,其伏乞除官,并追封、追赠、叙封、进封官告,及举人冬集绫罗纸、裱轴、锦袋等,宜令并与官破。仍勒令随色样尺寸如法装修,疾速书写,印署进纳。

官告原是自费的,五代时,贪贿公行,有司以此要挟,勒索加价,使贫寒者无力应付,于是就由朝廷"官破"了。以后又有人想恢复旧制自费,但未成。《册府元龟》卷六三三《铨选部·条制五》载后唐末帝清泰二年(935)七月御史中丞卢损奏:"准天成元年七月及四年十一月敕:应中外官除授,不计品秩,一例宣赐告身。请依旧制:合赐外,各令自出绫纸。"但皇帝的批复却是:"诸色官告、举人春关冬集绫纸、闻喜、关宴,所赐钱并依旧官给。"

告身用绫纸、裱轴如何"随色样尺寸如法装修",唐无文献可考。《宋史》卷一六三《职官志三》记载有宋徽宗大观(1107—1110)初年的官告之制,可作唐代官告之制的参考。谓凡文武官绫纸五

种,分十二等,前三种八等为五品以上官员的告身,后两种四等为内外六品以下官员的告身。现将后两种四等摘录如下:

> 中绫纸二等:一等七张,中锦裱,中牙轴,青带。诸司员外郎、朝请、朝散、朝奉郎(略),用之。一等六张,中锦裱。中牙轴,青带。奉议郎、太常博士、两赤县令(略),用之。
> 小绫纸二等:一等五张,黄花锦裱,角轴,青带。校书郎、正字(略),用之。一等五张,黄花锦裱,次等角轴,青带。幕职、州县官(略),用之。

由于官阶官职的等级不同,其绫纸、裱、轴、色带的质量、颜色也就不同,甚至绫纸的张数也不同。

唐代告身的书写格式,六品以下者无存。清王昶《金石萃编》卷一〇二收有《颜鲁公书朱巨川告身》二通,乃五品朝参官告身。此告身装修本高一尺二寸,为颜真卿所书,正楷。现录其一,以作六品以下旨授官告身之参考。

> 告　朝议郎守中书舍人朱巨川,奉敕如右,符到奉行。
> 建中三年六月十六日下。

正文前有侍中、门下侍郎、给事中、吏部尚书、侍郎、尚书左丞等签名,后有吏部郎中、主事、令史、书令史签名。

告身一般由吏部郎中掌管,令史分发,书令史书写。写好后,由吏部郎中用印,印文为"尚书吏部告身之印"。选人拿到告身后,先要到殿廷谢恩,后来因为人数太多,就改由某些官如县令、录事参军等面谢,谢恩后就可走马赴任。赴任是有程限的,无故延期迟到者要受罚。

告身分发后,吏部就可将所有授官人的档案归类存库。一般来说,档案材料和团奏一样,三十人为一甲,每甲一式三份,分存于吏部、中书省、门下省的甲库内,以便再次铨选时检勘。柳宗元《送宁国范明府诗序》载:

> 近制凡得仕于王者,岁登名于吏部,吏部则必参其等例,分而合之,率三十人以为曹,谓之甲。名书为三:其一藏之有司,其二藏之中书洎门下。(《全唐文》卷五七七)

这一工作必须在三月三十日以前完毕。后周显德五年闰七月,吏部流内铨状申现行条件公事中就说:"三月三十日进黄移省毕。"所谓"进黄移省",就是将选人授官情况即档案誊录在黄麻纸上,这叫作"黄甲"、"甲历",然后分送于门下省、中书省入库。至此,吏部的铨选工作全部完毕。

然而,紧接着格式司又开始修写来年的选格,以便五月颁下,这预示着下一届的铨选机制又将要开始运转了。

总之,唐代铨选始于贞观,经高宗时裴行俭、李敬玄、张仁祎设长名、铨历等程式,方趋于成熟,至开元十八年,裴光庭创立"循资格",才渐渐完善起来,洎中唐就定型而全盛,晚唐五代时,开始演变而衰落。

第六章　册授及其他

一、册授　制授　敕授

唐代的内外文武百官,其授官形式有四种,即册授、制授、敕授和旨授。三品以上官员是册授,五品以上官员是制授,六品以下的朝参官、供奉官是敕授,六品以下的一般京官和地方官是旨授。册授、制授、敕授官都不属于吏部铨选的范畴,由中书门下承诏而授,只有旨授官才参加铨选。

册授三品以上官员,又分两种情况:诸王及职事官二品以上、文武散官一品,是临轩册授;职事官正三品、散官二品以上及在京的都督、都护、上州刺史,是朝堂册授。《通典》卷十九《职官一》载:

> 显庆元年初制:拜三师、三公、亲王、尚书令、雍州牧、开府仪同三司、骠骑大将军、左右仆射,并临轩册授。太子三少、侍中、中书令、诸曹尚书、诸卫大将军、特进、镇军、辅国大将军、光禄大夫、太子詹事、太常卿、都督及上州刺史在京者,朝堂受册。

册用竹简，书用漆。册书一般由文采高的学士撰写，如高宗时的一些册书多由上官仪撰写。临轩册授，礼仪隆重。皇帝穿衮冕之服，百官皆朝服，各有其位。侍中奉礼主持，中书令宣读册书，若侍中、中书令有缺，由宰相代摄。进、退、引、拜，皆有仪式，还要奏乐。朝堂册授，规格略低，仪式大体如前，只是由通事舍人奉礼，中书舍人读册而已。

后来，临轩册命只用于三公。然自中宗神龙以来，此礼久废，只在天宝十三载(754)二月，临轩册命杨国忠为司空时用过一次。之后，再也没有举行过。至大历十四年(779)闰五月，德宗于宣政殿临轩册拜郭子仪为尚父兼太尉时，才又恢复了册礼。这之后，德宗册拜李晟为太尉、马燧为司徒时也都举行过册礼。《旧唐书》卷一二九《张延赏传》载：

> 及册晟太尉，故事，临轩册拜三公，中书令读册，侍中奉礼，如阙，即以宰相摄之。延赏欲轻其礼，始令兵部尚书崔汉衡摄中书令读册，时议非之。

三品以下、五品以上官是制授，即由皇帝下制而授官。《通典》卷十五《选举三》载："五品以上，不试，列名于中书门下，听制敕处分。"五品以上官为什么不参加考试，洋州刺史赵匡在《举选议》中说：

> 旧法，四品、五品官不复试判者，以其历任既久，经试固多，且官班已崇，人所知识，不可复为伪滥耳。

所谓"旧法"，是唐代一直通行之法。五品以上官进名于中书门下

后,中书门下根据其乡贯、历任、考课、官讳等等编为"具员簿"。《唐会要》卷五十四《中书省》载:

> 至建中三年闰正月十八日,中书门下奏:准贞观故事,京常参官及外官五品以上,每有除拜,中书门下皆立簿书,谓之"具员",取其年课,以为迁授,此国之大经也。自艰难以来,此法遂废,垂将三十载。伏望自大历十四年已来,量署具员,据前资、见任员,量与改转。

《旧唐书》卷十二《德宗纪上》也载,是年闰正月"辛丑,复置具员簿"。《唐会要》同卷又载:

> 长庆元年正月制,自今已后,中书门下所有除授,宜依元和二年具员敕处分。

所谓"元和二年具员敕",是指《元和二年南郊赦》文中所说的"复置具员簿以序内外庶官"(《唐大诏令集》卷七十)。此具员簿至是年五月始制定出来。《册府元龟》卷六三一《铨选部·条制三》载:

> (元和二年)五月,中书门下举奏:正月赦文令于中书置具员簿,以序内外庶官。爰自近年,因循遂废,清源正本,莫急于斯。令京常参官及外官五品已上前资、见任,起元和二年量定考数,置具员簿。

奏文中对各类制授官的考数作了具体的规定。这一规定是宰相李吉甫制定的。《新唐书·选举志下》载：

> 宪宗时，宰相李吉甫定考迁之格：诸州刺史、次赤府少尹、次赤令、诸陵令、五府司马、上州以上上佐、东宫官詹事谕德以下、王府官四品以上皆五考。侍御史十三月，殿中侍御史十八月，监察御史二十五月。三省官、诸道敕补、检校五品以上及台省官皆三考，余官四考，文武官四品以下五考。

该书卷一四六《李吉甫传》也说他元和二年(807)擢为中书门下平章事，"自王叔文时选任猥冒，吉甫如簿其员，人得叙进，官无留才"。由此可见，所谓"具员簿"，就是五品以上官缺应具人员的簿册。"具员簿"的关键是某官改转的考数，也就是奏文中一再提到的"取其年课"、"量定考数"。某官考数已满，中书门下就可据以改转除授，而且什么官应迁转为什么官一般也都是有规定的，当然，是以视缺员有无而定。故"具员簿"是中书门下除授的依据，是皇帝制授的参考。《册府元龟》卷六三一《铨选部·条制三》就载开成元年(836)二月中书门下的上奏云：

> 起今后，请据旧章，刺史及五品已上官，在外应受替去任，非有征召未得到京，宜委所在州府每两月一度申中书门下，其初状仍具前任政绩、受代月日，中书门下准前置"具名"，量才除授。

《资治通鉴》卷二四八亦载有宣宗大中二年(848)二月一事，云：

上欲知百官名数，令狐绚曰："六品已下，官卑数多，皆吏部注拟；五品以上，则政府制授，各有籍，命曰'具员'。"上命宰相作《具员御览》五卷，上之，常置于案上。

六品以下敕授官，是指守五品以上职事官者。所谓"守"，是指散官品阶低于职事官阶，若散官品阶高于职事官阶，则曰"行"。守五品以上职事官，就是散官衔在六品以下而所任官职在五品以上。如元和十五年（820）十二月，白居易除主客郎中，元稹在其制书中称："朝议郎行尚书司门员外郎白居易，……可守尚书主客郎中知制诰，余如故。"（《全唐文》卷六四八）朝议郎为散官正六品上、主客郎中，从五品上，职官高于散品衔，故曰守。

六品以下的常参官、供奉官，也属敕授范围。如各司员外郎、侍御史、殿中侍御史、监察御史、补阙、拾遗、太常博士及带学士衔者。《大唐新语》卷十《厘革》载：

隋制，员外郎、监察御史亦吏部注，诰词即尚书、侍郎为与之。自贞观已后，员外郎尽制授。则天朝，御史始制授。

然《唐会要》卷七十五《杂处置》却载：

（开元）四年六月十九日敕：六品以下官，令所司补授。员外郎、御史，并余供奉，宜进名授敕。

《资治通鉴》卷二一一也载：

旧制,六品以下官皆委尚书省奏拟,是岁(按,指开元四年),始制员外郎、御史、起居、遗、补不拟。

所谓"尚书省奏拟",就是由尚书吏部奏受注拟。那么,六品以下常参官、供奉官到底何时始敕授的,二说不同。不过,《唐会要》卷六十《监察御史》载有这样一段话:

杜易简《御史台杂注》云:监察御史,自永徽以后,多是敕授,虽有吏部注拟,门下过覆,大半不成。至龙朔中,李义府掌选,宠任既崇,始注得御史。李义府败,无吏部注者。员外、左右通事舍人等亦然。

由是知,自高宗以来,员外郎、御史等开始敕授,但并不固定,有时吏部也注拟。至开元四年(716)才形成制度,不再由吏部注拟,正式归中书门下奉敕而授。《唐会要》卷六十附苏冕评议就说:

员外郎、御史、并供奉官,进名敕授,是开元四年六月十九日敕。杜易简著《杂注》以后,犹四十年为吏曹注拟矣。

能被敕授,有两种途径,一是制举考试登科者。如元和元年(806)元稹应制举"才识兼茂明于体用科",以次三等敕头被授予左拾遗。二是经举荐。被举荐者,可以是现任官,也可以是前资官。《唐会要》卷五十三《杂录》载:

(长安)五年,则天尝令宰臣,各举为员外郎者,凤阁侍郎韦嗣立荐岑羲。

又，至德二载（757）杜甫、裴荐等举岑参为右补阙（《杜诗详注》卷二十五《为补遗荐岑参状》）。

五品以上官制授的制书和六品以下官敕授的敕文，都是由担任知制诰的中书舍人起草的，有时也由兼知制诰的其他官员起草。先是，宰相根据具员簿或举荐状，将应授官员姓名及所授官职交给担任知制诰的中书舍人或兼知制诰的他官起草制敕书。制敕书起草好后，由中书侍郎过目，然后交门下省审议。所以有些制敕书在开头往往有"门下"二字。门下省主要由给事中审核，如所授不当，给事中可以驳还；如无不当，再由门下侍郎过目。最后由宰相奏闻皇帝，皇帝批准画"可"后，由中书门下颁发告身。

在制敕书的起草过程中，有一个人值得一提，这就是元稹，他改革了制书的内容与形式。白居易在《余思未尽加为六韵重寄微之》诗中就写道："制从长庆辞高古，诗到元和体变新。"并注曰："微之长庆初知制诰，文格高古，始变俗体，继者效之也。"（《白居易集》卷二十三）白居易诗中所说的"制"，内容是比较多的，授官制书只不过是其中的一类。元稹是元和十五年五月迁为祠部郎中、知制诰的。此时，他已经开始了对制书内容的改革。白居易在《元稹除中书舍人翰林学士赐紫金鱼袋制》中就说：

> 尚书祠部郎中、知制诰、赐绯鱼袋元稹，去年夏，拔自祠曹员外，试知制诰，而能芟繁词，划弊句，使吾文章言语，与三代同风。引之而成纶綍，垂之而为典训，凡秉笔者，莫敢与汝争能。是用命尔为中书舍人，以司诏令。（《白居易集》卷五十）

元稹为中书舍人、翰林学士是在长庆元年(821)二月。从此时起,他更是对制诰从内容到形式进行了全面的改革,而创为"新体",与"俗体"即骈文相对。在内容上,务求明确具体,实事求是,对升降者必明示其原因,不模棱两可。在形式上,打破骈四俪六的对偶句式,引进单句散行的古文形式。语言上删繁刈艳,力求明白晓畅,古朴简洁。如《授白居易尚书主客郎中知制诰制》、《授论倚忻州刺史制》、《王迪贬永州司马制》等,就写的赏罚分明,褒贬有因,且纯用散体,古朴简明。《旧唐书》本传云:"辞诰所出,夐然与古为侔。"《新唐书》本传也说:"变诏书体,务纯厚明切。"元稹死后,白居易在为他所作的《河南元公墓志铭》中曾给予了高度的评价:

> 制诰,王言也。近代相沿,多失于巧俗。自公下笔,俗一变至于雅,三变至于典谟,时谓得人。(《白居易集》卷七十)

朝廷制书,自东汉以来,一直是骈文的一统天下。韩愈、柳宗元在他们所创作的各类文体中,以古文进行写作,从而改变了一代文风。影响所及,传奇小说也取得了令人注目的成就,显示了古文运动的实绩。但在制诰领域中,却是个空白,仍以骈文为主。可以说制诰公文,成了骈文体最顽固的堡垒,最后的据点。元稹制诰的改革,创立"新体",为唐代古文运动取得最后的完全的彻底的胜利作出了贡献。至此,古文才算是占领了文坛的一切阵地。

继元稹之后,白居易也写了大量的古文散体制诰。在他的制书中,分为"旧体"、"新体"两种,而"新体"远比"旧体"多,且多写于他为中书舍人知制诰时,明显地含有继元稹之后将制诰改革进行到底的意思。

二、东选　南选　非时选

　　唐以长安为西京,亦称作京师、上都,以洛阳为东都。所谓东选,就是在东都洛阳置选。《新唐书》卷四十五《选举志下》载:

> 太宗时,以岁旱谷贵,东人选者集于洛州,谓之"东选"。

《唐会要》卷七十五《东都选》谓东选始于贞观元年(627),云:

> 贞观元年,京师米贵,始分人于洛州置选。

东选与南选不一样,它是临时性的权宜之制。因贞观元年,关中岁旱米贵,于是将洛州以东的人集中在洛阳进行铨选,以西的人仍在长安铨选,以减轻长安的经济负担。自此以后,就开始有了东选。但有唐一代,在东都洛阳置选次数并不多。《册府元龟》卷六二九《铨选部·总序》载:

> 至开耀元年,以关外道理迢递,河洛之邑,天下之中,始诏东西二曹两都分简,留放即毕,同赴京师,谓之"东选"。

但并未长久进行下去。之后,开元元年(713)、元和二年(807)、大和二年(828)均有东都之选。《唐会要》卷七十五《东都选》载:

开元元年十二月，遣黄门监魏知古、黄门侍郎卢怀慎往东都分知选事，便令拟（按，"拟"字衍）宋璟为东都留守，摄门监（按，"监"为"下"字之讹）过官。

元和二年九月诏，东都留守赵宗儒，权知吏部，令掌东都选事，铨试毕日停。

太和二年九月敕：吏部今年东都选事，宜令河南尹王播权知侍郎，铨试毕日停。

贞元年间，也曾举行过东选，像欧阳詹、孟郊就都到洛阳参加过铨选。当然，高宗、武则天、玄宗在洛阳时，选举之事也就随之而在东都举行了。

所谓"南选"，《通典》卷十五《选举三》载：

其黔中、岭南、闽中郡县之官，不由吏部，以京官五品以上一人充使就补，御史一人监之，四岁一往，谓之"南选"。

而《唐六典》卷二《尚书吏部》、《旧唐书》卷四十三《职官志二》皆谓："其岭南、黔中，三年一置选补使，号为'南选'。"到底是四年，还是三年，说法不同。

南选始于高宗上元三年（676），时规定四年一置。《唐会要》卷七十五《南选》载：

上元三年八月七日敕：桂、广、交、黔等州都督府，比来所奏拟士人首领任官，简择未甚得所。自今已后，宜准旧制，四年一度，差强明清正五品已上官，充使选补，仍令御史同往注拟。

《旧唐书》卷五《高宗纪下》、《资治通鉴》卷二〇二也都载上元三年八月壬寅置南选使。《通鉴》还说："自今每四年遣五品以上清正官充使。"但《新唐书》卷四十五《选举志下》却以为是上元二年(675)，当误。

看来，南选起初是四年一置，开元以后，就改为三年一置了。如权德舆《送主客仲员外充黔中选补使序》云："选部每岁以四才三实铨署群吏，每三岁则有诏以诸曹郎分命南辕，调其任次。"(《全唐文》卷四九一)主客仲员外为仲子陵，时在贞元年间，知贞元年间南选还是三年一置。但到元和年间，又变为五年一置了。《册府元龟》卷六三一《铨选部·条制三》载：

> （开成）四年正月，吏部奏：岭南五管及黔中道选补，准元和十年九月二十九日格，五年一集，至选前一年，南曹先牒五管等道，催索文解。

由是知，自元和十年(815)后到晚唐，是五年一置南选，而且经常权停。

起初，选补使为五品以上清正官，多为诸曹郎中，所监之御史为殿中侍御史。如《唐会要》卷七十五《南选》载兴元元年(784)十一月，"岭南选补使右司郎中独孤恼奏"云云。又，王维有《哭孟浩然》诗，题下有原注："时为殿中侍御史，知南选，至襄阳作。"(赵殿成《王右丞集笺注》卷十三)而后，渐渐地选补使降为诸司员外郎，相应地御史也降为监察御史了。如《唐会要》卷七十五《南选》载：

> 元和二年八月，命职方员外郎王洁，充岭南选补使，监察御

史崔元方监焉。

南选所在地设在桂州。《唐会要》同卷载开元八年（720）八月敕:
"其岭南选补使,仍移桂州安置。"

南选的程序如同吏部铨选一样,也要有选解、出身、由历等文书,南曹也得磨勘,只不过选人不到京师,而由岭南州府派专人送省,时间提前而已。如《唐会要》卷七十五《南选》载:

> 开元八年八月敕:岭南及黔中参选,吏曹各文解,每限五月三十日到省,八月三十日检勘便了。选使及选人,限十月三十日到选所,正月三十日内铨注使毕。

《唐会要》同卷又载是年九月,玄宗又下敕对南选程序作了具体规定:凡参加南选的选人,不再是一人一个选解,而是每一个州、府只写一个选解,也就是说将本州、府应选人统写在一个选解上,然后,将出身或由历、选数、考第等,由岭南、黔中管府审察后装订成簿书,连同选解,于五月三十日前送交尚书省,由吏部南曹进行检勘,限八月三十日以前检勘毕。再经选补使与吏部对勘审定,定其品阶,量其官资。由吏部加盖印章后交付选补使。选补使与选人必须于十月三十日内到达选所桂林,然后量资注拟,限正月三十日注拟毕。选补使将注拟官衔名单,差人送交吏部团奏,吏部便凭此进画写告身,这一切要在六十天内完成。之后,吏部差专使将告身送往岭南、黔中管所,岭南、黔中管所再派人送往选人所在州府,发给本人。后来五年一置南选时,就提前一年,由南曹下文向岭南五管催索文簿选解。

南选主要是针对岭南当地的和长期居住在这一带的选人的，以减少他们因赴京参选，路途遥远，经费困难之虞。除南选外，吏部铨选时，有时也注拟一些岭南官，一般多是内地人，他们不愿去，就请假解职，或从军出征。朝廷对此曾采取了严厉的措施。如《唐会要》卷七十五《杂处置》载：

> 其年(开元四年)七月敕：如闻黔州管内州县官员多阙，吏部补人，多不肯去，成官已后，或假解，或从征。考满得资，更别铨选，自余管蛮獠州，大率亦皆如此。宜令所司，于诸色选人内即召补，并驰驿发遣，至州，令都府勘到日申所司，如有迟违，牒管内都督决六十，追毁告身，更不须与官。

即使如此，选人仍然不肯赴任。正如岭南节度使卢均在开成五年(840)十一月的奏章中所说：

> 每年吏部选授，道途遥远，瘴疠交侵。选人若家事任持，身名真实，孰不自负？无由肯来。更以俸入单微，每岁号为"比远"，若非下司贫弱令史，即是远处无能之流。比及到官，皆有积债；十中无一，肯识廉耻。(同上卷《南选》)

到岭南作官的，除了流外人流贫寒令史，就是远州的无能之辈，他们千里迢迢、负债累累而来，到任后能不大捞一把吗？可想而知，他们治理此地会有什么结果。也正因为如此，朝廷就只好派左降官了，所以贬官到岭南者，算是左降官中惩罚最重的了。沈佺期、宋之问、王昌龄、刘长卿、李嘉祐等诗人也都曾贬官到岭南过。

安史之乱后，因为战争、水旱等，曾在江淮等地派遣过选补使，如至德二年（757）十一月，诏宰相崔涣巡抚江南，补授官吏。谓江淮选补使。"时未复京师，举选路绝，诏涣充江淮宣谕选补使，以收遗逸。惑以听受，为下吏所鬻，滥进者非一，以不称职闻"（《旧唐书》卷一〇八《崔涣传》）。宝应元年（762），诏李岘为江淮选补使。"代宗即位，征岘为荆南节度、江陵尹，知江淮选补使"（同上卷一一二《李岘传》）。德宗兴元元年（784），敕吏部侍郎刘滋往洪州知南选。"时京师寇盗之后，天下蝗旱，谷价翔贵，选人不能赴调，乃命滋江南典选，以便江、岭之人，时称举职"（同上卷一三六《刘滋传》）。江淮补选，废置不常，不过数次而已。

吏部除正常铨选外，还有非时选。所谓非时选，就是不受吏部选限时间即每年十月至次年三月限制的铨选。近似于唐初刘林甫奏请四时听选，随到随注拟。不过，必须凑够一定人数时才引试注拟。《封氏闻见记》卷三《铨曹》载唐贞观初四时听选时说："吏部候人数满百或二百，即引试，量书判注拟。"非时选也当如此，但不一定非凑够一百、二百。总之，非时选的选人，等候时间不能超过一百天。"一百日内注拟毕"（《唐六典》卷二）。在一百天内，有多少选人就铨试注拟多少人。

有权参加非时选的选人，有政绩卓著者。如《唐会要》卷七十四《论选事》载：

太和七年五月敕节文：县令、录事参军，如在任绩效明著，兼得上下考及清白状、陟状者，许非时放选，仍优与处分。其余官见任，得上下考，与减三选；如本官两选以下者，同非时人例处分。

有增加户口、添得租税者。如《五代会要》卷二十《县令下》载：

> （后晋天福）八年三月十八日敕：诸道州府令、佐，在任招
> 携户口，比初到任交领数目外，如出得百户以上，量添得租税
> 者，县令加一阶，主簿减一选。……出四百户至五百户以上，及
> 添得租税者，县令加朝散大夫阶，超转官资，罢任后许非时参
> 选，仍录名送中书。

有有功劳而无选可减者。如《唐会要》卷七十五《杂处置》载：

> （宝历）三年正月，山陵使奏：伏以景陵、光陵以来，诸司诸
> 使所差补押当及杂掌官等，皆据旧例，合得减选；其中有无选可
> 减者，便放非时选。

有在任时若雪得冤狱者。《五代会要》卷二十一《选事下》载：

> （后唐长兴）四年五月中书奏：准长兴元年二月二十一日
> 南郊赦书，准长定格，应经学出身人，在任日雪得冤狱，许非时
> 参选，超资注官，仍赐章服。

另外，若遭父母丧，丁忧时间已超过选数，服阕后可放非时选。《册
府元龟》卷六三三《铨选部·条制五》载后唐长兴元年（930）七月：

前兴唐府冠氏县尉杨知万，经中书陈状，称光化三年明
经及第，其后选授官两任。庄宗郊天年于将作监内行
事。……其年丁父忧，至天成二年又丁母忧，去年九月方服
阕。今春欲赴郊天行事，又缘贫困无财可办。……敕旨：杨
知万实曾行事，寻已注官，只为父母转年，恩命遂寝外，别无
违碍。自后相次丁忧，久住京城，诚宜伤悯，宜令铨司点简历
任文书，准非时选人例处分。

三、流外铨　番官　武选

唐时将内外官吏分为流内、流外。《通典》卷十九《职官一》载：

> 隋置九品，品各有从。自四品以下，每品分为上下，凡三十
> 阶，自太师始焉，谓之流内。流内自此始焉。

又说：

> 大唐自流内以上，并因隋制。……又置勋品九品，自诸卫
> 录事及五省令史始焉，谓之流外。流外自此始。

《旧唐书》卷四十二《职官志一》也说：

> 又有流外，自勋品以至九品，以为诸司令史、赞者、典谒、亭
> 长、掌固等品。

俗谓官、吏，就是指流内与流外，凡称官者为流内，称吏者为流外。以后就不那样严格了，凡作官者，统称官吏。

所谓流外铨，就是对流外从事于吏职者的铨选。流外铨，又称之为小铨、小选，由吏部郎中一人掌管。《唐六典》卷二《尚书吏部》载：

> 郎中一人，掌小选。凡未入仕而吏京司者，复分为九品，通谓之行署。其应选之人，以其未入九流，故谓之流外铨，亦谓之小铨。其校试铨注，与流内铨略同。

参加流外铨的是六品以下、九品以上官员之子，以及各州、县的佐吏。如果平头百姓想要参加流外铨，由本州府根据其才能推荐，送尚书省。担任流外职的人必须会书法、计算，并通晓时务。"凡择流外职有三：一曰书，二曰计，三曰时务。其工书、工计者，虽时务非长，亦叙限；三事皆下，则无取焉"（《唐六典》卷二）。《旧唐书》卷四十三《职官志二》则说："三事中，有一优长，则在叙限。"可见，书、计、时务三项中只要有一项特长，就可录取，若三项都不行，就不录取。录取后，分配到各省、台、监、寺担任令史、书令史、府、史、亭长、掌固等，通谓之"行署"。行署的工作是抄抄写写、管钱管粮等具体杂务。

流外人在吏部、兵部、考功司、都省、御史台、中书省、门下省供职，是为"前行"、"要望"，目为"七司"（后又加一礼部，为"前八司"）；在其他部门供职，则为"后行"、"闲司"。流外行署转迁时，若从监、寺等部门进入"七司"者，认为是一种不按正常顺序升迁的超授行为。至武后长安年间，左拾遗毕构就奏请改革：凡流外官先授

"闲司"、"后行",经两考后,才能转入"七司",从此就成了定制。

流外官须经三考也就是在任三年才能转选升迁。《旧唐书》卷四十三《职官志二》说:"每经三考转选,量其才能而进之;不,则从旧任。""三考转选"只是一般情况,具体而言,也是分品级定考数的,《唐六典》卷一《三师三公尚书都省》载:流外官从亭长、掌固"转入府、史,从府、史转入令史","每府、史三考、令史两考听转选,续前劳也"。则亭长、掌固亦当三考转选。而且流外官的转选还要试判。

以上只是流外官内部的转选升迁,流外官入流,要求就高了。

流外入流,唐初很乱,《唐六典》卷一载:

> 初,隋氏革选,令史为流外,得官者少,年限亦深。武德初,天下始定,京师谷价贵,远人不愿仕流外,至调州佐、史及朝集典充选,不获已,相资而往,故促以年考,优其叙次,六、七年有至本司主事及上县尉。

大约到贞观年间,始限定八考以上才可入流。入流后,或授散官,或授职事官。授职事官者必须考第中有六上考。按流外官考第有四等,即上、中、下、下下,若六考以上都是上,或七考有六上,都可入流为职事官;否则,八考满只能授散官。到开元年间,又加以改革,限定十考为满,十考六上可授职事官。

流外官考满入流,也要经过铨试。《册府元龟》卷六二九《铨选部·条制一》载:

> (总章)二年十月敕:司戎诸色考满入选,司列诸色考满入

流人,并兼试一经一史,然后授官。

司戎即兵部,司列即吏部,为高宗龙朔二年(662)二月改名。流外入流试一经一史,和明经即明二经的考试一样,于是有人就编成歌谣进行讽刺。《通典》卷二十二《职官四》载:

> 总章中,诏诸司令史考满合选者,限试一经,时人嗟异,著于谣颂。时阎立本为右相,姜恪为左相。立本无他才识,时以善画称之。恪尝累为将军,立功塞外。是岁京师饥旱,弘文、崇贤、司成三馆学生并放归本贯。当时为之语曰:"左相宣威沙漠,右相驰誉丹青。三馆学生放散,五台令史明经。"

歌谣讽刺以武夫、画家为宰相,是用人不当,用非所长。学生放长假,令史考经书,则悖于事理,不合时宜。

流外官考满入流的铨选工作,以前一直由掌管流外铨的吏部郎中负责,开元二十五年(737),却下敕说吏部郎中铨试完之后,是留是放,由吏部尚书与吏部侍郎确定。

流外官不仅中央各部司有,地方上也有。地方流外官由州府选拔。《唐六典》卷三十《三府督护州县官吏》载:

> 凡州、县及镇仓督,县博士、助教,中、下州市令及县市令,岳渎祝史,并州选,各四周而代。

"四周而代",就是四周年一任。地方流外官也多由勋官充任。

流外官的数目要比流内官多得多,据大和八年(834)吏部疏理各类入仕人的统计,仅中央各司的流外令史、府、史、掌固等,有一千九百七十二员,吏部奏请精减三分之一(《唐会要》卷七十四《吏曹条例》)。流外官多,流外入流也就多。高宗显庆二年(657),黄门侍郎知吏部选事刘祥道上疏说:"每年入流数过一千四百人。"(同上卷《论选事》)至开元十七年(729),国子祭酒杨玚又上言说:"臣窃见流外入仕,诸色出身,每岁尚二千余人,方于明经、进士,多十余倍。"(《登科记考》卷七)唐代员缺少而选人多,选人就得守选,而且守选年限较长;另外,六品以下官吏大多素质不高,人称"猥多",这一切,都与流外入流人多有关。

唐代崇尚出身如同崇尚郡望一样,流外出身者,即使以后做了大官,依然被人瞧不起,自己也自视卑贱,深感羞惭。《资治通鉴》卷一九五载:

> 玄素少为刑部令史,上尝对朝臣问之曰:"卿在隋何官?"对曰:"县尉。"又问:"未为尉时何官?"对曰:"流外。"又问:"何曹?"玄素耻之,出阁殆不能步,色如死灰。谏议大夫褚遂良上疏以为:"君能礼其臣,乃能尽其力。玄素虽出寒微,陛下重其才,擢之三品,翼赞皇储,岂可复对群臣穷其门户!弃宿昔之恩,成一朝之耻,使之郁结于怀,何以责其伏节死义乎!"上曰:"朕亦悔此问,卿疏深会我心。"

时任太子左庶子的张玄素就因为曾作过流外令史,当太宗对着朝臣问其出身时,几乎羞愧到连路都走不成,面如死灰。但也有胸怀豁达,识度超迈,不以为耻者。如曾屡谏高祖的孙伏伽,在隋朝也曾作过流外官大理寺史,而他就敢在广庭大众之中陈说自己的出身往事,一无所隐,并不感到自惭自贱。

流外出身者入流后所选之官是有限定的。武后于神功元年(697)十月三日下敕说:"有从勋官品子、流外国官、参佐亲品等出身者,自今以后,不得任京清要著望等官。"(《唐会要》卷六十七《伎术官》)但流外出身者也有他们的清要官。如封演《封氏闻见记》卷三《铨曹》就载:

> 旧,良酝署丞、门下典仪、大乐署丞,皆流外之任。国初,东皋子王绩始为良酝丞,太宗朝李义府始为典仪,中宗时余从叔希颜始为大乐丞,三官从此并为清流所处。开元中,河东薛据,自恃才名,于吏部参选,请授万年县录事。吏曹不敢注,以咨执政,将许之矣。诸流外共见宰相,诉云:"酝署丞等三官皆流外之职,已被士人夺却,惟有赤县录事是某等清要,今又被进士欲夺,则某等一色之人无措手足矣!"于是遂罢。

光禄寺良酝署丞(正九品下)、门下省典仪(从九品下)、太常寺大乐署丞(从八品下)原为流外出身者入流后之清要官,后陆续为科举士子所夺,时惟有赤县录事(从九品下)是流外出身者的清要官了,开元年间又几乎被进士出身的薛据所夺。

流外入流后之铨选,就随流内铨的那一套程序运转。

唐代还有一种官,叫内外番官。

所谓内外番官,是指中央和地方各政府部门内,初出身只有品阶而无职事的官员,必须服役当差一段时间后才能取得入仕铨选的资格,这一类人,唐人称之为番官。番官流内有,流外也有;既有文官,也有武官。文官是在吏部番上。《唐六典》卷二《尚书吏部》载：

> 凡散官四品已下,九品以上,并于吏部当番上下。

所谓"当番上下",就是服杂役若干次。一上一下为一次,也叫一番。一番四十五天。对所服之役及当番程序,《唐六典》卷二又说：

> 其应当番四十五日。若都省须使人送符,及诸司须使人者,并取兵部、吏部散官上。经两番已上,听简入选;不第者依番,多不过六也。

文散官取自吏部,武散官取自兵部。所干之事多为跑腿送信打杂等等。《旧唐书》卷四十二《职官志一》就说："朝议郎已下,黄衣执笏,于吏部分番上下,承使及亲驱使,甚为猥贱。每当上之时,至有为主事令史守扃钥、执鞭帽者。"这类人只要服役两番即九十天,就可以通过简拔而取得守选的资格,守选期满,即可参加吏部流内铨选。

如果不愿服役,可以纳钱顶替。《新唐书》卷四十六《百官志一》载：

> 自四品,皆番上于吏部。不上者,岁输资钱,三品(按,当是"五品"之误)以上六百,六品以下一千,水、旱、虫、霜减半资。有文艺乐京上者,每州七人;六十不乐简选者,罢输。

这就是说,四品至五品,不愿服役番上者每年交纳六百文;六品以下,每年交纳一千文;遇水、旱等自然灾害,可减半。各州府有文才的散官,愿到中央番上者,每州不得超过七人。六十岁以上不愿简选者,可不交纳资钱。

散官番上两次,始有资格参加简选,简选合格,就定其守选年限;简选不合格,继续番上,直至番上六次为止。满六次就由吏部直接定其守选年限。守选年限仍为一至十二年不等。守选期满,就可参加吏部流内铨选而授官。"一登职事已后,虽官有代满,即不复番上"(《旧唐书》卷四十二《职官志一》)。

番上于兵部者,有武散官,有勋官。武散官和文散官一样,四品以下、九品以上,皆番上于兵部,并按籍贯之地距京城的远近来定番数:五百里以内四番,一千里以内五番,二千里以内六番,二千五百里以内七番,三千里以内八番,每番三个月。三千里以外免番,但须纳资,纳资数目和文散官一样。六品以下的武散官番上时,主要是为尚书省各部司送符信之类。番满,五品以上则奏闻,由中书门下授职,六品以下经简选合格,量其才能,或送吏部,或留兵部。

勋官有十二等,是由吏部司勋郎中和司勋员外郎根据其功效大小来授予。但却番上于兵部。凡无职任的勋官,无论大小,都要在兵部番上,而且视其远近来定番数,这和武散官一样。五百里内五番,一千里内七番,一千五百里内八番,二千里内十番,二千里外十二番。每番一个月。

另外,勋官还按其等级来定其完成番数的年限。五品以上番上四年,六品至七品番上五年,八品以下番上八年。番上年满,参加简选,简选合格,有文采者送吏部授文散官衔,无文化者留兵部授武散官衔。若简选不合格,再继续番上,五品以上再番上四年,六品、七品再番上五年,八品以下再番上八年。勋官番上的任务,主要是分配到各司宿卫站岗。

在兵部番上的勋官大约限定在九百人左右。

勋官除在兵部番上外,也可在地方各州府番上。在各州府番上,统统是五番,每番一个月。番上的年限与兵部一样,五品以上四年,六、七品五年、八品以下八年。番上的任务是看管城门、仓库等。在各州府番上的勋官也有人数限定:上州及都督府是六十人,中州四十五人,下州三十五人。

勋官不愿番上者亦可纳资顶替。安史之乱后,因军功而获得勋官者既多且滥,甚至有身着紫绯却干着执鞭牵马形同仆役工作的人。《旧唐书》卷四十二《职官志一》就说:

> 自是已后,战士授勋者动盈万计。每年纳课(按,即纳资),亦分番于兵部及本郡。当上,省司又分支诸曹,身应役使,有类僮仆。据令,乃与公卿齐班;论实,在于胥吏之下。盖以其猥多,又出自兵卒,所以然也。

流外官如亭长、掌固等,是在吏部番上,番满,试判合格,才能转入府、史。

武选由兵部主之,其设置机构、铨选程序与吏部文选略同。也是每岁孟冬始,次年季春毕。也每年十月,以三旬会人,五百里以内集于上旬,千里以内集于中旬,千里以外集于下旬。兵部尚书与兵部侍郎二人分掌三铨,尚书掌尚书铨,尚书铨又名中铨,侍郎二人分别掌东铨和西铨。兵部南曹,由兵部员外郎一人掌管。合格选人亦应交纳选解、簿书、资历、考牒,经南曹覆核磨勘后申报三铨参加铨试。铨试内容有五种:一曰长朵,二曰马射,三曰马枪,四曰步射,五曰应对。其录取标准有三条:一曰骁勇,二曰材艺,三曰可为统领之用。铨试内容和录取标准相结合,就是人们所说的五等阅人、三奇选拔。武选人经五等铨试,三奇选拔,就可以定留放了。其尤异者留,否则就放。留下来的选人,再根据其才能、劳资进行注拟。升入五品以上的送中书门下奏闻制授,六品以下,由兵部量资注拟。如果选人在军镇要籍摄职而不能赴选,可委节度使按五等三奇铨试选拔,并具其等第申报尚书省。武选之三注三唱,送省过官,团甲进奏,旨赐告身等等,皆同吏部。

在三奇五等之铨选中,有特别突出者,可带本官衔充任宿卫之职。因为宿卫皇帝是一种荣誉。

如果吏部的选人愿由文职改任武职,必须身体强壮,身高六尺以上,年龄四十以下,材艺超绝,能够统兵打仗,并经五等三奇铨选合格才行,如铨试不合格,仍退还吏部。若兵部的选人请求文选愿任文职者,取才堪治民,工于书判之人,经吏部铨试,合格者留用,不合格者退还兵部。中晚唐以后,由武官转入文职的比较多。这可能与战争频仍,武官多不愿打仗送命有关。致使朝廷不得不一而再地重申,不许武官转入文官,如德宗于建中元年(780)四月十七日敕:"兵部关送吏部武官,自今已后宜停。"(《唐会要》卷五十九《兵部侍郎》)至晚唐广明元年(880)正月僖宗又下敕说:

> 入仕之门,兵部最滥,全无根本,颇坏纪纲。近者武官多转入文官,依资除授。宜惩僭幸,以辨品流,今后武官不得辄入文官选改。(同上卷《兵部尚书》)

六品以下赴兵部铨选的武官,按旧格是不守选的,至大中五年(851)

新格,却要守选,但未能行得通。《唐会要》卷五十九《兵部侍郎》载:

> 大中五年十月,中书门下两省奏:"应赴兵部武选门官、驱
> 使官等,今年新格,令守选二年。得驱使官卢华等状,称各在省
> 驱使,实缘长官辛苦,事力不济,所以假此武官。若废旧格,贫
> 寒不逮,即须渐请停解,公事交见废阙。"敕旨:"两省、御史台
> 人吏,前旧例不选数,许赴集,宜令依旧例放选。"

其实,武官都不守选,主要是做宿卫官。自诸卫将军(从三品)以
下,都由兵部定其番第,按其工作性质,有的"一日上、两日下",有
的"五日上、十日下"(《唐六典》卷五《尚书兵部》)。所谓"一日上、
两日下",是指宿卫一日、休息两日。个子高的,选拔到仪仗队中任
保卫工作,每日上班,散朝后就下班,在中书省、门下省、尚书省宿卫
的,是长番。

四、奏荐制及其流弊

奏荐官吏,这是历朝各代委任官吏所采取的一种方式,唐代也
有。对于五品以上制授和六品以下敕授官吏的奏荐,我们不作讨
论,这里讨论的仅是六品以下本属吏部旨授官吏的奏荐,对他们的
奏荐,如果得当,是对铨选制度的一种补充,并在一定程度上纠正了
铨选制的失误与弊病;若奏荐不当而过滥,又将是对守选制、铨选制
的一种冲击和破坏。

初唐时期,虽在武后、中宗期间,滥用过试官、员外官、斜封官等,搅乱了吏治,但总的来说,大多数官员还是能够秉公举荐的,尤其所设之按察使、巡抚使、黜陟使、采访使等,都能出自公心,选拔才干。如《唐会要》卷七十五《藻鉴》就载道:

> 永徽元年,中书舍人薛元超,好汲引寒微,尝表荐任希古、高智周、郭正一、王义方、孟利贞十余人,时论称美。
>
> 长安二年,则天令雍州长史薛季昶择僚吏堪为御史者,季昶以问录事参军卢齐卿,举长安县尉卢怀慎、季休光,万年县尉李乂、崔湜,咸阳县丞倪若水,周厔县尉田崇璧,新丰县尉崔日用,后皆至大官。
>
> 景云二年,御史中丞韦抗加京畿按察使,举奏奉天县尉梁日升、新丰县尉王倕、金城县尉王冰、华原县尉王焘为判官,其后皆著名位。
>
> 其年,朔方总管张仁愿,奏用监察御史张敬忠、何銮、长安县尉寇泚、鄠县尉王易从、始平县主簿刘体微分判军事,义乌县尉赵良贞为随军,后皆至大官。
>
> 先天元年,侍中魏知古尝表荐洹水县令吕太一、蒲州司功参军齐澣,右内率府骑曹柳泽,……后咸居清要。

时虽守选未成制度化,考满即可参加铨选,但吏部铨选时还是会考虑到选浅、选深等时间问题的。以上这些人若参加吏部铨选,未必都能铨选上。而奏荐却弥补了这一缺陷,使人才及时得到了应用,发挥了其能。

中唐以后,由于奏荐人数越来越多,越来越频繁,使朝廷不得不将奏荐制度化,又不得不将原先的"春秋举荐"制改为"冬荐"制,即将一年两次奏荐改为一年一次奏荐。然仍未能奏效,朝廷又只好以限定举荐人数和考试方法来遏止。如贞元八年(792)正月敕:

> 比来所举人数颇多,自今以后,中书、门下两省及御史台五品以上,尚书省四品以上,诸司三品已上,应合举人,各令每人不得过两人,余官不得过一人。(《通典》卷十五《选举三》)

贞元九年(793)十一月甲辰,又下制说:

> 冬荐官,宜令尚书丞、郎于都堂访以理术,试时务状,考其通否及历任考课事迹,定为三等,并举主姓名。仍令御史一人为监试。(《旧唐书》卷十三《德宗纪下》)

至贞元十一年(795)正月又敕:

> 本置冬荐,务在得人。自今以后,所荐官考试,奏入上等人,如无他故者,准前敕类例处分。其下等人,有司便以时罢退,任待他年重荐。如情愿同吏部六品以下选,不合得留人例,请授远、慢官者,任经都省陈状,吏部勘责限等第。敕出后一月内,送中书门下商量进拟。(《唐会要》卷八十二《冬荐》)

晚唐五代时,各地军镇势力大大膨胀、节度使、观察使、防御使、招讨使等纷纷自署道内州县官,造成实事,然后奏荐,使朝廷不得不经常对其所荐人数加以限定和调整。如懿宗咸通十二年(871)七月,规定每道奏请州县官不得过两人,河东等十二道和岭南五管,每道每年不得超过三人(《册府元龟》卷六三二)。至后唐庄宗同光二年(924)三月又规定:"自今后,大镇节度使管三州以上者,每年许奏管内官三人;如管三州以下者,许奏管内官二人。……防御使每年只许奏一人"(同上);明宗天成三年(928)五月规定:"今后诸道节度使每年许荐二人,带使相者许荐三人,团练、防御使各一人"(同上),至长兴二年(931)七月又规定:"诸道奏荐州县官,各定员数,今宜增益,以广搜扬。使相先许一年荐三人,今许荐五人;不带使相先许荐二人,今许荐三人,直属京防御、团练使先许荐一人,今许荐二人"(同上卷六三三)。

奏荐州县官,首当其冲的是县令和州录事参军。县令官秩不大,除赤县县令外,畿县以下皆为六品以下官,属吏部铨选。但对一县来说,全县户口的增减,农业的丰歉,赋税的多寡,系于一身,故人称父母官、亲民官。太宗时,县令就已开始举荐。《资治通鉴》卷一九五载贞观十一年(637)九月,侍御史马周上疏云:

> "百姓所以治安,惟在刺史、县令,苟选用得人,则陛下可以端拱无为。今朝廷惟重内官而轻州县之选,刺史多用武人,或京官不称职始补外任,边远之处,用人更轻。所以百姓未安,殆由于此。"疏奏,上称善久之,谓侍臣曰:"刺史朕当自选;县令,宜诏京官五品已上各举一人。"

至玄宗时,更重其选,《通鉴》卷二一二载开元九年(721)四月戊戌敕云:

京官五品以上,外官刺史、四府上佐(四府,谓京兆府、河南府、河中府、太原府),各举县令一人,视其政善恶,为举者赏罚。

至天宝九载(750)三月十三日又下敕曰:

吏部取人,必限书判,且文学、政事,本自异科,求备一人,百中无一。况古来良宰,岂必文人?又限循资,尤难奖擢。自今以后,简县令,但才堪政理方园,取人不得限以书判及循资格注拟。诸畿、望、紧、上、中,每等为一甲,委中书门下察问,选择堪者,然后奏授。(《唐会要》卷七十五《杂处置》)

吏部铨选,以书判为主,这对考察官员,有其局限性。对县令来说,除判案外,更多是亲民政事,治理方园。故诏敕要求不限以书判奏荐县令,有其合理性和正确性。中唐以后,举荐县令已制度化了。《册府元龟》卷六三一《铨选部·条制三》载:

唐宪宗元和二年正月制曰:江淮大县,每岁据阙,委三省、御史台、诸司长官、节度、观察使各举堪任县令,不限选数,并许赴集。

各州府录事参军,也都在六品以下,由吏部铨选。但因其职务重要,"掌付事勾稽,省署抄目,纠弹部内非违,监印、给纸笔之事"(《通典》卷三十三《职官十五》)。相当于今之办公室主任或秘书长之职,故也和县令一样,多由内外官奏荐。如肃宗于至德二年(757)二月下诏说:"其刺史、上佐、录事参军、县令,委中书门下速于诸色人

中精加访择补拟。"（《册府元龟》卷六三〇《铨选部·条制二》）

起先，县令和录事参军的奏荐还是很慎重的，也是合理的，只在吏部选人中举荐，且依资而授，并未侵占常选人的员阙。如《唐会要》卷七十五《杂处置》载：

> 贞元元年正月二十五日敕：宜令清资常参官，每年于吏部选人中，各举一人堪任县令、录事参军者，所司依资注拟，便于甲历具所举官名衔，仍牒御史台。……长名后二十日举，仍永为常式。

后来举荐就渐渐地滥了，或是亲故，却并非选人；或才不称职，竟超资注拟。致使朝廷一再重申，并要求精加考试。如《册府元龟》卷六三一《铨选部·条制三》载：

> （太和）七年五月，中书门下奏：……望令京兆、河南尹及天下刺史，各于本府本道常选人中拣勘，择堪为县令、司录、录事参军人名，具课绩才能闻荐。其诸州先申牒观察使，都加考核，申送吏部，至选集日，不要就选场更试书判，吏部尚书、侍郎，引诣铨曹，试时务状一道，访以理人之术及自陈历任以来课绩，令其一一条对。但事理明切，不假词华，取其理识优长者，以为等第，便于大县及难理处注拟，仍取税五万贯以下县注授，即免尽占常选人阙员。

随着军阀势力的扩大，方镇不但自署僚佐，自命县令和录事参军后再行奏荐，而且本道内的其他州县官诸如判司、县丞、县尉、主簿等也都要奏荐，这就大大地挤占了吏部铨选名额，使吏部无缺可注。

如《唐会要》卷七十四《论选事》载：

> 宝历二年十二月,吏部奏:伏以吏部每年集人,及定留放,至于注拟,皆约阙员。近者入仕岁增,申阙日少,实由诸道州府所奏悉行,致令选司士子无阙。贫弱者冻馁滋甚,留滞者喧诉益繁。至有待选十余年,裹粮千余里,累驳之后,方敢望官;注拟之时,别遇敕授。私惠行于外府,怨谤归于有司。特望明立节文,令自今以后,诸司诸使、天下州府,选限内不得奏六品以下官。

《册府元龟》卷六三一《铨选部·条制三》也载:

> (太和元年)九月,中书门下奏:……两京及诸道州府六品以下官,除初授外,并合是吏部注拟。近日优劳资荫,入仕转多,每年选集,无阙可授,若容滥请,是启幸门,遂使平人不无受屈,今请并停。

但这一现象并未改变,不仅没有停止,反而愈演愈烈。至大和四年(830)五月,朝廷只好让步,准许一些道可奏请三数员。《册府元龟》同卷又载:

> (太和)四年五月,中书门下奏:准太和元年九月十九日敕:厘革两畿及诸道奏请州县官,唯山、剑、三川、硖内及诸道比远许奏县令、录事参军,其余并停。自敕下以来,诸道累有奏请,如沧、景、德、棣,敕后已与数员。伏以敕令颁行,不合违越,

苟有便宜,则须改张。自今已后,山、剑、三川、硤内及诸道比远州县官,有出身及前资正员官人中,每道除录事外,望各许奏三数员。

至大中五年(851)十月,又规定河东、潞府、邠宁、泾原等十多道,"除县令、录事参军外,其判司、县丞、簿、尉,每年量许奏三员"(《唐会要》卷七十九《诸使杂录下》)。

奏荐制到其后期,不仅破坏了铨选制,使吏部几乎无阙可注,而且也影响到守选制,使一部分科举出身者和前资官不等守选期满,即被荐授官。尤其是进士出身者,以其才华,成为各地藩镇和诸使争取网罗的对象,朝廷无奈,也只好让步。如《唐大诏令集》卷七十二《乾符二年南郊赦》文中就载:

> 词科出身,士林所重,本贵践历,渐至显荣。近者惟扇浇风,皆务躁进。麻衣才脱,结绶王畿,是前十年官途,今来半岁迁授,颇为讹弊。须与重明,自今已后,进士及第,并须满二周年后,诸道藩镇及户部度支、盐铁,及在京诸司,方得奏请。

赦文说,进士出身,应经过守选修练,渐渐达到显贵,这才是正途。现刚脱下麻衣,就被奏荐为京畿官职,以前需要十年才能登上的官位,现在只需半年就得到了。于是申明说,进士及第两周年后,诸道、户部及诸司才能奏请。这里需要说明的是,有唐一代,进士及第守选三年的制度并没有改变。所谓进士及第,须满二周年后,诸道藩镇方得奏请,并不是改守选三年制为两年制,这仅是针对奏荐制而言的,是朝廷所采取的一种通融让步的政策。

一部分进士出身者,不等守选期满,即被奏荐授官;还有一部分进士出身者,即使守选期满被吏部铨选后,也不等考满,就又被诸道方镇奏请改官,变为自己的僚佐。朝廷也只好让步。《册府元龟》卷六三二《铨选部·条制四》载:

（会昌）二年四月制:准太和九年十二月十八日敕,进士初合格,并令授诸州府参军及紧县簿、尉,未经两考,不许奏职。盖以科第之人,必弘理化,黎元之弊,欲使谙详。近者诸州长吏渐不遵承,虽注县官,多靡使职。……一人从事,两请料钱;虚占吏曹正员,不亲本任公事。

这些人既任县职,又兼道府使官,不仅拿两份俸禄,而且还虚占吏部员阙,却不管本县之事。

从奏荐制中得到好处的只是一部分进士出身者,对大多数贫寒人家的科第出身的人来说,由于奏荐数额的不断扩大和升级,使他们无缺可注。《册府元龟》卷六三三《铨选部·条制五》载五代后唐长兴二年(931)七月敕就说这些人"当及第之后,尚迢递于授官,小而得簿、尉者全稀,老不为令、录者极众"。

后期的奏荐制,不仅不问选数,而且也不问有无出身或前资。无出身无官职的白丁也可被举荐,对贡举制又是一大冲击。《唐会要》卷七十九《诸使杂录下》载:

（会昌）五年六月敕:诸道所奏幕府及州县官,近日多乡贡进士奏请。此事已曾厘革,不合因循。且无出身,何名入仕?自今以后,不得更许如此,仍永为定例。

虽成"定例",但仍屡禁不止。至五代时更是变本加厉。《旧五代史》卷一四九《职官志》载后周广顺元年(951)五月辛巳诏云:

> 朝廷设爵命官,求贤取士,或以资叙进,或以科级升。至有白首穷经,方谐一第;半生守选,始遂一官,是以国无幸民,士不滥进。近年州郡奏荐,多无出身、前官,或因权势书题,或是衷私请托,既难阻意,便授真恩。遂使躁求侥幸之徒,争游捷径;辛苦孤寒之士,尽泣穷途。将期激浊扬清,所宜循名责实。今后州府不得奏荐无前官及无出身之人。如有奇才异行,越众超群,亦许具名以闻,便可随表赴阙,当令有司考试,朕亦亲自披详,断其否臧,俾之升黜。庶使人不谬举,野无遗才。

奏荐制的前期,确实弥补了吏部铨选的某些不足,纠正了吏部试判注拟的一些弊端,使各类有才之人及时发挥了作用。但在其后期,已变成了害大于益的一项制度,它破坏了铨选制、守选制,也破坏了贡举制,是对唐代选举制度的一大冲击。同时,它为各地军阀提供了与中央争夺人才的机会,助长了藩镇割据和培植私党的势力,扩大了地方与中央分庭抗礼的力量,从而进一步削弱了朝廷的中央集权制。而且,它开启了钻营请托之门,不仅贿赂之风席卷公府,而且为权贵提拔亲故制造了口实,致使官官相护,盘根错节。

五、吏部选官善恶评

铨选授官,是一项琐细复杂而又繁重费神的工作。一万多个官位,十多万名选人,八九个人争一员,绝大多数都要从吏部过。南曹磨勘,三铨注拟,公平与否,勤惰如何,有无鉴识,直接关系着众多选人的前途和命运。

吏部铨选的关键人物是吏部侍郎,他们的一言一行,是吏部铨选风气之所系,所以那些正直公廉的吏部侍郎为此而付出了沉重的代价。《封氏闻见记》卷三《铨曹》载:

> 陆元方尝任天官侍郎,临终曰:"吾年当寿,但以领选之日,伤苦心神。"言讫而殁。

《新唐书》卷一一六《陆元方传》也说他武后时擢为天官侍郎,为人清慎刚直。临终时曰:"吾当寿,但领选久,耗伤吾神。"正因为如此,一些秉性耿直的吏部侍郎,因不堪请托之苦,便视吏部如地狱。《唐会要》卷七十四《掌选善恶》载:

> 久视元年七月,顾琮除吏部侍郎,时多权幸好行嘱托,琮性公方,不堪其弊,尝因官斋至寺,见壁上画地狱变相,指示同行曰:"此亦称君所为,何不画天官掌选耶?"

有唐一代,确也曾出现过不少公平谨慎、勤恳敬业、刚廉不阿的吏部侍郎,他们为铨选树立了良好的风范,赢得了人们的赞扬。如贞观初刘林甫为吏部侍郎,不仅奏请四时听选,大大方便了选人,而且对前来赴集的万名多选人,"随才铨擢,咸得其宜",时人将其典选比作隋朝的高孝基(《册府元龟》卷六三七《铨选部·公望》)。贞观年间,高季辅为吏部侍郎,凡所铨综,公平允当,为时所称。第二年,又于东都独知选事。事后，太宗赐其金背镜一面，以表彰其清鉴。后为吏部尚书时，尤喜奖掖后进，知人善任。时应城县令韦思谦因坐公事惩殿，按旧制，岁满是不能参选的，高季辅赏其才能，便说："自居选部，今始得此一人，岂以小疵而弃大德？"于是特超授韦为监察御史（同上卷《振举》）。

高宗总章二年（669），李敬玄为吏部侍郎，他典选数年，铨综有序，天下称颂，尤能知善而任。杭州参军徐太玄，因同僚张惠犯赃应处死，太玄哀其母亲年老，就说自己也受赃，以此来减轻张惠的罪责。张惠因此而免死，太玄也因同坐而免官，并十多年不调。李敬玄知道后大加赞叹，擢授郑州司功参军。太玄由是知名，官至秘书少监，以德行为时所重。不仅如此，李敬玄更能博闻强记。每年参选者万余人，只要见过一面，即使在街上碰见，也都能叫上姓名。若有被驳放而诉告者，能一一叙述其书判误处，犯何过错，略无差失，选人服其强记，不敢欺诈。武后时的吏部侍郎李至远亦是记忆力超群。时有选人刁某和王元忠二人皆被驳放，此二人因与吏部令史关系甚好，密托其为二人改姓。于是将刁改为丁，王元忠改为士元中，准备授官后，再改过来。送交李至远过目时，李至远一看便说，今年铨选覆核的几万名选人，我都能记其姓名，未见有姓丁、姓士的选人，这一定是刁某、王某。于是穷究其事，果然如此。众人皆服之。武后时崔玄昉为吏部侍郎，能介然自守，不纳请托，颇为执政者所恶，改为尚书左丞。吏部令史闻后便设斋自庆，认为贪赃纳贿，无人敢管了。武后知道后，就又拜他为吏部侍郎，并赐绢七十段，以表彰其清廉刚直。

睿宗景云元年（710），卢从愿为吏部侍郎。自中宗以来，选司颇失纲纪，请托滋甚，贿赂公行。卢从愿与吏部尚书宋璟大革前弊，精心制定条理,取舍平允,那些冒名伪选,假造功状之类者,无一能蒙混过关。他前后典选六年,无人可及。高宗时的裴行俭、马载,为吏部侍郎最称职,至玄宗开元初,卢从愿与李朝隐又同时典选,颇有美誉,故当时人称曰:"吏部前有裴、马,后有卢、李。"开元年间,王丘、崔沔又同时典选,以公平廉洁著称,赢得了选人的拥戴。《全唐诗》卷八七六收有《时人号王丘崔沔语》"丘山岌岌连天峻,沔水澄澄彻底清",以称赞二人的正直清廉。天宝二年(743)韦陟为吏部侍郎,常患选人冒名顶替严重,请托横行,时员缺既少,而选人又多,选官甚难,常常是该选者被排挤在外,不当冬集者却冒名参选。韦陟掌选时,刚肠嫉恶,不受请托,如发现选人有问题,当场盘问,无不首伏。尤其是他将每年剩有的几百名员阙,铨注给那些寒素淹滞的选人,大为选人所称颂。

晚唐五代时,吏治腐败,但也有清廉不阿的选官,不纳请托,并不惜为此丢掉吏部侍郎之职。如晚唐昭宗朝的吏部侍郎孔纬,嫉恶如仇,权要请托信堆满了案头,他一封也不看,被执政者所恶,由吏部侍郎改为太常卿。五代后晋时,史圭为吏部侍郎,分知铨事,他以清廉守节、公平能干著称。时有前栾城县令某,年逾七十,行动不便,却不肯致仕。有大臣为之请托,令史圭铨选时授予一官,史圭不肯,大为时人称赞。

除吏部侍郎外,判南曹的吏部员外郎也有值得歌颂的,高宗时的张仁祎就是为完善吏部铨选制度呕心沥血而死的。《唐会要》卷七十四《吏曹条例》载:

> 其年(总章二年)十一月,吏部侍郎李敬元,委事于员外郎张仁祎。仁祎有识略吏干,始造姓历,改修状样铨历等程式。

敬元用仁祎之法,铨综式序。仁祎感国士见委,竟以心劳呕血而死。

另外,还有尽心尽职的裴遵庆、韩滉。《旧唐书》卷一一三《裴遵庆传》载:

> 迁司门员外、吏部员外郎,专判南曹。天宝中,海内无事,九流辐辏会府,每岁吏部选人,动盈万数。遵庆敏识强记,精核文簿,详而不滞,时称吏事第一,由是大知名。

卷一二九《韩滉传》亦载:

> 累迁至祠部、考功、吏部三员外郎。滉公洁强直,明于吏道,判南曹凡五年,详究簿书,无遗纤隐。

还有不畏权势的杨於陵。《新唐书》卷一六三《杨於陵传》载:

> 入为膳部员外郎。以吏部判南曹,选者恃与宰相亲,文书不如式,於陵驳其违,宰相怒,以南曹郎出使吊宣武军。

在唐代,也有相当一部分吏部侍郎却不称职,对铨选不负责任,又无藻鉴之才,甚至借权谋私,贪赃受贿。贞观初年的温彦博就是一个不称职的吏部侍郎,正如《新唐书》本传所说:"寡术不能厌众。"对沙汰下来的官吏只会口辩而无他方,颇为识者所讥。《大唐新语》卷十三《谐谑》载有这样一个笑话来讽刺他尸禄素位,妨碍贤路:

温彦博为吏部侍郎,有选人裴略被放,乃自赞于彦博。称解白嘲。彦博即令嘲厅前丛竹,略曰:"竹,冬月不肯凋,夏月不肯热。肚里不能容国士,皮外何劳生枝节?"又令嘲屏墙,略曰:"高下八九尺,东西六七步。突兀当厅坐,几许遮贤路。"彦博曰:"此语似伤博。"略曰:"即扳公肋,何止伤博!"博惭而与官。

"伤博"即伤脖之谐音。则天时的邓玄挺也不称职。《册府元龟》卷六三八《铨选部·不称》载:

邓玄挺为吏部侍郎,既不称职,甚为时谈所鄙,又时患消渴病,选人因目为"邓渴",作"邓渴"诗榜衢路。自有唐以来,掌选之失未有如玄挺者,坐此左迁沣州刺史,迁晋州刺史,召拜麟台少监,重为天官侍郎,其失又甚于前。

则天朝,不负责任的还有许子儒。《旧唐书》本传载:

长寿中,官至天官侍郎、弘文馆学士。子儒居选部,不以藻鉴为意,委令史句直,以为腹心,注官之次,子儒但高枕而卧,时云"句直平配"。由是补授失序,无复纲纪,道路以为口实。

所谓"平配",就是不问德才贤能,三实四事,只按阙配人,据资配职。对铨选极不负责,如同儿戏者,莫若杨国忠了。《唐语林》卷五《补遗》载有这样的事:

杨国忠尝会诸亲,时知吏部铨事,且欲噱以娱之。呼选人名,引入于中庭,不问资序,短小者道州参军,胡者与湖州文学。帘中大笑。

道州多矮民,白居易就有讽谕诗《道州民》,云:"道州民,多侏儒,长者不过三尺余。市作矮奴年进送,号为道州任士贡。"杨国忠将小个子的选人注为道州官,将有胡须的选人注为湖州官,为帘中妇人所取笑,这是对选人的莫大侮辱。

吏部侍郎受权贵请托而妄注官者也不少。《资治通鉴》卷二〇六载武后久视元年(700)张昌宗之弟受贿请托事云:

> 易之、昌宗竞以豪侈相胜。弟昌仪为洛阳令,请属无不从。尝早朝,有选人姓薛,以金五十两并状邀其马而赂之。昌仪受金,至朝堂,以状授天官侍郎张锡。数日,锡失其状,以问昌仪,昌仪骂曰:"不了事人! 我亦不记,但姓薛者即与之。"锡惧,退,索在铨姓薛者六十余人,悉留注官。

有唐一代,受贿纳赃、卖官注拟的吏部侍郎更不乏其人,这在中宗朝尤为突出。《册府元龟》卷六三八《铨选部·贪贿》载:

> 李元恭,中宗时以大理少卿为长宁、安乐二公主所引用,令知吏部侍郎,分往东都知选事,亦以赃污闻于天下,故时人为之语曰:"长宁安乐并狂颠,既教翻地亦翻天。卖弄大家犹未足,便使元恭来取钱。"

"大家",本是宫中近臣、后妃对皇帝的称呼,这里是借宫中人口吻

来称中宗。除李元恭外,时郑愔、崔湜更是两位贪赃枉法、以卖官为务的吏部侍郎,《册府元龟》同卷又载:

> 郑愔谄事武三思及韦氏悖逆庶人,历选吏部侍郎。愔掌选专以卖官为务,人多怨仇。时京师大旱,为之语曰:"杀郑愔,天必阴。"其为人所恶如是。
>
> 崔湜为中书舍人,与郑愔同掌选,卖官鬻狱,一时巨蠹。

《资治通鉴》卷二〇九还载有崔湜的一段笑话:

> 中书侍郎兼知吏部侍郎、同平章事崔湜,吏部侍郎同平章事郑愔俱掌铨衡,倾附势要,赃贿狼藉,数外留人,授拟不足,逆用三年阙,选法大坏。湜父挹为司业,受选人钱,湜不之知,长名放之。其人诉曰:"公所亲受某略,奈何不与官?"湜怒曰:"所亲为谁,当擒取杖杀之!"其人曰:"公勿杖杀,将使公遭忧。"湜大惭。

按,居父母之丧曰忧。崔湜父崔挹时为国子司业,为人贪婪。《旧唐书》卷七十四《崔湜传》谓:"挹性贪冒,受人请托,数以公事干涉,湜多违拒不从,大为时论所嗤。"《太平广记》卷一八五引《朝野佥载》云:

> 唐郑愔为吏部侍郎掌选,赃污狼藉。引铨时,有选人系百钱于靴带上,愔问其故,答曰:"为今之选,非钱不行。"愔默而不言。时崔湜亦为吏部侍郎掌铨,有选人引过,分疏云:"某能

翘关负米。"湜曰:"若壮,何不兵部选?"答曰:"外边人皆云崔侍郎下有气力者即得。"

看来,郑愔、崔湜是唐代铨选中贪赃卖官最驰名的两位吏部侍郎了。

吏部侍郎纳赃卖官,在玄宗时代也存在。李彭年以吏才知名,天宝年间为吏部侍郎,掌选七年,好聚钱财,无廉洁之操,多受选人贿赂而卖官,人多怨恨。时睢阳太守路齐晖之子路畿,纳绢千匹求官,为选人所揭发,玄宗令有司审讯,结果受赃狼藉,远近耻之。于是下诏除名,长流岭南。

除此而外,《全唐诗》收录的几首关于铨选的民歌民谣民谚,可帮助我们了解选人对选官的态度。卷八七八载有一首民谣,题作《吏部谣》,题下注曰:

> 崔湜与岑羲、郑愔并为吏部,赃污狼藉,京中为之谣曰:
> 岑愔獠子后,崔湜令公孙。
> 三人相比校,莫贺咄骨浑。

最后一句,可能骂他们是一丘之貉。

卷八七四收有一首《选人歌》,题下注曰:

> 姜晦为吏部侍郎,眼不识字,手不解书,滥掌铨衡,曾无分别。《选人歌》云云:
> 今年选数恰相当,都由座主无文章。案后一腔冻猪肉,所以名为姜侍郎。

"姜侍郎"似"僵尸郎"之谐音。此歌所言与《新唐书》卷九十一《姜晦传》所载恰恰相反。《传》云：

> 除黄门侍郎，辞不拜，改兵部。满岁，为吏部侍郎，主选。曹史尝请托为奸，前领选者周棘扈藩，检窒内外，犹不禁。至晦，悉除之，示无防限，然处事精明，私相属诿，罪辄得，皆以为神。始，晦革旧示简，廷议恐必败，既而赃贿路塞，而流品有叙，众乃伏。

《传》与《选人歌》及题注简直是判若两人，一为清官，一是赃官。可能这《选人歌》是某一选人驳落后所作，带有明显地人身攻击的口吻。

卷八七六还收有《选人语》三则。云：

> 有钱石上好，无钱刘下好，士大夫张下好（原注：石抱忠检校天官郎中，与侍郎刘奇、张询古同知选。抱忠素非静慎，奇久著清平，询古通婚名族。将分铨，时人语曰）。
>
> 硕学师刘子，儒生用与言（原注：抱忠复与许子儒同知选，奇以公清称，抱忠师范子儒，颇任令史勾直。每注官，呼曰："勾直乎？"时人又为此语云）。
>
> 今年柿子并遭霜，为语石榴须早摘（原注：选人为奇与抱忠摈抑者，复为此语。后两人同弃市）。

石抱忠，《新唐书》卷一一二有其传，云："抱忠，长安人，名属文。初置右台，自清道率府长史为殿中侍御史，进检校天官郎中，与侍郎刘奇、张询古共领选,寡廉洁,而奇号清平,二人坐綦连耀伏诛。"卷九十有《刘奇传》,云:"长寿中,为天官侍郎,荐张鷟、司马锽为监察御史,二人因申屠玚以谢,奇正色曰:'举贤本无私,何见谢?'闻者皆竦。后为酷吏陷,被诛。"由传知,刘奇公平清廉,石抱忠贪赃爱钱。第一首谚语说,有钱的选人归石抱忠铨注好,无钱的选人归刘奇铨注好,士族子弟归张询古铨注好,因张询古与士族通婚,故云。所谓"分钤",就是由三铨各自注拟,分别盖章。时吏部尚书为武三思,故由吏部郎中石抱忠代为铨选。不久,石抱忠就升为吏部侍郎了。《旧唐书》卷一八六《吉顼传》就称"天官侍郎刘奇、石抱忠"云云。第二首谚语赞扬刘奇公正清平,故有学问者愿以刘奇为师,让其铨选;而讽刺石抱忠师法许子儒,用其语呼令史勾直平配注官。所谓"刘子"指刘政会之子刘奇,"儒生"指许子儒学生石抱忠。第三首骂刘奇、石抱忠早该如此。史载,箕州刺史刘思礼与洛州录事参军綦连耀谋反,被酷吏告发,太后命武懿宗推问,懿宗令思礼广引朝士,许免其死。于是与之有隙者多引之,凡三十六家,皆海内名士,天官侍郎刘奇、石抱忠亦在被引之列。时为神功元年(697)正月。所谓"柿子"、"石榴",皆用谐音指石抱忠、刘奇。这三首谚语不是一人所作,也不是作于一时。尤其第三首,刘奇、石抱忠为酷吏所害,而编造这首谚语的选人却幸灾乐祸。可见选人的素质有好有坏,良莠不齐,完全以自己的留与放来作为评价选官好恶的标准。像刘奇这样一位以公正清平著称的吏部侍郎,就因选人自己未被铨选上,便也连同一道骂,这实在有点不公平了。

第七章　制举

制举虽不属于吏部铨选的范畴，但它却是举制与选制的结合，具有举士与选官的二重性。尤其从应制的对象与试后的结果来看，它更具有选制的性质，可以说是对铨选的一大补充。所以我们也就把它作为与铨选有关的一个问题在这里加以探讨了。

一、唐代制举的形成与成熟

《新唐书》卷四十四《选举志上》载：

> 唐制，取士之科，多因隋旧，然其大要有三。由学馆者曰生徒，由州县者曰乡贡，皆升于有司而进退之。……此岁举之常选也。其天子自诏者曰制举，所以待非常之才焉。

唐代以科取士的方式有三，即生徒式、乡贡式、制举式。生徒、乡贡所应之科主要有秀才、明经、进士、明法、明书、明算等六科，世称"常科"。贞观后秀才之科已废，"自是士族所趋向，明经、进士而已"(《通典》卷十五)。常科的考试，原先归吏部考功员外郎主管，开元二十四年后始归礼部,世称"礼闱"。而制举是由天子下制诏举选的一种形式,所试科目,世称制科。相对于礼部"常科"而言,制科则为"特科"。

制科被称为科举考试的特科,是因与礼部所试之常科有着不同的特点。傅璇琮先生在《唐代科举与文学》第六章《制举》中对此有详细的论述。这里仅作一些补充,并从选制角度对制科再加以阐发。

制举这一形式,并不始于唐,汉代就有,然至唐而蔚为大观,臻于极盛。《新唐书·选举志上》说:

> 所谓制举者,其来远矣。自汉已来,天子常称制诏道其所欲问而亲策之。

最早颁布制举者为汉惠帝、汉文帝。《通典》卷十三《选举一》载:"惠帝四年,诏举人孝悌力田者,复其身。"《文献通考》卷三十三《选举考六》也载:

> 汉文帝二年诏曰:乃十一月晦日,有食之,二三执政举贤良方正能直言极谏者,以正朕之不逮。

这可能就是唐代制科孝悌力田闻于乡闾科和贤良方正能直言极谏科之所本。

唐代高祖武德年间就已经有制举了。《旧唐书》卷七十四《崔仁师传》载:"武德初,应制举,授管州录事参军。五年,侍中陈叔达荐仁师才堪史职,进拜右武卫录事参军,予修梁、魏等史。"卷一八五《良吏上·田仁会传》载:"仁会,武德初应制举,授左卫兵曹。"《新唐书》卷一〇四《张行成传》载:

世充平,以隋资补谷熟尉。家贫,代计吏集京师,擢制举乙科,改陈仓尉。高祖谓吏部侍郎张锐曰:"今选吏岂无才用特达者?朕将用之。"锐言行成,调富平主簿,有能名。

唐初的制举,尚未具体设科目,而是应制举者到京后,由皇帝口问而答之。如《登科记考》卷一载有太宗贞观元年(627)谢偃、贞观六年(632)崔信明、贞观七年(633)郑敞,皆"应制及第",却未言所应之科目。这可能与当时制举仅限于口试有关吧。

在制诏里具体"道其所欲问而亲策之",是在贞观十一年(637)四月。《旧唐书》卷三《太宗纪下》载:

> (四月)丙寅,诏河北、淮南举孝悌淳笃,兼闲时务;儒术该通,可为师范;文辞秀美,才堪著述;明识政体,可委字人;并志行修立,为乡闾所推者,给传诣洛阳宫。

贞观十五年(641)六月的制诏就更具体了。《唐大诏令集》卷一〇二《求访贤良限来年二月集泰山诏》载:

> 可令天下诸州,搜扬所部。士庶之内,或识达公方,学综今古,廉洁正直,可以经国佐时;或孝悌淳笃,节义昭显,始终不移,可以敦风励俗;或儒术通明,学堪师范;或文章秀异,才足著述,并宜荐举,具以名闻。

自贞观十一年之后,就开始有了具体科目。李楚才于贞观"十四年应诏四科举,射策登甲第"(《全唐文》卷一九四杨炯《原州百泉县令李君神道碑》)。但这时的制科似乎仍以口试为主。如贞观十七年（643）五月乙丑诏令各州县"举孝廉茂才，好学异能卓荦之士"（《册府元龟》卷六四五《贡举部·科目》）。第二年三月有汴鄜等诸州所举应孝廉茂才科者十一人赐坐于御前，先由太宗口试政术，后由皇太子问以《孝经》，再由近臣复问仁孝等，但这些孝廉举人都回答不上，最后由中书省笔试策论，仍所答乖旨，于是下诏说：

> 诸州所举十有一人，朕载怀仄席，引入内殿，借以温颜，略访政道，莫能对扬，相顾结舌。朕仍以其未睹廷阙，能无战栗？令于内省更以墨对。虽构思弥日，终不达问旨，理既乖违，词亦庸陋。……宜并放还，各从本色。（《册府元龟》卷六四三《贡举部·考试一》）

当时诸州所举荐者仅十一人，则往年所举恐怕也不过如此，而及第者最多二三人。因人少，宜于口试。

《登科记考》具体记载制科名目与及第人姓名者是在高宗显庆三年（658），是年有志烈秋霜科，及第人为韩思彦。这可能已经是笔试策对了，因第二年有九百人应制举，设科也最多，《登科记考》卷二载有八科。这样多的人应试，皇帝要亲自策问，一一口试是不可能的，只能是笔试了。

二、制诏　制举试

制举的程序是先由皇帝下制诏。制诏常常与配合皇帝的政治活动所颁布的恩典、德音联系在一起。如为了庆贺封禅、祀南郊、祭明堂、即位、改元、册尊号、册皇太子等,都曾下制诏举贤。太宗两次下诏封禅泰山,同时也就两次下制诏举贤,但都因事有变故而停封,制举考试也就取消了。高宗、玄宗也都曾封禅泰山,也下过举贤诏,考过制举试。武后封嵩山(神岳)时,也下诏举行过制举试。祀南郊、即位、改元、册尊号是历朝皇帝都有的大典,每当举行这种典礼时,就下制诏大赦天下,在赦文里往往就有制举内容。安史之乱后,历次制举多与皇帝的即位、改元有关。除此而外,有时甚至灾异现象的消失,也下制诏举贤考试。如大历五年(770)四月己未,彗星出现,古人认为这是不祥之兆,有灾异降临,至六月己未,彗星始灭,这意谓着皇帝德感上苍,于是大赦天下。在赦文里就说:"内外文武官及前资官六品以下,并草泽中有硕学专门、茂才异等、智谋经武、讽谏主文者,仰所在州府观察牧宰精求表荐。"(《唐大诏令集》卷八十四)第二年即大历六年(771)就设有制举讽谏主文等四科。有时候,制举也与国家当时的某种政治需要有关,如开元九年(721)下诏设制举"智合孙武、可以运筹决胜科"、"勇齐贲育、可以斩将搴旗科"等,是因为当时突厥寇边,塞境不宁之故,急需有文武双全,运筹领兵、武艺高强的人才。

在制诏里,一般都明确规定了制举考试的内容,中书门下就据此设立制举科目。这里有三种情形:一是所设制科名目与制诏里所要求的内容一模一样。如德宗兴元元年(784)正月初一,皇帝在奉天行宫受朝贺,改建中五年为兴元元年,大赦天下,在制诏里就说:"诸色人中,有贤良方正、能直言极谏,及博通坟典、达于教化,并识洞韬略、堪任将帅者,委常参官及所在长吏闻荐。"(《登科记考》卷十一)第二年,即贞元元年(785)九月,就设有制举贤良方正、能直言极谏科，博通坟典、达于教化科，识洞韬略、堪任将帅科这三科。二是所设科目虽与制诏里所要求的内容在精神实质上是一致的，但文字上却略有变化。如大历十四年（779）五月，代宗崩，德宗即位，六月己亥朔，大赦天下，制曰："天下有才艺尤著，高蹈邱园及直言极谏之士，所在具以名闻。诸色人中有孝悌力田、经学优深、文词清丽、军谋宏远、武艺殊伦者，亦具以名闻。"（同上卷）第二年，即建中元年（780）正月，制举考试科目有：贤良方正能直言极谏科，文词清丽科，经学优深科、军谋越众科，孝悌力田闻于乡闾科，高蹈邱园科。制诏里原有的军谋宏远与武艺殊伦，改并为军谋越众科。三是制诏里未提到者，在制举考试中却设有科目。如代宗大历元年（766）十一月甲子，冬至，改永泰二年为大历元年，大赦天下，制曰："天下有安贫乐道、孝悌力田、未经荐用者，委所在长官具以名闻奏。"（同上卷十）第二年十月"癸卯，上御紫宸殿，策试茂才异行、安贫乐道、孝悌力田、高蹈不仕等四科举人"（《旧唐书》卷十一《代宗纪》）茂才异行科是制诏里原没有的，是增设。另外，高蹈不仕科，制诏里也没有，当是根据"未经荐用"语而增设的。

天子的制诏与中书门下所设制科颁布后，应制举人就可到当地州府报名，投状说明自己所应之科目，这叫"自举"。州府长官经考察了解后，确认有此种才能，就写表章奏闻。如至德二年（757）收复两京后，肃宗于十二月戊午，御丹凤门大赦，制曰："其有文经邦国，学究天人，博于经史，工于词赋，善于著述，精于法理，军谋制胜，武艺绝伦，并任于所在自举，委郡守铨择奏闻。"（《唐大诏令集》卷一二三《至德二载收复两京大赦》）这种自举，可以说是制举最常见的形式。此外，还可由各地长官和在朝常参官直接推荐。如德宗在贞元九年（793）十一月的制诏里就说："委所在州府长官及台省常参官详录行能举奏。"（同上卷七十《贞元九年南郊大赦天下》）顺宗在贞元二十一年（805）二月的制诏里也说："宜委常参官各举所知，其在外者，长吏宜精加访择，具名闻奏。"（同上卷二《顺宗即位赦》）不管是自举，还是内外官直接举荐，都必须写成表章奏闻，这就叫作"表荐"，如大历五年的制诏就说："仰所在州府观察牧宰精求表荐。"应制举人是随表进京参加考试的，举荐表就相当于州府给的文解或选解。然之所以不叫解者，是因为解是交给礼部或吏部的，而送给皇帝的只能叫表。州府给文解前，乡贡举士必须通过考试，合格者才给解。而送举荐表前则勿需对应制举人进行考试，因为这是皇帝要考的人才，州府无权也不敢考，只能根据其行能铨择访察。

另外，若州府或朝官都没有举荐，自己也没有到州府自举，应制举人就直接到京城诣阙下自荐，也可以参加制举考试。如大历五年六月的制诏里说："如所由搜扬未尽，遗逸林间者，即宜诣阙自举。"大历十四年六月的制诏里也说："能诣阙自陈者亦听。"

还有一种人，即不能到州府自举，也不能诣阙自荐，而必须由州府录状表荐，用专车以礼举送至京，这就是不求闻达科和高蹈不仕科举人。如开元二十七年（739）正月，"制令诸州刺史举德行尤异，不求闻达者，特乘传赴京"（《登科记考》卷八）。是年二月又下制说："草泽间有殊才异行，文堪经国，为众所推，如不求闻达者，所由长官以礼征送。"（同上）代宗于广德元年（763）十二月的制诏里也说："其有怀才抱器、高蹈不仕，精加访择，必以名荐。仍须以礼资遣，送赴行在。"（同上卷十）这种人既然是不求闻达，高蹈不仕，就不能自己跑去应举自荐，求试作官。赵璘《因话录》卷四《角部》讲了这样一个笑话：

有似昔岁,德宗搜访怀才抱器、不求闻达者,有人于昭应县
逢一书生,奔驰入京,问求何事,答曰:"将应不求闻达科。"此
科亦岂可应耶?

"有似昔岁",《登科记考》卷十四认为是贞元十一年(795),并谓:
"三月丙申,诸州准例荐隐居邱园,不求闻达蔡广成等九人。各授试
官,令给公乘,到京日量才叙用。"由此可见,不求闻达科是不能自举
自荐的。这些被举荐应不求闻达、高蹈不仕的举人,真正有才华者
并不多。《唐大诏令集》卷一〇六就载有玄宗《处分高蹈不仕举人
敕》,敕文说:"今之应辟,其数颇多。……其弟子春等,并别有处
分。自余人等,宜各赐物十段,用成难进之美,以全至高之节。宜皆
坐食,食讫好去,仍依前给公乘还贯。"由这篇敕文知,当时举荐者甚
多,而被录取者甚少。《全唐文》卷三十二又载有玄宗《引见诸州高
蹈不仕举人诏》,诏云:"其马曾、常广心、贺兰迪等三人,宜待后处
分。崔从一、王允贻、韩宣、胡祭、赵元奖等五人,年鬓既高,稍宜优
异,宜各赐绿衣一副,物二十段。余并赐物十段。不夺隐沦之志,以
成高尚之美。并宜坐食讫好去,仍依前给公乘还郡。"由以上引文
看,那些所谓的高蹈不仕者,并不是什么有德有才、抱器不仕的真正
隐士,而多是沽名钓誉、走终南捷径的一帮人。

被表荐赴京考试的应制举人,若被录取授官后,其举荐人会受
到奖励。相反,应制举人若考试时答非所问,或全然不知,交纳白卷
者,其举荐人也要受到惩罚。武则天在长安二年(702)的制诏里就
说:"荐若不虚,自从褒异之典;举非其士,岂漏贬责之科。"(《登科
记考》卷四)代宗在宝应元年(762)七月的制诏里也说:"举之得人,
必受旌能之赏;举之失选,亦加惩过之罚。"(同上卷十)如贞观十八

年(644)三月,太宗考诸州所举孝廉茂才科十一人,全都回答不出,于是太宗下诏:"宜令放还,各从本色。其举主以举非其人罪论,仍加一等。"(同上卷一)

应制举人被举荐后,就要随表进京赴集,这赴集的期限有时在皇帝的制诏里就有明确规定。如贞观十五年六月的制诏,就规定应制举人"限来年二月总集泰山"(同上)。二十一年(647)正月的制诏又规定:"限以来年二月一日总集泰山。"(同上)之所以"总集泰山",是因为太宗拟订斯时东封泰山。开元二十一年(733)三月的制诏说:"博学、多才举人,限今来(按,"来"当为"年"之误)四月内集;道术、医学举人,限闰三月内集。"(同上卷八)据《登科记考》所载,在制诏里限定赴集时间的还有以下数次:

德宗大历十四年六月制:本年十二月内到。

贞元九年十一月制:来年七月内到。

宪宗元和十四年七月制:来年正月内到。

穆宗长庆元年正月制:本年十月内到。

敬宗长庆四年三月制:来年正月内到。

文宗大和元年二月制:来年正月内到。

大和四年正月制:来年正月内到。

若皇帝的制诏里没有限定赴集时间,就由中书门下请示皇帝后拟订时间,随制诏、科目一同下达。如武则天在永昌元年(689)六月的制诏里就说:"所司仍具为限程,副朕意焉。"(《登科记考》卷三)玄宗在开元九年正月的制诏里也说:"所司遣立限期,随表赴集。"(同上卷七)无论是皇帝的制诏,还是中书门下发文,所规定的时间只是赴集报到的时间,而不是考试时间。考试时间当在赴集后定。

考试或在制诏颁布的当年就举行,或在第二年才举行,这与制诏颁布的迟早以及政治形势等有关。一般来说，开元、天宝年间，多是当年下制诏，当年就举行考试。如开元九年正月下制诏，五月考试；开元二十六年正月下制诏，八月考试；天宝十三载二月下制诏，十月考试。安史之乱后，多是下制诏的第二年始考试。如大历五年六月下诏，第二年四月考试；兴元元年正月下诏，第二年九月考试；元和二年正月下诏，第二年三月考试；大和元年二月下诏，第二年三月考试。在制举考试中，唯有开元十五年与乾元二年的考试比较特殊。开元十五年正月下诏，五月中书门下策试，不称旨；九月，玄宗又亲自策试，这一年考了两次。肃宗于至德二年十二月下制诏，到乾元二年五月才举行考试，隔了一年。

应制举人考试前，皇帝有时还要召见他们，召见时要赐食；考试前还要赐食。如开元九年，"五月壬戌，有司引应制举人见。敕曰：'……并宜朝堂坐食讫，且归私第，即当有试期也。'乙亥，亲试应制举人于含元殿，命有司置食"（《登科记考》卷七）。天宝十三载，"十月，御含元殿，亲试博通坟典、洞晓玄经、词藻宏丽、军谋出众等举人，命有司供食，既暮而罢"（同上卷九）。代宗更是恩赐有加。《册府元龟》卷六四三《贡举部·考试一》载：

> （大历）六年四月戊午，御宣政殿亲试讽谏主文、茂才异等、智谋经武、博学专门等四科举人。帝亲慰勉，有司常食外，更赐御厨珍馔及茶酒，礼甚优异。举人或有敝衣菜色者，帝悯之，谓左右曰："兵革之后，士庶未丰，皆自远来，资粮不足故也。"因为之泣下。……将夕，有策未成者，命大官给烛，令尽其才思。夜分而罢。

既使皇帝不亲试,有时也命供食。如宪宗即位后,命宰臣以下于尚书省试应制举人,下诏说:"并宜坐食,食讫就试。"(《登科记考》卷十六)宪宗皇帝除赐食外,对应制举人因夜深回不了住处,便命人护送到附近的寺院去住。《唐会要》卷七十六《制科举》载:

> 元和三年三月敕制:举人试讫,有逼夜纳策,计不得归者,并于光宅寺止宿。应巡检勾当官吏并随从人等,待举人纳策毕,并赴保寿寺止宿。仍各仰金吾卫使差人监引,送至宿所。

这种待遇,即使被人视为登龙门的进士科举人也望尘莫及的。范摅《云溪友议》卷下《琅琊忤》载:

> 元公以讳秀,明经、制策入仕(秀字子芝,为鲁山令,政有能名。颜真卿为碑文,号曰"元鲁山"也)。其一篇《自述》云:"延英引对碧衣郎,红砚宣毫各别床。天子下帘亲自问,宫人手里过茶汤。"是时贵族竞应制科,用为男子荣进,莫若兹乎,乃自河南之喻也。

按,此文误处甚多。"河南"指元稹,与元鲁山并非一人。元鲁山为元德秀,更非单名"秀"。颜真卿也未曾为他撰写过碑文,作碑文的是李华。时李华碑文,颜真卿书,李阳冰篆额,人称三绝。据李华《元鲁山墓碣铭》载:元德秀,字紫芝,进士及第,天宝十三载终,享年五十九。知他既非明经出身,也未曾制举登科,更没有写过《自述》诗。以"明经、制策入仕"的是元稹。《全唐诗》卷四二三有元稹《自述》诗一首,与《云溪友议》引诗在个别文字上略有不同。云:

"延英引对碧衣郎,红砚宣毫各别床。天子下帘亲考试,宫人手里过茶汤。"题下又注曰:"一作王建《宫词》。"检《全唐诗》卷三〇三收有王建《宫词一百首》,此首为第七首。细绎诗意,不仅皇帝于延英殿亲自召见应制举人,而且还亲试。按元稹应制举才识兼茂、明于体用科是在元和元年四月,据《登科记考》卷十六所载,是年四月"丙午,命宰臣已下监试应制举人于尚书省,以制举人皆先朝所征,故不亲试"。可见这年制举宪宗并未"延英引对",也未"下帘亲考试",与元稹所应制举试不符,则《自述》诗非元稹所作,当属王建《宫词》。有人以为王建未曾制举登科,不会有此诗的。其实,《宫词》百首,皆非王建亲历、亲见宫中事而写成的,乃传闻于宦官王守澄。《唐才子传》卷四载:"建初与枢密使王守澄有宗人之分,守澄以弟呼之。谈间故多知禁掖事,作《宫词》百篇。"则"延英引对"诗也当与王守澄"谈间"所知而写成的。

皇帝赐食后,就开始考试。考试这天,皇帝必须亲临试场。《册府元龟》卷六三九《贡举部·总序》就说:"皆试于殿廷,乘舆亲临观之。"《通典》卷十五《选举三》也说:"试之日,或在殿廷,天子亲临观之。"天子亲临试场,考试必在殿廷举行,称作"殿试"。若因特殊情况,考试不在殿廷举行,就多在尚书省都堂举行,天子是不亲临的,但这毕竟是少数。皇帝亲临,本是制举试的标志。这也可从元和十五年(820)吏部尚书赵宗儒的奏章中得到证明。是年正月宪宗崩,穆宗即位。二月,穆宗下诏说:"先帝所征贤良方正、能直言极谏等科,朕不欲亲试。宜令中书门下尚书省四品以上官,于三月二十三日就尚书省同试。"(《登科记考》卷十八)既然不亲试,当然也就不亲临了。时吏部尚书赵宗儒奏曰:

先奉敕:先朝所放制科举人,命与中书门下四品以上官同
于尚书省就试者。臣伏以制科所设,本在亲临;南省策试,亦非
旧典。今覃恩既毕,庶政维新,况山陵日近,公务繁迫。待问之
士,就试非多,臣等商量,恐须停罢。(《旧唐书》卷十六《穆宗
纪》)

穆宗采纳了他的建议,这年的制举试也就取消了。由"制科所设,本
在亲临"知,制举考试必须由皇帝亲临试场,而委派他官去策试的作
法,即"非旧典",当是极个别的现象了。那种认为制举乃名义上由
天子亲试的说法实误。

有唐一代,制举考试,皇帝不亲临者,据史所载,只有三次。一
次是天宝六载(747)。这年正月,南郊礼毕后大赦天下,制曰:

天下诸色人中,通明一艺以上,各任荐举,仍委所在郡县长
官,精加试练,灼然超绝流辈,远近所推者,具名送省,仍委尚书
及左右丞诸司,委御史中丞更加对试。务取名实相副者,一时
奏闻。(《登科记考》卷九)

由制诏知,这次制举试玄宗不亲临,由尚书省六部尚书及尚书左、右
丞与御史中丞对试。何以会如此?原来李林甫耍了阴谋。《资治通
鉴》卷二一五载:

上欲广求天下之士,命通一艺以上皆诣京师。李林甫恐草
野之士对策,斥言其奸恶,建言:"举人多卑贱愚聩,恐有俚言污
浊圣听。"乃令郡县长官精加试练,灼然超绝者,具名送省,委尚

书覆试,御史中丞监之,取名实相副者闻奏。既而至者皆试以诗、赋、论,遂无一人及第者。林甫乃上表贺野无遗贤。

李林甫恐对策会直言其奸,于是建议玄宗不要亲临,怕"污浊圣听";先由郡县试,再送省覆试。其制诏就是根据李林甫的建言制定颁布的。考试内容没有对策,只有诗、赋、论。时无一人及第。杜甫、元结参加了这次考试,他们在诗文中也都提到了这件事。尤其元结,在其《喻友》中说得更清楚:

> 相国晋公林甫,以草野之士猥多,恐泄漏当时之机,议于朝廷曰:"举人多卑贱愚聩,不识礼度,恐有俚言污浊圣听。"于是奏待制者,悉令尚书长官考试,御史中丞监之,试如常吏(如吏部试诗、赋、论、策),已而布衣之士无有第者,遂表贺人主,以为野无遗贤。(《全唐文》卷三八三)

按,原注"如吏部试诗、赋、论、策"之"策"字衍。吏部不试策,诗、赋、论为吏部科目选博学宏词科所试内容,故曰"试如常吏"。这次制举,不仅改变了考试方法,也改变了考试内容,已非真正意义上的制科了,而成了吏部博学宏词科试。

另外一次是宝应二年(763)。这年五月丙寅,代宗下制,由"尚书省试制举人,命左右丞、侍郎对试,赐食如旧仪"(《旧唐书》卷十一《代宗纪》)。这次皇帝没有亲临,是因为宝应元年(762)二月,肃宗颁布制举,但到四月,玄宗、肃宗相继崩亡,代宗即位。所以宝应二年的制举考试,本是根据肃宗所下制诏举行的,代宗为敬上,故不敢亲临,由尚书省官员对试。

还有一次是元和元年。《册府元龟》卷六四四《贡举部·考试二》载:

> 宪宗元和元年四月丙午,命宰臣以下监试应制举人于尚书省。以制举人皆先朝所征,故不亲试。

这次制科考试,本是根据顺宗于贞元二十一年(805)二月下制诏举行的。但因元和元年正月顺宗崩,宪宗以为这是先帝所征之举人,故不临试。

制举考试,皇帝亲临,就必在殿廷举行,这就是殿试、廷试。在唐代,只有制科才有资格举行殿试,其他任何科考试都无权在殿廷举行。进士、明经等常科有殿试那是宋代以后的事情了。后世以为唐代最早的贡士殿试始自武后载初元年(690)。《资治通鉴》卷二〇四载:载初元年"二月辛酉,太后策贡士于洛城殿。贡士殿试自此始"。其实,这次殿试不是进士、明经等常科试,因为进士、明经的地位在当时尚未达到如此高的规格。"伏请贡人至元日引见,列在方物之前,以备充庭之礼"的这一建议被武后所采纳是在长寿二年(693)十月,至第二年元日才正式施行,而在此之前,却一直是贡物陈献于御前,贡人拜列于外面,由于左拾遗刘承庆的建议才改变了这种"重物而轻人"的作法(《唐会要》卷七十六《缘举杂录》)。武后元日以新法引见贡人要比她在洛城殿殿试贡士晚了四年。可见这次殿试绝非进士、明经试,而应该是制举试。所谓"贡士",是指应制举人。《大唐新语》卷八《文章》载:"则天初革命,大搜遗逸,四方之士应制者向万人,则天御洛阳城南门亲自临试,张说对策为天下第一。"《新唐书》卷一二五《张说传》也说:"永昌中,武后策贤良方正,诏吏部尚书李景谌糊名较覆,说所对第一。"所谓"则天初革命",当指永昌元年(689)十一月"始用周正",改诏书为制书事。武后以是月即建子月为正月,改永昌元年为载初元年。载初元年二月,武后就在洛城殿也就是洛阳城南门,举行了规模宏大的制举殿试,取张说为第一名。其实,武则天的这一切作法都不过是为她于是年九月九日革唐命、改国号为"周"作舆论准备而已。

然而,唐代制举殿试也并不始于武后载初元年。制举一开始就是殿试。贞观十八年三月,太宗试孝廉茂才举人,皆引入内殿,赐坐于御前,亲自问以政道;高宗于调露元年(679)十二月"甲寅,临轩试应岳牧举人"(《旧唐书》卷五《高宗纪下》),皆为殿试之明证。武后载初元年二月的这次殿试不过是规模最大的一次而已。

制举考试,皇帝不仅亲临亲试,有时还亲自制定考题问目,亲自阅卷批改。如高宗于调露元年十二月甲寅的这次考试,就是"御制问目以试之"的(《册府元龟》卷六四三)。大历六年四月,代宗御宣政殿亲试讽谏主文等四科举人,"时方炎暑,帝具朝衣,永日危坐,读太宗《贞观政要》。及举人策成,悉皆观览,一百余道"(同上)。德宗更是连阅带批。苏鄂《杜阳杂编》卷上载:

> 上每临朝,多令征四方邱园才能学术、直言极谏之士,由是提笔贡艺者满于阙下,上亲自考试,用绝请托之门。是时文学相高,公道大振,得路者咸以推贤进善为意。上试制科于宣政殿,或有词理乖谬者,即浓笔抹之至尾;如辄称旨者,必翘足朗吟,翌日,则遍示宰臣学士,曰:"此皆朕门生也。"是以公卿大臣以下,无不服上藻鉴。

制科考试的内容为策论。高宗永淳二年（682），规定策论为三道。《册府元龟》六三九《贡举部·条制一》载：

> 永淳二年三月敕：令应诏举人并试策三道，即为永例。

自此之后，制举每科只试策三道就成了法规。如武则天于永昌元年六月下诏设八科举人，诏文云："凡此八科，实该三道。"（《登科记考》卷三）就是说，这八科，实际上每科都只有三道策问。武后长寿三年（694）四月，试临难不顾、徇节宁邦科策问就是三道，薛稷的对策也是三道；天册万岁二年（696）策贤良方正科问为三道，崔沔的对策也是三道。但开元九年以后就变成了一道。《旧唐书》卷八《玄宗纪上》载：开元九年四月"甲戌，上亲策试应制举人于含元殿，谓曰：'古有三道，今减二策。'"《册府元龟》卷六四三《贡举部·考试一》也载："玄宗开元九年四月甲戌，亲策试应举人于含元殿，谓曰：'古有三道，今减从一道。'"这之后，制科策论就变成一道了。

　　策论之试题叫策问，根据策问所答，叫策对。策问一般是以皇帝的口吻提问的，往往有"朕闻"等字样；若皇帝不亲试，则往往为"皇帝若曰"等字样。策对根据策问而答，有一定格式，分为策头、策项、策尾三部分。白居易有《策林》七十五篇，前三篇分别是策头二道，策项二道，策尾三道。策头就是开头，相当于后来八股文的破题、承题，多为称颂之词。策项是策对的正文。白居易虽有"策项二道"，实际上其他七十二篇都属策项。策项的好坏直接关系着考取与否及其等第。策项中一般都有"策曰"、"臣闻"等字样。策尾就是收尾、结束语，一般最末都有"谨对"等字样。策问、策对都是围绕着此科的内容而问答的。如贤良方正、能直言极谏科，必须直言无讳地针对当时的政治形势提出自己的看法,刘蕡、牛僧孺、李宗闵、皇甫湜等都是应此科时以敢于直言进谏而出了名的。白居易的《策林》七十五篇,就是他针对制诏中"诸色人中有才识兼茂、明于体用者"而予构的。此科要求针对现实而发,故他在《策林序》中就说,他与元稹"退居于上都华阳观,闭户累月,揣摩当代之事,构成策目七十五门"以应此科。

若制举为特殊的专科,也可不试策。如开元二十一年三月,诏曰:

> 博学、多才、道术、医药举人等,先令所司表荐,兼自闻达。敕限已满,须加考试。……其博学科,试明三经、两史,(取)以上帖试稍通者。多才科,试经国商略大策三道,并试杂文三道,取其词气高者。道术、医药举,取艺业优长,试练有效者。宜令所由依节限处分。(《登科记考》卷八)

知博学科试帖经,多才科试策与杂文,道术科、医药科试实际效用。至于天宝十三载(754)十月,制举词藻宏丽科除问策外,又加试诗、赋各一首,当属特殊情况,临时所设。后世认为制举试诗赋,自此始也,但以后也再未见历朝皇帝在制科中有试诗赋的情况。

制举是从来不试判的,试判为吏部所专有,吏部也从来不试策。谭优学先生《唐诗人行年考·王翰行年考》认为《全唐文》卷三五五收有王翰《对两贯判》一文,为王翰开元二年(714)应制举"手笔俊拔科之试帖判词",大误。《对两贯判》仍王翰应吏部铨选时所试判词。

制举考试,一般也要糊名,《通典》卷十五《选举三》说:"试已,糊其名于中考之。"糊名试策与糊名考判一样,大约始于武后初年。《新唐书·张说传》载:"永昌中,武后策贤良方正,诏吏部尚书李景谌糊名较覆,说所对第一。"

三、考策官　制举登科等第

制举考试,皇帝亲临亲试,主考官当然是皇帝。此外,一般还必须有三名考策官,即批阅策卷官。即使皇帝亲自批阅,考策官也还是需要的。《登科记考》卷七引《记纂渊海》云:开元十年(722),"帝御洛城门试文章,及第二十人。考功户部郎中苏晋,刑部员外郎席豫,侍御史陈希烈于化城院考"。按,"考功"当为"考官"之误。"文章"即指文藻宏丽科。据两《唐书·苏晋传》载,苏晋于先天、开元初为中书舍人,后历泗州刺史、户部侍郎,开元十四年(726)迁吏部侍郎。在此期间未曾任过户部郎中,开元十年正为户部侍郎,《记纂渊海》误。这年玄宗亲临洛阳城南门考试文藻宏丽等科,署苏晋、席豫、陈希烈三人为考策官。权德舆《送许协律判官赴西川序》云:"(贞元)十年冬,予与今左曹相君、兵部郎崔君同受诏禁中,杂阅对策,以第其等。……时相君为吏部郎,崔为右补阙。"(《全唐文》卷四九二)知贞元十年(794)制举试考策官为起居舍人权德舆,吏部员外郎相某和右补阙崔某三人。《册府元龟》卷六四四《贡举部·考试二》载:长庆元年(821)"十一月戊午,御宣政殿试制科举人。……中书舍人白居易,膳部郎中陈岵,考功员外郎贾𫗧同考制策"。《旧唐书》卷十七《敬宗纪》载,宝历元年(825)三月,"上御宣政殿试制举人二百九十一人,以中书舍人郑涵,吏部郎中崔琯,兵部郎中李虞仲并充考制策官"。同卷《文宗纪上》又载:大和二年(828)三月"辛巳,上御宣政殿亲试制策举人,以左散骑常侍冯宿,太常少卿贾𫗧,库部郎中庞严为考制策官"。由以上数例可知,考策官一般为三名。但元和三年(808)的制举考策官却是四人。《旧唐书》卷一五八《韦贯之传》载:元和"三年,复策贤良之士,又命贯之与户部侍郎杨於陵、左司郎中郑敬、都官郎中李益同为考策官",时韦贯之为吏部员外郎。一般来说,考策官多为有才华有藻鉴的文学之士。

唐代制举登科的等第,前后经历过几次变化。前期一般分为四等,即第一等、第二等、第三等、第四等,也就是甲乙丙丁四等。第一等即甲等是向来不授人的。第二等也就是乙等算是最高的。《大唐新语》卷八《文章》载:

> 则天初革命,大搜遗逸,四方之士应制者向万人,则天御洛阳城南门亲自临试。张说对策为天下第一,则天以近古以来未有甲科,乃屈为第二等。

《旧唐书》卷九十七《张说传》说他:"弱冠应诏举,对策乙第。"《新唐书》本传亦谓:"说所对第一,后署乙等。"《大唐新语》谓"则天以近古以来未有甲科",是指第一等。两《唐书》说张说"乙第"、"乙等",是指"乃屈为第二等"。

第一等不授人,直至开元年间仍是如此。《旧唐书》卷八《玄宗纪上》载:

> (开元九年四月)甲戌,上亲策试应制举人于含元殿,谓

曰:"古有三道,今减二策;近无甲科,朕将存其上第。务收贤俊,用宁军国。"仍令有司设食。

《登科记考》卷七引《册府元龟》所载,认为四月无甲戌,应为五月乙亥,当从。所谓"近无甲科",是指第一等;"朕将存其上第",是指第二等。由此可见,开元时制举仍无第一等,第二等也渐渐趋于授者极少之势,故玄宗想通过将三道策减为一道策的办法来存住第二等。

第四等即丁等当是最低的等第了。玄宗在开元二年(714)六月的制诏里说:

> 其有茂才异等,拔萃超群,缘无绍介,久不闻达者,咸令自举,朕将亲问。其应宣抚,咸使名闻。举人试第四等,宜准旧例,别加优奖。(《唐大诏令集》卷一○八《大明宫成放免囚徒等制》、《全唐文》卷二五四苏颋《居大明宫德音》)

这就是说,应制举人若考为第四等,也要和以前一样,"宜准旧例,别加优奖"。可见第四等以下再无等第了,为最末一等。

自武后至玄宗开元年间,制举中第二等者,除张说外,还有林游楚。唐林宝《元和姓纂》卷五载:"(林)通生登,唐清苑、博野二令,以二子官居高陆,入关居三源县。生游楚、游艺、游道、游真。游楚自万泉令应燮理阴阳科,第二等,擢夏官郎中。"武后光宅元年(684)改兵部为夏官,至中宗神龙元年(705)始复旧,则林游楚应制举当在武后时代。睿宗景云三年(712),张九龄应道侔伊吕科,中第二等。徐浩《唐尚书右丞相中书令张公神道碑》云:

公讳九龄,字子寿,一名博物,其先范阳方城人。……弱冠乡试进士,考功郎沈佺期尤所激扬,一举高第。时有下等,谤议上闻,中书令李公,当代词宗,诏令重试,再拔其萃,擢秘书省校书郎。应道侔伊吕科,对策第二等,迁左拾遗。(《全唐文》卷四四○)

是年,韩休、赵冬曦、王择从亦中贤良方正科第二等乙第。《旧唐书》卷九十八《韩休传》载:

休早有词学,初应制举,累授桃林丞。又举贤良,玄宗时在春宫,亲问国政,休对策与校书郎赵冬曦并为乙第,擢授左补阙。

《新唐书》本传亦载:"与校书郎赵冬曦并中乙科,擢左补阙。"《旧唐书》卷一七八《王徽传》载徽之曾祖"择从,大足三年登进士第,先天中又应贤良方正制举,升乙第"。《登科记考》卷五将张九龄、韩休、赵冬曦、王择从应制举皆系于景云三年也就是先天元年下,当是正确的。

开元年间,制举入第二等的有常无名、孙逖。常衮《叔父故礼部员外郎墓志铭》载:

宾客讳无名,字某,河内温人也。……既冠,进士擢第,其年拔萃登科,补益州新都尉。开元十年,举文藻宏丽。……与孙逖同入第二等,擢鄠县尉。(《全唐文》卷四二○)

开元十年之所以有第二等,可能与开元九年玄宗下诏减策以存上第有关吧。

但这种作法并没有维持多久,第二等也无人能被授予了。于是渐渐地以第三等为甲科,其他等第也作了相应地调整。除第四等,又设立了第五等,以第四等、第五等为乙科。这一变化,大约发生在开元、天宝之际。《册府元龟》卷六四三《贡举部·考试一》载:

> (天宝)十三载十月,御含元殿亲试博通坟典、洞晓玄经、词藻宏丽、军谋出众等举人。命有司供食,既暮而罢。……时登甲科者三人,太子正字杨绾最为所称。乙第者凡三十余人。

甲科者三人,乙第者三十余人,这已是新的制举等第了。甲科当为第三等,乙第当是第四等和第五等,而非前期甲科第一等、乙第第二等了。赵翼《陔余丛考》卷二十九《甲榜乙榜》载:

> 《旧唐书》:玄宗亲试敕曰:"近无甲科,朕将存其上第。"《杨绾传》:"玄宗试举人登甲科者三人,绾为之首。其乙科凡三十余人。"是甲乙科俱谓进士也。

此说大误。进士虽也分两个等第,世称甲乙科,但这里玄宗所说"近无甲科"和《杨绾传》所言之甲、乙科,皆指制科,而非进士科。

制举第一、二等不授人,第三等就为甲科,第四等、第五等为乙科,这一情况直至贞元年间仍存在。《唐大诏令集》卷一〇六《贞元元年放制科举人诏》曰:

贤良方正能直言极谏韦执谊等,达于理道,甚用嘉之;位以
旌能,宜以升秩。其第三等人,委中书门下即超资与处分;第四
等人,即优与处分;第五等人,即与处分。

这一年中第三等者有韦执谊、穆质。《旧唐书》卷一五五《穆质传》
载:"质强直,应制策入第三等,其所条对,至今传之。"白居易《论制
科人状》亦云:

德宗皇帝初即位年,亦征天下直言极谏之士,亲自临试,问
以天旱。穆质对云:……德宗深嘉之,自第四等拔为第三等,自
畿尉擢为左补阙。(《白居易集》卷五十八)

知穆质是年所中为第三等。韦执谊名在穆质前,为第一名,当然也
是第三等了。《新唐书》卷一六八《韦执谊传》就说他"对策异等,授
右拾遗"。"异等",当为甲科第三等。

制举第三等为甲科,第四、第五等为乙科,这一等第不久又有所
变化。第三等又分为第三等和第三次等,第四等也分为第四等和第
四次等,第五等只取上等。这就是说,一、二等不授人,第三等以下
又分为五个等次:第三等、第三次等为甲科,第四等、第四次等和第
五上等为乙科,以下不收。这一变化似发生在贞元、元和之际。贞
元年间共进行过三次制举试,贞元元年未见变化,仍用第三等、第四
等、第五等三个等第,如前所引。贞元四年、十年又分别举行过两次
制科考试,但等第问题未见有记载。而元和元年(806)的这次制举
试,却用的是新的五等第制。《唐大诏令集》卷一〇六《放制举人
敕》记载了这次制举的等第:

才识兼茂明于体用科第三次等元稹、韦惇,第四等独孤郁、白居易、曹景伯、韦庆复,第四次等崔韶、罗让、崔护、元修、薛存庆、韦珩,第五上等萧俛、李蟠、沈传师、柴宿;达于吏理可使从政科第五上等陈岵等,咸以待问之美,观光而来,……其第三次等人,委中书门下优与处分,第四等、第四次等、第五上等,中书门下即与处分。

时无第三等,只有第三次等。自此以后,有关制举考试等第的记载都是五等制。再看唐代最后一次的制举试即大和二年(828)文宗颁发的《放制举人敕》:

贤良方正能直言极谏科举人第三等裴休、裴素,第三次等李郃,第四等南卓、李甘、杜牧、马植、郑亚、崔玙,第四次等崔谠、王式、罗绍京、崔渠、崔慎由、苗愔、韦昶、崔博,第五上等崔涣、韩宾;详闲吏理达于教化科举人第四次等宋昆;军谋弘远堪任将帅科举人第四次等郑冠、李栻等,皆直躬遵道,博古知微,敷其远猷,志在弘益。……其第三等、第三次等人,委中书门下优与处分,第四等、第四次等、第五上等人,中书门下即与处分。(《册府元龟》卷六四四、《唐大诏令集》卷一〇六)

由于制举等第前后发生过数次变化,后世不明,往往将前后期等第混为一谈,如张说于武后载初元年所中制举为第二等乙第,而《唐才子传》卷一却载:

垂拱四年,举学综古今科,中第三等,考策日封进,授太子校书。令曰:"张说文思清新,艺能优洽。金门对策,已居高科之首;银榜效官,宜申一命之秩。"

按,垂拱四年(688)当为载初元年之误,说见前。《唐才子传》谓张说所中乃第三等,当指后期之甲科,但这样一来,与两《唐书》所载"乙第"、"乙等"就不符了。此类例子甚多,不再赘举。

制举第一名有敕头之称,这如同乡贡举人州府试第一名称作解头、解元,礼部闱试第一名称作状头、状元,则制举第一名就称作制科敕头,简称敕头。敕头必须是此届制举中最高等第的第一名,而且还必须是所有科目中的第一名。《旧唐书》卷九十一《张柬之传》载:

永昌元年,以贤良征试,同时策者千余人,柬之独为当时第一,擢拜监察御史。

则张柬之当为永昌元年制举敕头。《新唐书·张说传》载武后策贤良方正,"说对第一"。《唐才子传》卷一又引则天令曰:"张说文思清新,艺能优洽,金门对策,已居高科之首。"则张说当为载初元年制举敕头。

天宝十三载,玄宗设制举四科取人。据《旧唐书》卷一一九《杨绾传》载:"时登科者三人,绾为之首。"此说不确。据《册府元龟》卷六四三称:"时登甲科者三人,太子正字杨绾最为所称。"则只有杨绾可称此年制举敕头,其他登甲科者二人则否。

贞元元年,德宗设贤良方正能直言极谏、博通坟典达于教化、识洞韬略堪任将帅三科以试人,时登贤良方正能直言极谏科第三等者有韦执谊与穆质二人,但唯有韦执谊可称作敕头。《册府元龟》卷六四四《贡举部·考试二》载:"十月甲子,授贤良方正能直言极谏韦执谊等一十八人官有差。"按惯例,只有敕头才被举以概所有登科人的,故知韦执谊是敕头。同样,《册府元龟》同卷又载:"十年九月丁丑,以官授贤良方正能直言极谏前进士裴垍等一十人。"知贞元十年的制科敕头是裴垍,且《旧唐书》本传也载:"贞元中,制举贤良极谏,对策第一。"

元和元年,制举登科者十八人,是年最高等第是第三次等,入此等者有元稹、韦惇二人,但只有元稹可称作敕头。元稹在其《才识兼茂明于体用策一道》题下自注曰:"校书郎时应制,考入次三等,充敕头,授左拾遗。"(《元氏长庆集》卷二十八)因时无第三等,元稹为第三次等第一人,就自谦曰"充敕头"。白居易为元稹母所撰写的《唐河南元府君夫人荥阳郑氏墓志铭》说:"属今天子始践祚,策三科以拔天下贤俊,中第者凡十八人,稹冠其首焉。"(《白居易集》卷四十二)《旧唐书》卷一六六《元稹传》亦载:"登第者十八人,稹为第一。"则知元稹不仅是才识兼茂明于体用科中的第一人,而且也是是年制举三科十八人中的第一名,所以才可称作敕头。

元和三年三月,宪宗御宣政殿试制举四科举人,"皇甫湜与牛僧孺、李宗闵并登贤良方正科第三等"(《旧唐书》卷十四《宪宗纪上》)。但只有牛僧孺一人可称作敕头。杜牧《唐故太子少师奇章郡开国公赠太尉牛公(僧孺)墓志铭》云:

> 公登进士上第,元和四年,应贤良直谏制,数强臣不奉法,忧天子炽于武功。诏下第一,授伊阙尉。(《全唐文》卷七五五)

按,"元和四年"当为"元和三年"之误。知牛僧孺为当年制科第一。又,《太平广记》卷四九七《韦乾度》条引《乾𦠆子》云:

> 韦乾度为殿中侍御史,分司东都。牛僧孺以制科敕首除伊阙尉。台参,乾度不知僧孺授官之本,问:"何色出身?"僧孺对曰:"进士。"又曰:"安得入畿?"僧孺对曰:"某制策连捷,忝为敕头。"

进士出身,守选期满,按吏部铨选,只能是紧县簿、尉。而牛僧孺却一下子授予畿县尉,当然要引起韦乾度的惊异了,故问以授官之因。由是知,牛僧孺为此年制举敕头,而李宗闵、皇甫湜虽也中第三等,但却不是敕头。

长庆元年十一月,穆宗亲临宣政殿试制科举人,十二月,颁布《处分贤良方正等科举人制》,曰:

> 贤良方正能直言极谏第三等人庞严,第三次等人吕术,第四等人韦曙、姚中立、李躔,第四次等人崔嘏、崔龟从、任畹,第五上等人韦正贯、崔知白、陈玄锡;博通坟典达于教化第四等人李思玄;详明政术可以理人第四次等人崔郢;军谋弘远堪任将帅第三等人吴思,第五(上)等人李商卿,咸以懿学茂识,扬于明庭。……其第三等人、第三次等人,委中书门下优与处分,其第四等人、第四次等人、第五上等人,中书门下即与处分。(《全唐文》卷六十四)

这一年,制举设四科试人,登科者十五人,入第三等者二人;庞严与吴思。然只有庞严可称敕头。《旧唐书》卷一六六《庞严传》载："长庆元年应制举贤良方正能直言极谏科,策入三等,冠制科之首。"刘禹锡《哭庞京兆》诗题自注曰:"少年有俊气,尝擢制科之首。"(《刘梦得文集》卷十)故知庞严为是年制科敕头。吴思虽也入第三等,而且是军谋弘远堪任将帅科第一人,但却不是这一年制举四科之首,故不能称敕头。

宝历元年三月,敬宗设三科试制举人,时登科者二十一人。贤良方正能直言极谏科第三等人有唐伸、韦端符、舒元褒三人,军谋宏远材任边将科第三等人有裴俦一人,共计四人,但唯有唐伸一人可称作敕头,其他三人则否。《全唐文》卷六十八敬宗《处分贤良方正等科举人制》、《唐大诏令集》卷一〇六《放制举人诏》均将唐伸名例最前。按唐代制举排名最前者为敕头之惯例,则知唐伸不仅是贤良方正能直言极谏科第一人,而且也是制举三科第一人。

大和二年三月,文宗亦设制举三科,时登科者二十二人,唯贤良方正能直言极谏科有第三等人,即裴休、裴素二人,其他二科则无。但只有裴休一人可称敕头。《旧唐书》卷一六六《庞严传》载:

> 大和二年二月,上试制举人,命严与左散骑常侍冯宿,太常少卿贾𫗧为试官,以裴休为甲等,制科之首。

按,"二月"当为"三月"之误。卢肇《宣州新兴寺碑铭》亦云:

> 若夫宣城新兴寺者,会昌四年既毁,大中二祀,故相国太尉裴公之所立也。公讳休,字公美,河东闻喜人,代济文德,洎公弥大。擢进士甲科,登直言制首。(《全唐文》卷七六八)

知裴休以制科敕头登科。

四、举选结合的特殊性质

从应制举人的身份看,制举作为特科,与礼部常科确有不同的特点,与吏部常调铨选和科目选也有不同之处。礼部明经、进士等常科,其应试者多是白身,即没有官职,没有出身的人。吏部常调铨选,其应试者是守选期满的前资官与有出身人。吏部科目选,其应试者除守选期满的前资官和有出身人之外,也有守选未满的前资官和有出身人。而制科,其应举者,既有白身,也有守选期已满的前资官和有出身人,还有守选期未满的前资官与有出身人,而且,六品以下在职的现任官员也可参加。其应试面之广,超过了礼部举制与吏部选制所规定的范畴,具有更广泛的举士选官基础。

制举的广泛性,往往体现在制诏中。如贞观二十年(646)六月,太宗下诏"可令天下诸州,明扬侧陋。所部之内,不限吏人,……并宜推择,咸同举荐"(《登科记考》卷一)。"不限吏人",当包括官吏和百姓,也包括前资官和出身人。开元九年正月,玄宗下诏说:"其两京、中都及天下诸州官人百姓,……各听自举,务通其实。仍令州府,具以名进。"(同上卷七)"官人百姓",当指六品以下现任与罢任官员和庶民百姓、出身人等。元和二年正月,宪宗下制说:"天下诸色人中,……,委内外官各举所知,当亲策试。"(同上卷十七)"天下诸色人中"是安史之乱后制诏中常用的字眼,当包括上述各类人。五代后周显德四年(957)十月,世宗下制准备明年举行制科考试,在制诏中更明确指出:

应天下诸色人中,有贤良方正能直言极谏、经学优深可为师法、详闲吏理达于教化者,不限前资、见任职官、黄衣草泽,并许应诏。(同上卷二十六)

第二年因世宗南征而未能举行。

一般来说,根据制诏而设的科目,绝大多数是任何人都可参加,并没有特别的限定。如长庆元年十一月,穆宗御宣政殿策试贤良方正能直言极谏、博通坟典达于教化、详明政术可以理人、军谋弘远堪任将师四科举人,登科者已见上引。十二月甲申,授予登科人以官职。从这些授官的人中,我们可以看出,既有白身人,也有出身人,还有前资官和现任官。《册府元龟》卷六四四《贡举部·考试二》载:

> 甲申,以登制科人前试弘文馆校书郎庞严为左拾遗,前试秘书省校书郎张述为右拾遗,前试太常寺协律郎吴思为右拾遗、供奉,京兆府富平县尉韦曙为左拾遗、内供奉,前乡贡进士姚中立、李躔、崔嘏并可秘书省校书郎,同州参军崔龟从为京兆府鄠县尉,太子正字任畹为京兆府兴平尉,草泽韦正贯为太子校书郎,前乡贡进士崔知白为秘书省正字,前乡贡进士崔郢为太子校书郎,前乡贡进士李商卿为崇文馆校书郎。

知应此四科举人中,有白身人韦正贯,有出身人前进士姚中立、李躔、崔嘏、崔知白、崔郢、李商卿,有前资官庞严、张述(前引作吕术)、吴思,现任官韦曙、崔龟从、任畹等。

然而,有一些根据制诏所设的科目,却限定只有某种人能参加,如一些科目只规定白身人即庶民参加,有出身人有官职的人是不能参加的。开元二年四月,玄宗在制诏中说:"百姓间有伟才异行,藏鳞戢羽,隐沦屠钓,栖迟闾阎。……各以名闻。"(《登科记考》卷五)据此诏而设的哲人奇士隐沦屠钓科就只准许一般无官职无出身的人参加。孙逖就是以登此科而授官的。《旧唐书》卷一九○《文苑中·孙逖传》谓:"开元初,应哲人奇士举,授山阴尉。"《唐才子传》卷一据《新唐书·文艺传》也说他"开元二年,举手笔俊拔、哲人奇士隐沦屠钓及文藻宏丽等科,第一人及第"。而《登科记考》卷五根据《玉芝堂谈荟》,却又认为孙逖开元二年进士及第,乃大误。若孙逖进士及第,则已是有出身人,是不能应哲人奇士隐沦屠钓科的。由是知孙逖应此科时,是无官职无出身之人。

开元十五年正月,玄宗"制草泽有文武高才,令诣阙自举"(《旧唐书》卷八《玄宗纪上》)。据此制所设的高才沉沦草泽自举科就只限于无官职无出身人参加了。《册府元龟》卷六四三《贡举部·考试一》载:

> (开元)十五年五月,诏中书门下引文武举人就中策试。于是蓝田县尉萧谅,右卫胄曹梁涉,邠州柱国子张玘等,对策稍优,录奏。帝谓源乾曜、杜暹、李元纮等曰:"朕宵衣旰食,侧席求贤,所以每念搜扬者,恐草泽遗才,无由自达。至如畿尉、卫佐,未经推择,更与褐衣争进,非朕本意。"由是惟以张玘为下第放选,余悉罢之。

按制诏,要求举草泽中的文武高才,而中书门下却以现职官员蓝田县尉(畿尉)、右卫胄曹参军(卫佐)和勋官(柱国)之子录奏,当然引起了玄宗的不满。最后,这三个人一个也没有被录取,张玘落第后可准其参加冬集的吏部铨选,其他二人全罢归原任。既然中书门下考试录取未能符合玄宗的本意,于是,玄宗就又于是年"九月庚辰,帝御洛城南门,亲试沉沦草泽诣阙自举文武人等"(同上)。这就是为什么开元十五年的制举考了两次的原因。《登科记考》于开元七年文词雅丽科和开元十五年高才沉沦草泽自举科下都系有王缙。《旧唐书》卷一一八《王缙传》说"缙连应草泽及文辞清丽举"。《唐诗纪事》卷十六《王缙》条也说他:"举草泽、文辞清丽科,上第。"可知王缙是先应草泽即高才沉沦草泽自举科,后应文辞清丽科的。若开元七年先应文辞雅丽科,则已是有官职有官资的人了,当不能再应草泽自举科的。由是知王缙应文辞清丽科在开元十五年之后。按,开元二十六年,玄宗下制并试文词雅丽举人,王缙应文词清丽科或在此年,可存疑。

又,开元二十七年二月,玄宗加尊号,大赦天下,制曰:"草泽间有殊才异行,文堪经国,为众所推,如不求闻达者,所由长官以礼征送。"(《登科记考》卷八)天宝三载十二月,玄宗亲祀东郊,大赦天下,制曰:"百姓间有孝勤过人,乡间钦伏者,所由长官具以名荐。"(同上卷九)至德二载十二月,肃宗御丹凤门大赦,制曰:"百姓中孝悌力田、不求闻达者,委采访使闻奏。"(同上卷十)以上都明确规定,只有百姓才能应举。

还有些科目又规定,只有现任六品以下官员和前资官可以应,其他人则否。如高宗麟德元年(664)下诏所设藏器下僚科,就只准现任和前资官应举。张说《常州刺史平君神道碑》云:

公讳贞睿,字密,一字闲从,燕国蓟人也。……始以司成馆

进士补卢州慎县尉,刺史卢宝允举藏器下僚,转冀州大都督府曲沃县尉。(《全唐文》卷二二九)

知平贞昚以现任卢州慎县尉应藏器下僚科的。武后证圣元年(695)下制设长才广度沈迹下僚科,也只准现任官、前资官应举。张愿《唐故朝散大夫著作郎张府君墓志铭并序》云:

> 君讳漪,字若水,范阳方城人。……周举成均进士擢第,上圣历封事,一命怀州武陟尉。后应长材广度科,再转洛州登封主簿。(《唐代墓志汇编》)

知张漪以怀州武陟县尉应长才广度沈迹下僚科的。开元十七年,玄宗设制举才高未达沈迹下僚科,应此科者也只能是现任、前资官。徐季鸨《屯留令薛仅善政碑》载:

> 秩满,授江阳丞,长史王易从、李朝隐以公清正直,摄江阳、江都、海陵三县令,中丞宇文融、殿中侍御史咸廙业并引为判官。……会有制命举才高未达沈迹下僚、宏词博识至公从正者,上御紫宸殿,亲试亲考,入拜献替之司。(《全唐文》卷三六二)

知薛仅是以判官身份应才高未达沈迹下僚科的。

在制诏中有时还规定此届制举只准许某色人能应。如玄宗于天宝元年正月下制诏说:"其前资官及白身人中,有儒学博通,及文词秀逸,或有军谋越众,或武艺绝伦者,委所在长官具以名闻。"

（《登科记考》卷九）规定只有前资官及白身人能应。颜真卿就是以前资官应文词秀逸科的。殷亮《颜鲁公行状》载：

> 开元二十二年进士及第，登甲科。二十四年吏部擢判入高等，授朝散郎、秘书省著作局校书郎。天宝元年秋，扶风郡太守崔琇，举博学、文词秀逸，玄宗御勤政楼，策试上第，以其年授京兆府醴泉县尉。（《全唐文》卷五一四）

颜真卿于开元二十四年任秘书省校书郎，最多不过三年，故知天宝元年，他是以前秘书省校书郎身份应文词秀逸科的。

以现任官身份应制，这是制科作为特科的显著标志之一，也是与礼部常科、吏部常调铨选和科目选最大的不同之处。武后于垂拱元年（685）五月，"诏内外文武九品以上及百姓，咸令自举"（《登科记考》卷二）；玄宗于开元二十六年正月的制诏中也说："其内外八品以下官，及草泽间有学业精博、蔚为儒首；文词雅丽、通于政术，为众所推者，各委本州、本司长官精加访择，具以闻奏。"（同上卷八）代宗于大历五年六月的制诏中也说："文武官及前资六品以下，并草泽中有硕德专门，茂才异等，智谋经武，讽谏主文者，仰所在州府观察、牧宰精求表荐。"（同上卷十）都特意强调现任官可以应。

一般来说，现任官多指六品以下属吏部铨选范围内的官员，前引武后垂拱元年、代宗大历五年制诏中的内外官皆指此。只有开元二十六年的制诏限定是八品以下官。若是六品以下敕授的现任官如拾遗、补阙、监察御史等，是不会应制参加制科考试的。翻检史书典籍，未见记载有以拾遗、补阙、监察御史等现任官身份应制举登科的文字。这是因为六品以下铨选的现任官，任期一满，就要罢秩守选，所以他们往往不等官秩已满就参加制举考试，登科后不仅可以连任，而且官职还可提高。六品以下敕授官，因官满不守选，官职又可升，故没有必要参加制科考试。

从制举授官的情形看，它兼有举制与选制的特征，是举制与选制的结合。《通典》卷十五《选举三》说，制举登科后，"文策高者特授以美官，其次与出身"。那么，哪些人授与官，哪些人给与出身呢？

六品以下的在职官，登科后，一般都授予比现任要高的官，等第高的话，还会授与制授或敕授官。如前引武后时的林游楚，制举登科入二等，由七品的万泉县令，授与五品兵部郎中，一下子就成为制授官了。杨绾制举登甲科，由太子正字授与右拾遗，为敕授官。韦曙制举登科入第四等，由畿县尉擢为左拾遗。

前资官，无论守选期满还是未满，制举登科后都授与比前任要高的官。若等第高，也会授予敕授官。如前引庞严、张述、吴思，登制举甲科，分别由前校书郎、前协律郎授与左、右拾遗。

有出身人，无论守选期满与未满，制举登第后也会立即授官，若是甲科，有时也会授与敕授官。如韦执谊，由前进士登制举甲科，擢为右拾遗；裴垍、牛僧孺，亦由前进士登制举甲科，拜畿县尉。

只有草泽即白身人，制举登科后分两种情况，一种是文策好，等第高，则授与官；一种是文策略差，等第较低，则给与出身。

授与官者如孙逖，应哲人奇士举，授山阴县尉；韦正贯，应贤良方正科，授太子校书郎。《旧唐书》卷一五三《姚南仲传》载："姚南仲，华州下邽人。乾元初，制科登第。授太子校书。"权德舆《故中散大夫守尚书右仆射上柱国赐紫金鱼袋赠太子太保姚公神道碑铭》亦载："公讳南仲，字某，吴兴武康人。……其初应制，条对理道，授太子校书内史。"（《全唐文》卷五〇〇）二文均未言姚南仲进士及

第,知他以白身人应制科授官的。白身人制举登科,有时还会授与拾遗等敕授官的。如《旧唐书》卷一九〇《文苑下·王仲舒传》载:

> 王仲舒字弘中,太原人。少孤贫,事母以孝闻。嗜学工文,不就乡举。凡与结交,必知名之士,与杨顼、梁肃、裴枢为忘形之契。贞元十年,策试贤良方正能直言极谏等科,仲舒登乙第,超拜右拾遗。

韩愈《故江南西道观察使赠左散骑常侍太原王公墓志铭》也说:"公讳仲舒,字弘中。少孤,奉其母居江南,游学有名。贞元十年以贤良方正拜左拾遗。"(《全唐文》卷五六三)《旧唐书》卷一八五《良吏下·杨茂谦传》载:"杨茂谦者,清河人。窦怀贞初为清河令,甚重之。起家应制举,拜左拾遗。"知王仲舒、杨茂谦都是以白身应制举登科拜拾遗官的。以白身人应制举授官,最能体现出制举的举士与选官合而为一的特征,也就是举制与选制相结合的特征。一般来说,白身人即乡贡举子在礼部贡试及第后,经吏部关试,可给与出身,守选合格,再经吏部铨试,方可授与官。而举子若制举登科,既有了出身,又可立即授官,不经守选,这就省去了不少时间,少走许多弯路。

白身人以制举登科给予出身的有杨训、宋杞等。《千唐志斋藏志》收有《大周故文林郎杨府君墓志铭并序》,云:

> 君讳训,字玄明,河南偃师人也。……甫在弱龄,而志于学。唐任成均生,应制举,射册及第,授文林郎。

"成均生"即国子监生,武后光宅元年(684)改国子监为成均监,国子监生徒也就叫成均监生徒了。杨训应制举射策及第当在武后时代,及第后给与出身为散官文林郎。《河南千唐志斋藏石》又收有《大唐故吏部常选谯郡夏侯公墓志铭并序》,署名为"东封应制及第宋杞撰"。墓志铭写于开元二十三年(735),玄宗东封泰山在开元十三年(725)十一月。第二年,"七月癸巳,上御洛城南门楼,亲试岳牧举人及东封献赋颂人,命太官置食,赐物有差"(《册府元龟》卷六四三)。则宋杞当是开元十四年(726)制举及第给予出身的,不知何故,他却未能去应选授官。又,按前引,长庆元年制举登科者一十五人,而授官者却为一十三人,有两人未授官,未授官的原因,唯一的解释是给予了出身。这两人一定是白身人。白身人以制举登科而给予出身,正体现了制举具有举制的特征,正如现任官、前资官和有出身人制举登科而授与官,体现了它的选制特征一样。

制科出身,似乎也要守选。关于此,却未见有任何载籍资料。但《宋史》卷一五八《选举志四·铨法上》却载有宋太宗淳化年间的铨选之制,曰:"进士、制举,三选。"就是说,制举出身者与进士出身者一样,要守选三年。宋初多承唐五代之制,既然宋初进士出身者守选三年,与唐代相同,则制举出身者守选三年,想必唐、宋两朝也相同。唐代制举出身守选三年后,就可与前进士一样,赴吏部参加铨选。

由应制举人试前待遇和试后授官情形看,制科远在进士科之上。正如范摅在《云溪友议》卷下《琅琊忤》中所说:"是时贵族竞应制科,用为男子荣进,莫若兹乎!"穆质在其《对贤良方正能直言极谏策》中也说:"制策之举,最为高科。"(《全唐文》卷五二四)《通典》卷十五《选举三》描写制举情形说:"开元以后,四海晏清,士无贤不肖,耻不以文章达,其应诏而举者,多则二千人,少犹不减千人,所收百才一。"但生活于盛、中唐之际的封演,在其《封氏闻见记》卷三《制科》中却有一段话,引起了学术界有关唐代制科与进士科地位孰高孰低的争论。他说:"制举出身,名望虽高,犹居进士之下。"又说:"同僚迁拜,或以此更相讥弄。御史张瓛兄弟八人,其七人皆进士出身,一人制科擢第,亲故集会,兄弟连榻,令制科者别坐,谓之杂色,以为笑乐。"其实,封演所述,不尽正确。

制举登科者是天子的门生,其地位当然会比礼部侍郎的门生进士及第者要高得多,这由前所述即可看出。应制举人不仅赴京前要以礼征送,考试前皇帝赐食赐茶,而且皇帝还亲临亲试,其待遇和考试规格都要比进士科高,可以说是应进士科者望尘莫及的。

制举登科后,是由中书门下授官的,一般六品以下官员,包括进士及第初合格授官,是由吏部旨授,只有敕授的官员如员外郎、拾遗、补阙、御史等,才由中书门下来授,则制举登科者的授官也就属于敕授的范围了。由此可见制科授官也要比进士科授官的规格高。

一般来说,进士及第,守选合格后,只能授与州府参军和紧县簿、尉。而制举登科,则多是校书郎、正字和畿县簿、尉。白居易在其《策林二·大官乏人》中说:"进士非科第者,不授校、正;校、正欠资考者,不署畿官。"(《白居易集》卷六十三)是说,进士及第,不登制科或科目选,是不授校书郎、正字之类官的;校书郎、正字,若官资、考数不够,也不会授畿县簿、尉的。而制举登科,却一下子就授与校、正、畿县官,既快捷又省时。尤其制举登科,等第高,还会授与拾遗、补阙等敕授官,这是进士及第者按吏部常调铨选永远也不会达到的,因为这类官不属于吏部旨授范围。

由此可见,封演所言,不尽符合实事。但也不能说全无道理。

如果他所说的"制举出身，名望虽高，犹居进士之下"，是仅指某些授与制举出身的这类人在人们心目中的地位的话，则其所言，也还是有一定的道理的。开元十七年，国子祭酒杨玚就说："臣伏见承前以来，制举遁迹丘园、孝悌力田者，或试时务策一道，或通一经，粗明文义，即放出身。……至于明经、进士，服道日久，请益无倦，经策既广，文辞极难。监司课试，十已退其八九；考功及第，十又不收其一二。"（《登科记考》卷七）这类制举出身人与进士及第者相比，孰易孰难，孰有真才实学，在人们心目中是有杆秤的。开元以后，能诗工赋，为人们所看重。进士及第，其难如"登龙门"，非有才华者是进不去的，故受到人们的普遍敬仰与企羡是理所当然的。不像上述制举出身者是羼有皇恩水分的。

　　进士、明经及第后，应制举者甚多，相反，制举登科后，应进士、明经者却没有，这是为什么？其实，这与名望高低没有关系。进士、明经及第，只解决了出身问题，即官资，也就是取得了作官的资格，其最终目的还是为了作官。而制举登科，一般是立即授官，已解决了作官的问题，当然也就取得了官资，没有必要再去考进士、明经了。这就是为什么崔圆一旦制举登科，就放弃了进士考试的原因。《太平广记》卷二二二引《定命录》云：

　　　　崔圆微时，欲举进士，于魏县见市令李含章，云："君合武出身，官更不停，直至宰相。"开元二十三年，应将帅举科，又于河南府充乡贡进士。其日，正于福唐观试，遇敕下，便于试场中唤将拜执戟，参谋河西军事。

再参以《旧唐书》本传："圆少孤贫，志尚闳博，好读兵书，有经济宇宙之心。开元中,诏搜访遗逸,圆以钤谋射策甲科,授执戟。"知《太平广记》所记为不误。开元二十三年,玄宗在东京洛阳,制举考试也当在洛阳举行。崔圆应制科试后,又参加了在东京福唐观举行的乡贡进士河南府试。考试这天,忽遇玄宗敕诏下,崔圆已中制举智谋将帅科,授武卫执戟(正九品下),赴河西任职。则他也就不会再参加进士府试和礼部闱试了。

进士及第后,要想不等守选期满就作官,只有两条路,一是参加吏部科目选,一是参加制科考试。二者都是一登第即授官,尤其是制科,仕途快捷又在科目选之上,像崔沔、王播、崔处厚、李躔、杜牧等都是当年进士及第,当年制举登科,当年就授官(见《登科记考》)。《封氏闻见记》卷三《制科》就说:

> 宦途之士,自进士而历清贵有八俊者。一曰进士出身,制策不入;二曰校书、正字不入;三曰畿尉不入;四曰监察御史、殿中(侍御史)不入;五曰拾遗、补阙不入;六曰员外郎、郎中不入;(阙)言此八者尤为俊捷,直登宰相,不要历余官也。

《唐语林》卷八转录此条时却有"七曰中书舍人、给事中不入;八曰中书侍郎、中书令不入"。进士出身,要想快捷登上相位,就像《封氏闻见记》所说,由校书、正字而畿尉而监察御史、拾遗、补阙等,就只有参加制举试,甚至不等官满就应制举,一旦入朝为敕授的监察御史、拾遗、补阙,就算出了选门,不再守选,也不参加吏部铨选,则其升迁就快得多了。

进士出身,一旦制举登科,就必定授官,这是毫无疑义的。由此可知《新唐书》卷一四三《元结传》所载有误。传云:

> 天宝十二载举进士，礼部侍郎阳浚见其文，曰："一第恩子耳，有司得子是赖！"果擢上第，复举制科。会天下乱，沈浮人间。

此又为《唐才子传》卷三所本。徐松《登科记考》卷九据以上二文，将元结进士及第系于天宝十三载下，这是对的。又于是年制举词藻宏丽科杨绾下曰：

> 按《旧书·元结传》："结举进士，复举制科。会天下乱，沈浮人间。"是结登制科即在是年。绾首登词藻宏丽科，或结亦其一也。

按，"旧书"当为"新书"之误。是年制举试在十月举行，若元结应举而中，当以前进士身份授官。独孤及以白身应是年制举洞晓玄经科，登科后即授与华阴县尉，则元结若登科必授官无疑。安史之乱在天宝十四载十一月，在玄宗御含元殿试制举人一年后，与元结"会天下乱，沈浮人间"不搭界。元结可能曾应是年制举，然而却未中，守选期间，才"会天下乱，沈浮人间"的，并不是他制举登科后，因"会天下乱"，就"沈浮人间"，不去作官的。又，元结有《时议三篇》，是上呈肃宗皇帝的，署名曰："乾元二年九月日，前进士元结表上。"（《全唐文》卷三八一）知乾元二年九月，元结仍是前进士，并未制举登科。

清王鸣盛《十七史商榷》卷八十一《得第得官又应制科》云：

> 有得进士第后又中制科者，如《刘蕡传》，蕡擢进士第，又

举贤良方正能直言极谏科。《儒学传》，马怀素擢进士第，又中文学优赡科。《文艺传》，阎朝隐连中进士、孝悌廉让科。《隐逸传》，贺知章擢进士、超拔群类科是也。有得明经第后又中制科者，如归崇敬擢明经，调国子直讲，举博通坟典科，对策第一，迁四门博士是也。有得官后又中制科者，如张鷟登进士第，授岐王府参军，以制举皆甲科，再调长安尉。殷践猷为杭州参军，举文儒异等科是也。

但他并未说出这是为什么。不仅如此，还有人得第得官后又一连好几次应制科，这又是为什么。表面看来，似乎这些人以中制举为荣，来博得更大的名声，因制科是天子为"待非常之才"者而设的。岑参《冀州客舍酒酣贻王绮寄题南楼》诗就说："夫子傲常调，诏书下征求。知君欲谒帝，秣马趋西周。"但这只是一方面，更重要的，还是为了解决尽快作官的问题。前进士、前明经、前资官，若制举登科，就可以立即授官，不再守选，这在仕途上就快捷得多。六品以下现任官员，每当任期快满时，就参加制科考试，登科后又可继续作官。而且制举登科又能授美官、好官、清要官。这就是为什么得第得官又应制科的主要原因。至于有些人一连好几次应制科，仍然是为了解决连续作官不再守选或少守选的问题。如张鷟进士及第后，两《唐书》皆说他凡应八举，皆登甲科。《大唐新语》卷八又说他"凡七应举，四参选，皆中甲科"。《顺宗实录》也说他"七登文学科"。他七八次应制举，固然有显示其才华的用意，但更重要还是为了能连续作官（时无守选制，但仍有停官待选的规定）。宋乐史《广卓异记》卷十九《九登科选》载冯万石"凡九度登科选"，而制举登科就有五次。又《七登科选》载张秀明"凡七登科选"，制举登科就有四次。

他们都是以前进士、前资官、现任官身份而应的,是为了少守选或不守选。《新唐书》卷一二八《席豫传》载:

> 长安中,举学兼流略词擅文场科,擢上第,时年十六,以父丧罢。复举手笔俊拔科,中之。补襄邑尉,奏事阙下。……太平公主闻其名,将表为谏官,豫耻污诐谒,遁去。俄举贤良方正,异等,为阳翟尉。
>
> 开元初,观察使荐豫贤,迁监察御史,出为乐寿令。前令以亲丧解,而豫母病,诉诸朝,改怀州司仓参军。复举超拔群类科。会母丧去。服除,授大理丞,迁考功员外郎。

席豫四次应制举,十来年间(包括两次丁忧)由前进士升为考功员外郎,只经历了四任,这是吏部常调不可能有的事。再如颜真卿《银青光禄大夫海濮饶房睦台六州刺史上柱国汲郡开国公康使君神道碑铭》载:

> 君讳希铣,字南金。……年十四,明经登第,补右内率府胄曹。应词藻宏丽举,甲科,拜秘书省校书郎。转左金吾卫录事参军。应博通文史举,高第,授太府寺主簿,转丞。又应明于政理举,拜洛州河清令。(《全唐文》卷三四四)

康希铣连应制科三举,使他很快由秘书省校书郎(正九品上)升为畿县县令(正六品上),似乎未经守选。

有人还在一届制举中同应两科,如孙逖于开元二年连应哲人奇士隐沦屠钓科和手笔俊拔科,皆中,授山阴尉(《登科记考》卷五)。

《新唐书》卷一二八《许景先传》载：

> 景先由进士第释褐夏阳尉。神龙初，东都造服慈阁，景先献赋。……擢左拾遗。以论事切直，外补滑州司士参军。举手笔俊拔、茂才异等，连中，进扬州兵曹参军。

据《登科记考》卷五载，开元二年有手笔俊拔和良材异等科。良材异等当为茂才异等之别名。故知许景先也是开元二年应制举连中手笔俊拔和良材异等二科的。《登科记考》卷五未录，当补入。他们之所以同应两科，除有显示才华之意外，更重要的原因是登科中第的希望更大一些，若一科未中，另一科可能会中。

第八章　科目选

一、科目选概述

"循资格"规定:"凡官罢满以若干选而集,各有差等,卑官多选,高官少选,贤愚一贯,必合乎格者,乃得铨授。自下升上,限年蹑级,不得逾越。"(《通典》卷十五)对此曾招致了不少人的不满和反对,连开元初的著名宰相、尚书右仆射宋璟都"争之不能得"(《通鉴》卷二一三)。他们认为"循资格""非求材之方"(《新唐书·选举志下》),"抡材之方失矣"(《通典》卷十五),以致"才俊之士无不怨叹"(《通鉴》卷二一三)。尽管"循资格"也曾规定:"其有异才高行,听擢不次。"但在具体执行中,"然有其制,而无其事。有司但守文奉式,循资例而已"(《通典》卷十五)。

平心而论,"循资格"的出台,在当时确有其一定的进步作用,对于官位少而选人多的矛盾以及由此引起的诸多社会问题,是有一定的缓和和调节作用。但也不可否认,确实存在着贤愚不分、一例对待的失才之弊,为了弥补这一缺陷,吏部就设立了科目选。

科目选是吏部为使一些有才华的人,尤其是一些学有专长的人

早日脱颖而出所设立的一项打破选格限制的选试制度。《唐会要》卷五十四《中书省》载大和三年(829)五月,中书门下奏:

> 伏以建官莅事,曰贤与能,古之王者,用此致治,不闻其积日以取贵、践年而迁秩者也。况常人自有常选,停年限考,式是旧规,然犹虑拘条格,或失茂异,遂于其中设博学宏词、书判拔萃、三礼、三传、三史等科目以待之,今(按,当作"令")不限选数听集。是不拘年数考数,非择贤能之术也?

所谓"积日以取贵"是指考数,"践年而迁秩"是指选数。唐代规定,作官一年为一考,"凡居官必四考,四考中中,进年劳一阶叙"(《新唐书·选举志下》),若考数不足,既影响阶品的叙进,而且还会在铨选时被南曹驳放。同时又规定,六品以下四考为满,就要停官罢秩而守选。守选一年为之一选,守选年满,才能参加吏部的铨选。也就是文中所说的"停年限考"、"选数"、"考数"。

科目选是通过科目考试来选拔人才的选官制度,那么它有哪些科目呢? 据前引《唐会要》载,有博学宏词科、书判拔萃科、三礼科、三传科、三史科等。《册府元龟》卷六三九《贡举部·总序》也说:

> 又有吏部科目,曰宏词、拔萃、平判,官皆吏部主之。又有三礼、三传、三史、五经、九经、开元礼等科,有官阶出身者吏部主之,白身者礼部主之。

吏部科目,主要有博学宏词科、书判拔萃科和平判科,这是吏部自设的科目;其他如三礼、三传、三史、五经、九经、开元礼、学究一经等,都是吏部仿照礼部贡举而设的,而且与礼部贡举考试在内容、方式上都一样,只是有官阶、有出身者归吏部考,白身归礼部考。

参加科目选考试的,仅限于有出身人和前资官,包括守选已满和未满者在内。这一点,与制举不同,白身人与现任官是不能参加的。如《册府元龟》卷六三一《铨选部·条制三》载大和元年(827)十月中书门下奏:

> 应礼部诸色贡举人及吏部诸色科目选人等,凡未有出身、未有官,如有文学,只合于礼部应举。有出身、有官,方合于吏部赴科目选。近年以来,格文差斥,多有白身及用散、试官并称乡贡者,并赴科目选。及注拟之时,即妄论资次,曾无格例,有司不知所守。

是书卷六四一《贡举部·条制三》又载大和四年(830)十月,中书门下奏:

> 应开元礼、学究一经、三礼、三史,明习律令科人等,准太和元年十月二十三日敕,散、试官及白身人并于礼部考试。其有出身及有官人,并吏部科目选者,凡是科目,本合在吏部试。

由以上二文知,吏部科目选试的参加者,仅限于有出身人和有官人两类。所谓有出身人,主要是指科举出身的前进士、前明经等,他们有才华,中第的可能性大,应试者就多。若他们曾在幕府任职,有官衔,其应试时,就要罢其摄职,仍以前进士、前明经身份参加。如《五代会要》卷二十二《宏词拔萃》载后唐天成二年(927)四月二日中书奏："据成德军解送到前进士王蟾状，请罢摄深州司功参军，应宏词举。"知王蟾是以前进士身份应宏词选的，而非现任深州司功参军身份应试的。所谓有官人，就是指有官资者，也就是前资官，现任官只有等官满罢任后才能参加。

吏部科目选，较之制举，时间是固定的。它每年都举行，其举行时间与吏部铨选的选限相一致，即每年十月至来年三月。但考试时间却不与吏部身言书判的考试同时进行，往往是错前错后举行。

科目选，可以说是吏部铨选中的一项特殊选，科目选人是吏部铨选大军中的一支特殊队伍。但作为同属吏部的选人，他们之间有诸多相同之处，如守选已满的出身人和前资官，既有条件参加常规铨选，也可参加科目选，但二者必居其一，不能同时参加。另外，他们在铨选程序上也基本相同。首先都要有选解，科目选人要取得科目选解。如参加博学宏词选的要有宏词解，参加书判拔萃科的要有拔萃解。一般说来，有出身人，要在本贯取解；前资官在原任州府取解，这与一般选人一样。所不同的是，取科目选解时，要参加州府的科目选考试，考试合格，方能给解。这一点，留待下文论博学宏词科时再说。

解取到后，也必须于十月赴京师参加冬集，并向吏部南曹交纳科目选解、家状等，有出身人还须交纳出身文凭，前资官得交纳解由、考牒、告身等。由于科目选是比较特殊的选试，通过考艺来选拔人才，故南曹检勘时就不像对待一般选人那样严格，它主要审查是否为有出身人和前资官，对出身文凭和告身真伪的检查严格些，看有无冒名顶替现象。其他如文书粟错等就不那样要求刻苛了，因文书粟错而被驳放者甚少。如大和元年十月中书门下的奏文说，赴科目选人"仍须检勘出身及授官无逾滥否，缘取学艺，其余文状错缪，则不在驳放限"(《唐会要》卷七十七《科目杂录》)。

科目选考试,除由吏部尚书、吏部侍郎任主考官主持考试外,还需派其他官员担任试官,一般是两三人。《旧唐书》卷一六四《杨於陵传》载:

> 　　於陵为吏部(侍郎),凡四周岁,监察奸吏,调补平允,当时称之。初,吏部试判,别差考判官三人校能否,元和初罢之。七年,吏部尚书郑余庆以疾请告,乃复置考判官,以兵部员外郎韦顗、屯田员外张仲素、太学博士陆亘等为之。於陵自东都来,言曰:"本司考判,自当公心,非次置官,不知曹内公事。考官只论判之能否,不计阙员,本司只计员阙几何,定其留放。置官不便。"宰执以已置顗等,只令考科目选人,其余常调,委本司自考。

由于杨於陵的反对,于是将铨选考判官,调为科目选试官。可见每年科目选,都置考官的。由于科目选中应博学宏词科和书判拔萃科的人多,为科目选中之大科,就往往又分别置有博学宏词考官和书判拔萃考官,一般为二人,如《册府元龟》卷六四五《贡举部·科目》载后唐明宗天成二年(927)四月中书奏文中说:"伏以举选公事,皆有格条,准新定格节文,宏词、拔萃准长庆二年格,吏部差考试官二人,与知铨尚书、侍郎同考试闻奏。"

与制举一样,科目选登科者,立即授官,只是制举由中书门下授,而科目选则归吏部授。授官范围,只在吏部旨授的权限内进行,不超过六品,即使等第再高,也无权授拾遗、补阙等官。

科目选设置于何时,这是一个十分重要的问题,它牵涉到科目选的性质、用途等大事。关于这一问题,我们想通过对博学宏词科、书判拔萃科等具体科目的研究来说明。

二、博学宏词科、书判拔萃科设置时间

科目选中最主要也最为人所看重的是博学宏词科和书判拔萃科两门。对这两门的归属、性质、设置时间等等,可以说歧义纷纭,见仁见智。

《通典》卷十五《选举三》说:

> 选人有格限未至,而能试文三篇,谓之宏词;试判三条,谓之拔萃,亦曰超绝。词美者,得不拘限而授职。

这可能是现存典籍中有关唐代博学宏词科和书判拔萃科最早也最有权威性的解释了。而后,《新唐书》卷四十五《选举志下》又作了简明扼要的概述:

> 选未满而试文三篇,谓之宏辞;试判三条,谓之拔萃。中者即授官。

对《通典》所说“格限未至”和《新唐书》所说“选未满”二句,后世的解释更是众说纷纭,越说越糊涂。王鸣盛《十七史商榷》卷八十一《登第未即释褐》就说:

> 东莱吕氏云："唐制，得第后不即释褐，或再应皆中，或为人论荐，然后释褐。"此条极为中肯。如《新唐书·选举志》云："选未满而试文三篇，谓之宏词；试判三条，谓之拔萃，中者即授官。"此盖指登第后未得就选。故曰"选未满"，中宏词、拔萃即授官，此吕氏所谓："再应皆中，然后释褐也。"

王氏将《新唐书》中的"选未满"，解释作"登第后未得就选"。所谓"未得就选"，当指未能被吏部铨选上，"选"，盖指参选、铨选了，这样一来，"满"字的确切含义就无的放矢了。王氏的这一解释，可以说代表了古今一大批人的意见。

其实，《通典》说"选人有格限未至"，是指选人中有选格所规定的参选期限尚未到者；《新唐书》说"选未满"，是指守选年数还没有满者。二书所说其实是一回事，皆针对"循资格"中"必合乎格者乃得铨授"和"凡官罢满以若干选而集"而言的。可见，《通典》和《新唐书》所说的这两句话是再正确、再明白不过的了。由于王氏不清楚唐代还有守选一说，不清楚科目选与"循资格"的关系，当然也就解释不清楚这两句话的含义了。这两句话不仅仅适合于应博学宏词科和书判拔萃科的人，也适合于应吏部所有科目选试的人。

王说《唐语林》卷八《补遗》载：

> 大足元年，置拔萃，始于崔翘；开元十九年，置宏词，始于郑昕；开元二十四年，置平判入等，始于颜真卿。

这里所说的"拔萃"、"宏词"，当指书判拔萃科和博学宏词科，由于其语焉不详，更未指明其归属，于是就有人认为是制科，有人认为是吏部科目,还有人认为原本是制科,后演变为吏部科目。

《唐会要》卷七十六《贡举部·制科举》、《册府元龟》卷六四五《贡举部·科目》俱将大足元年(701)的拔萃科和开元十九年(731)的宏词科列为制举类。如《唐会要》载:

> 大足元年,理选使孟诜试拔萃科,崔翘、郑少微及第。
> (开元)十九年,博学宏词科,郑昉、陶翰及第。

《登科记考》卷四于大足元年下系有拔萃科,登此科者除崔翘、郑少微外,还收有裴宽、孙嘉之、邵炅、齐澣等。按,裴宽应拔萃,是在睿宗景云后,而非武后时,说见两《唐书》本传,《登科记考》误。《登科记考》在孙嘉之名下引其子孙逖为其父所撰墓志铭云:"久视初,预拔萃,与邵炅、齐澣同升甲科。"孙嘉之应拔萃,在《千唐志斋藏志》所收孙简的《唐故汝州司马孙府君(审象)墓志铭并序》中也有,云:"曾祖府君讳嘉之,皇朝天册中,举进士,擢高第。久视中,应拔萃,登甲科。"按,武则天圣历三年(700)五月,改年号为久视元年,第二年正月,又改为大足元年,久视元年实际上只有七个月。《登科记考》谓:"按久视时无拔萃科,故附是年(大足元年)。"是正确的。

据《旧唐书》卷一九〇《文苑中·孙逖传》载:"父嘉之,天册年进士擢第,又以书判拔萃,授蜀州新津主簿。"是将大足元年的拔萃科进一步明确为书判拔萃科。是卷《齐澣传》又曰:"齐澣,定州义丰人。少以词学称,弱冠以制科登第,释褐蒲州司法参军。"齐澣与孙嘉之同"预拔萃","同升甲科",《孙逖传》载此拔萃为"书判拔萃"科,《齐澣传》又称为"制科",则此书判拔萃科当为制科了。

然而,《千唐志斋藏志》所收贺兰弼《唐故广平郡太守恒王府长

史上谷寇府君墓志铭并序》,却为我们澄清了这一事实。序云:

> 公讳洋,字若水,上谷昌平人。……弱冠应材称栋梁举,策居第一;又试拔萃出类科,与邵昇、齐澣同时超等,授魏州昌乐尉。

由是知,与孙嘉之、邵昇(昇)、齐澣以及崔翘、郑少微同登大足元年拔萃科的还有寇洋。此拔萃科,全名为拔萃出类科,属制举,而非书判拔萃科。《旧唐书·文苑中·齐澣传》所言是正确的,只是不详;而《孙逖传》则非。此亦可补《登科记考》之失。

在这里还须先作一正名。拔萃科凡署名为书判拔萃科者必属吏部科目选无疑,因为吏部试判不试策,制举试策不试判,泾渭分明。后来人们就习惯于将书判拔萃科简称为拔萃科,如同将博学宏词科简称为宏词科一样。由此看来,吏部科目选书判拔萃科不始于大足元年,《唐语林》有误。

那么,书判拔萃科始于何时?独孤及《毗陵集》卷八《唐故朝议大夫高平郡别驾权公神道碑铭》却作了回答。由于碑铭行文特别,不妨多择录一些,以释疑窦。云:

> 公讳徹,字幼明,陇西天水人也。……童子时,舅氏崔湜奇其文,尝谓有何无忌之似。其乡举也,考功郎中苏颋拔诸群萃之中。连尉湖城、汾阴、新繁、渭南、河南五县。开元二十三年,拜监察御史,会监祭太庙。先时,同会事者约相与偕赴,及将赴祭,约者有故不至,遽不暇告,公曰:"人约我矣,可先已而后信乎?"遂不赴,坐是降为河南府法曹,君子义之。

初，选部旧制，每岁孟冬以书判选多士，至开元十八年，乃择公廉无私、工于文者，考校甲乙丙丁科，以辨论其品。是岁，公受诏与徐安贞、王敬从、吴巩、裴朏、李宙、张烜等十学士参焉。凡所升奖，皆当是才彦。考判之目，由此始也。

于时，天下无兵百二十余载，搢绅之徒用文章为耕耘，登高不能赋者，童子大笑。公攘臂其间，以仁义为己任，片言只字，动为学者所法，时辈荣之。

按，"考功郎中苏颋"，当为"考功员外郎苏颋"，韩休《唐金紫光禄大夫礼部尚书上柱国赠尚书右丞相许国文宪公苏颋文集序》云："公任起居郎，属考功员外郎阙，时中书令李峤执笔曰：'考功郎非苏君莫可。'遂拜考功员外郎。迁给事中。"（《全唐文》卷二九五）则权徹当在苏颋为考功员外郎知贡举时进士及第的，《登科记考》失载。细绎碑铭文义，开元十八年，权徹、徐安贞、王敬从等十学士参与考校了吏部科目选的科目等第，并制定了考评标准，"考判之目，由此始也"，则书判拔萃科也当"由此始也"。

由于作者将开元十八年事放在开元二十三年后写，即权徹由监察御史降为河南府法曹参军后写，然后又紧接着写道："于时，天下无兵百二十余载。"于是就容易使人对此说产生疑问。由高祖武德元年即公元618年建国到开元十八年即公元730年之间，只有一百一十三年，并无"百二十余载"，显然"百二十余载"不是指开元十八年。有人说开元十八年可能是开元二十八年之误。我们说，作者写开元十八年事，只是在追述权徹降为河南府法曹以前的贤能才学。"于时，天下无兵百二十余载"是紧承"坐是降为河南府法曹，君子义之"而写的，是写他降为河南府法曹后"攘臂其间"的所作所为。

权澈为河南府法曹参军,据碑文说有"数岁"之久。《千唐志斋藏志》收有《唐故朝散大夫寿州长史安阳邵府君墓志铭并序》一文,署名为"朝议郎行河南府法曹参军权澈撰",时间为"大唐开元廿六年岁次戊寅正月庚午朔廿七日景申"。"权澈"、"权徹",当是一人;"澈"与"徹",必有一误,未知孰是。可见开元二十六年(738)权澈仍为河南府法曹参军,由此上溯到武德元年,"百二十余载"为不误。

科目选的"考校"不可能在开元二十八年。据孙逖所撰《太子右庶子王公神道碑》云:"公讳敬从,字某,京兆人也。……春秋六十有二,以开元二十八年五月二十八日终于西京静恭里之私第。"(《全唐文》卷三一三)知与权澈参与校订科目选的王敬从卒于开元二十八年五月,而吏部工作往往是在"每岁孟冬"十月开始,则科目选的校订也当在孟冬十月。若科目选是在开元二十八年十月校订,时王敬从已卒,是不会参与的。又,《文苑英华》卷九二七收有独孤及的这篇神道碑,将"开元十八年"写作"开元八年",当是抄录有误,因开元八年(720)不仅权澈等人或有尚未入朝为学士者,而且"循资格"也未创立,科目选也就不会设置。

总之,书判拔萃科设置于开元十八年冬,当是正确的。《资治通鉴》卷二一三将"循资格"的创立放在开元十八年四月即裴光庭由侍中兼吏部尚书后叙述的。"循资格"创立后,因有失才之弊,遭到朝中一些官员的反对,包括宋璟在内,为弥补这一缺陷,裴光庭就于是年冬选限期间,召集十学士设立了书判拔萃科等科目选。

我们再从博学宏词科的设置来看,更能说明科目选的设置是在开元十八年。

《唐语林》卷八谓:"开元十九年置宏词,始于郑昕。"《登科记考》卷七在是年博学宏词科下注曰:"按唐之博学宏词科,岁举之。"

既然是"岁举之",也就是年年设置,当然是吏部科目了,因皇帝的制科不是年年都设的,然《册府元龟》卷六四五、《唐会要》卷七十六却把这年的博学宏词科放在制举科目内来叙述,当是错误的。关于此年登博学宏词科者,《册府元龟》《唐会要》皆作郑昉、陶翰,《唐语林》作郑昕,《登科记考》却作萧昕、陶翰、王昌龄,并在萧昕下注曰:

> 《册府元龟》《唐会要》皆作是年郑昉及第。《唐语林》云:"开元十九年置宏词,始于郑昕。"《旧唐书·萧昕传》:"少补崇文,进士。开元十九年,首举博学宏词,授阳武主簿。天宝初,复举宏辞,授寿安尉。"按,"郑昉"为"萧昕"之讹。

其实,郑昉、萧昕二人都有可能首举博学宏词科。郑昉,两《唐书》无传,然《唐郎官石柱题名》于吏部郎中、户部郎中、仓部员外郎、主客员外郎下皆系有其名。《册府元龟》卷六四五、《唐会要》卷七十六俱载开元十五年(727)武足安边科郑昉及第(《唐会要》写作"郑防",当是笔误)。又,《旧唐书》卷四十八《食货志上》云:"玄宗幸巴蜀,郑昉使剑南,请于江陵税盐、麻以资国,官置吏以督之。"可知郑昉是活跃在开元、天宝年间政坛上的一位人物,他于开元十五年制举登科授官,考满罢秩后又适逢吏部始置博学宏词科,便首应而中。《册府元龟》《唐会要》俱载他中博学宏词科,当必有所据。《唐语林》是把"郑昉"笔误为"郑昕",而不是将"萧昕"讹作"郑昕"的。《登科记考》以为"郑昉为萧昕之讹"是错误的。可以说,郑昉、萧昕都是开元十九年首应博学宏词而登科的。

陶翰也是开元十九年首登博学宏词科的。《登科记考》引《直斋书录解题》云:"陶翰,开元十八年进士,次年宏词。"《唐才子传》卷二亦载:"翰,润州人,开元十八年崔明允下进士及第,次年中博学宏词,与郑昉同时。"当是可信的。

另外,《登科记考》据《唐才子传》于是年博学宏词科下载有王昌龄名。《唐才子传》卷二载王昌龄"开元十五年李嶷榜进士,授汜水尉;又中宏辞,迁校书郎"。而《直斋书录解题》卷十九却谓:"(开元)二十二年选宏词,超绝群类,为汜水尉。"《登科记考》卷八又据以载其名于开元二十二年博学宏词科下,似王昌龄两应博学宏词科。从王昌龄授官情形看,一为秘书省校书郎,一为汜水县尉,前者为校正类官,后者为畿县官,都是清要官,非登科第者一般是不会授与的,故王昌龄两应博学宏词科可存疑待考。

吏部于开元十九年始置博学宏词科当与开元十八年的"考判之目,由此始也"有关。权徹、徐安贞、王敬从等十学士不仅制定了书判拔萃科,而且也制定并考校了博学宏词科。权徹等十学士于开元十八年孟冬十月开始制定考校科目选,于第二年春付诸实施,开科考试,故郑昉、萧昕、陶翰也就于开元十九年春首举博学宏词科而中。书判拔萃科也一样。

开元十八年冬,吏部首先制定考校了书判拔萃科和博学宏词科,第二年春开始实行,开科考试,科目选正式挂牌成立。以后随着社会的需要,科目选的科目也就在不断地增加而完善起来了。如开元二十四年(736)置平判科,贞元以后又陆续增设开元礼、三礼、三传、三史、五经、九经、学究一经等科。由此可见,科目选是在开元十八年后才出现的。其性质,是针对"循资格"失才的缺陷而设置的,是为那些"格限未至"、"选未满"的人网开一面的。裴光庭的"循资格"创立于开元十八年,则吏部的科目选只能设立于其后,不可能预置于其前。

然而,两《唐书》及其他一些史书典籍却都载有开元十八年以前中拔萃和宏词科者,《登科记考》也有收录,这又作何解释? 我们说,这需要一一分析,辨明真伪。

《旧唐书》卷一〇〇《裴宽传》载:

> 宽通略,以文词进,骑射、弹棋、投壶特妙。景云中,为润州参军,刺史韦铣为按察使,引为判官,清干善于剖断,铣重其才,以女妻之。后应拔萃,举河南丞。再转为长安尉,时宇文融为侍御史,括天下田户,使奏差为江南东道勾当租庸地税兼覆田判官。

《新唐书》卷一三〇《裴宽传》也载曰:"举拔萃,为河南丞,迁长安尉。"按,韦铣为润州刺史,在景云至开元初,说见郁贤皓先生《唐刺史考》卷一三七,当是正确的。则裴宽为润州参军及判官,也当在此时。又据《通典》卷七《食货七》载:

> (开元)九年正月,监察御史宇文融陈便宜,奏请检察伪滥兼逃户及籍外剩田。于是令融充使推勾,获伪勋及诸色役甚众,特加朝散大夫,再迁兵部员外兼侍御史。融遂奏置劝农判官,长安尉裴宽等二十九人,并摄御史分往天下。

知开元九年(721),他已为长安尉,则他"应拔萃、举河南丞",当在开元六、七年。此拔萃,非吏部书判拔萃科,而是制科。所谓拔萃者,即超绝、超拔也。《通典》说:"试判三条,谓之拔萃,亦曰超绝。"

故拔萃科亦名超绝科。大足元年的制举拔萃出类科,实际上就是超拔群类科,一科两名,简称拔萃科。开元六、七年,皆设有超拔群类科,见《登科记考》卷六。则裴宽所应之拔萃科,当为制举超拔群类科。

《旧唐书》卷九十九《张九龄传》载:

> 登进士第,应举登乙第,拜校书郎。玄宗在东官,举天下文藻之士,亲加策问,九龄对策高第,迁右拾遗。
>
> ……
>
> 九龄以才鉴见推,当时吏部试拔萃选人及应举者,咸令九龄与右拾遗赵冬曦考其等第,前后数四,每称平允。

《新唐书·张九龄传》亦有是载,皆言张九龄于开元初任拾遗时考试过吏部的拔萃科。其实,张九龄所试吏部选人乃是一般的书判铨试,而非科目选书判拔萃科。这从《通典》卷十七《选举五》所引"开元三年,左拾遗张九龄上书曰"云云中就可知道,书中所言皆为吏部常调铨选和身言书判事,并未言及科目选和书判拔萃科。按唐制,每年吏部铨试选人书判时,都必须派二三名有才学的官员担任考判官,考其等第,张九龄亦当是此类官,两《唐书》本传却说成了是"试拔萃选人",乃误。

翻检《登科记考》所载,开元十八年以前,甚至大足元年以前,都屡有登拔萃科者。如高宗咸亨四年(673)的郭震,武后天授元年(690)的颜惟贞,开元九年的李昂、畅诸、王泠然,开元十三年、十六年的冯万石,十八年的张秀明等皆以拔萃登科。其实,郭震所登乃制举,颜惟贞以下皆为吏部常调书判铨试,而非科目选书判拔萃科。张说有《兵部尚书代国公赠少保郭公行状》,云:"公名震,字元振,本太原阳曲人也。……十八擢进士第,其年判入高等。"(《全唐文》卷二三三)此为《登科记考》所本。然《唐摭言》卷三《今年及第明年登科》则云:"郭代公,十八擢第,其年冬,制入高等。"一为"判入高等",一为"制入高等"。虽是一字之差,但前者却属吏部铨选试,后者属皇帝制举试。按理说,张说与郭元振为同时代人,行状所言当信,然按唐制,进士及第后,得守选三年,当年不能参加铨选;又据前考证,武后大足元年尚未有科目选,则高宗咸亨四年就更不会有书判拔萃科了。由是知,行状所说"判入高等",当为"制入高等"之讹,因后人传抄所误,《唐摭言》所言为是。《登科记考》卷三引颜真卿为其父颜惟贞所撰《唐故通议大夫行薛王友柱国赠秘书少监国子祭酒太子少保颜君碑铭》云:"天授元年,糊名考试,判入高等。"于是将颜惟贞系于武后天授元年拔萃科下。其实,"糊名考试,判入高等,"乃是吏部常选身言书判铨试中所采取的一种考判评级方式,而非科目选书判拔萃科。《登科记考》将凡是"考判入等"的一般常规铨选试皆纳入拔萃科,是该书的一大失误,这不仅对颜惟贞是如此,对开元十八年以前甚至以后的这类人皆然,如李昂、畅诸、王冷然、冯万石、张秀明等。

再看博学宏词科。

《登科记考》卷五于开元五年(717)下首次载有博学宏词科,并云:"按博学宏词置于开元十九年,则此犹制科也。"认为开元十九年的博学宏词是吏部科目,开元五年的博学宏词是制科。登此制科者有李蒙,并于李蒙名下注曰:

　　《独异志》:"开元五年春,司天奏玄象有谪见,其灾甚重。玄宗震惊,问曰:'何祥?'对曰:'当有名士三十人同日冤死,今新及第进士正应其数。'其年及第李蒙者，贵主家婿，上不得已言其事，密戒主曰：'每有大游宴，汝爱婿可闭留其家。'主居昭国里，时大合乐，音曲远畅。曲江涨水，联舟数十艘，进士毕集，蒙闻之，乃逾垣走赴，群众惬望。方登舟移就池中，暴风忽起，画舸平沈，声妓、篙工不知纪极，三十进士无一生者。"按王泠然于开元九年平判入等，则进士无一生者，其说未可信。且李蒙《耤田赋》见《文苑英华》，当是开元元年及第。

　　《太平广记》两引《定命录》，皆以蒙为宏词及第，当从之。《广异记》云："陇西李捎云，范阳卢若虚女婿也。性诞率轻肆，好纵酒聚饮。其妻一夜梦捕捎云等辈十数人，杂以娼妓，悉被发肉袒，以长索系之，连驱而去。号泣顾其妻别。惊觉，泪沾枕席，因为说之。而捎云亦梦之，正相符会。因大畏惧恶，遂弃断荤血，持《金刚经》，数请僧斋，三年无他。后以梦滋不验，稍自纵息。因会中友人逼以酒炙，捎云素无检，遂纵酒肉如初。明年上巳，与李蒙、裴士南、梁褒等十余人泛舟曲江中，盛选长安名娼，大纵歌妓，酒正酣，舟覆，尽皆溺死。"《定命录》云："李蒙宏词及第，注华阴县尉。授官相贺，于曲江舟上宴会诸公，令李蒙作序。日晚序成，史翔先起，于蒙手取序看，裴世南等十余人又争起看序。其船偏，遂覆没，李蒙、士南等并被没溺而死。"按史翔、裴士南、梁褒、李捎云不言是李蒙同年，故不载。

《登科记考》谓"《太平广记》两引《定命录》，皆以蒙为宏词及第"，然遍检《太平广记》，所引《定命录》只有一条名《车三》者载李蒙宏词及第。另外所引即《广异记·李捎云》一条有李蒙被溺而死的记载，却未言他宏词及第。这两条已为《登科记考》所转载如上。《广异记》、《定命录》所载皆不可信,《独异志》所言更为荒唐。开元五年,进士只有二十五名,见《登科记考》卷五,而非三十名。是年王冷然及第。《千唐志斋藏志》收有《唐故右威卫兵曹参军王府君墓志铭序》,谓王冷然进士及第后任太子校书郎、右威卫兵曹参军,于开元十二年十二月十八日病故,享年三十三。可见"三十进士无一生者"实误。《定命录》所言溺水而死的史翙,《旧唐书》卷十《肃宗纪》还载有他的事迹。乾元二年(759)十二月甲寅,以御史大夫出为襄州刺史、山南东道节度使;上元元年(760)四月戊申,襄州军乱而被杀。可见开元五年春曲江舟覆一事不可尽信。又,钱起有《经李蒙颍阳旧居》一诗。云:"同心而早世,天道亦何论。"(《全唐诗》卷二三八)并未言他溺水而死,此李蒙是否与《太平广记》数引之李蒙为同一人,可存疑。

李蒙于开元五年溺死曲江一事有无姑且弗论,《登科记考》以为他是年中制科博学宏词,也实不可能。《唐会要》卷七十六、《册府元龟》卷六四五俱载开元五年制举科为文儒异等和文史兼优两科,并无博学宏词科。前已论及,制举考试前往往有皇帝下制诏征举,《登科记考》卷五于开元四年(716)下引《唐大诏令集》七月六日制云:"人有清介独立,可以标映士林,或文理兼优,可以润益邦政者;百姓中文儒异等,道极专门,或武力超伦,声侔敌国者,并精访,具以名闻。"这就是开元五年制举文史(理)兼优科和文儒异等科之所本。既然开元四年的制诏中并无博学宏词之类语,则开元五年所设制科也就不会有博学宏词科,这是显而易见的。故李蒙于开元五年应制举博学宏词科断不可能。

《登科记考》把博学宏词科分为两种,一为制科,一为吏部岁举之科。后人不明,也承其说,以为有属于制举的博学宏词科和属于吏部的博学宏词科,并认为博学宏词原为制科,后来衍变,遂成为吏部科目。

我们说,博学宏词科和书判拔萃科一样,都是吏部为"格限未至"、"选未满"的人设置的,从它们一诞生,就属吏部科目选,制举从来就没有此二科。吏部试判,制举试策,从不逾越,试判为吏部所专有,故书判拔萃科不始于制举甚明,制举的拔萃出类科、超拔群类科等,也都是试策不试判,只是科目名称略与书判拔萃科相近而已。至于博学宏词科就更不曾是制科,也不源于制科。制举中也曾有过博学科,设置于开元二十一年,在吏部设博学宏词科之后,所试为帖经,即"明三经、两史"(《登科记考》卷八),与博学宏词科所试诗、赋、论完全不同。制举试诗、赋,只在天宝十三载有过一次,即词藻宏丽科,此科仍以试策为主,问策外,另加试诗、赋各一首,以观其词藻俊丽否,则知制举试诗、赋,更在吏部博学宏词科试诗、赋之后。其实,书判拔萃科和博学宏词科都源于吏部常调铨试本身。《唐六典》卷二《尚书吏部》云:

> 每试判之日,皆平明集于试场,识官亲送。侍郎出,问目。试判两道,或有糊名,学士考为等第。或有试杂文,以收其俊乂。

这"试判两道",就是书判拔萃科之源;"或有试杂文,以收其俊乂",当是博学宏词科产生的基础。

可见,博学宏词科由制科衍变而来是站不住脚的,但我们不妨说博学宏词科曾借鉴于进士科却是存在的。博学宏词科所试诗、赋、论,当借鉴于进士科试帖经外,还要试诗、赋、时务策,故二者相通处甚多。再如吏部科目选中诸如三礼、三传、三史、开元礼、五经、九经、学究一经等，原本就是礼部贡举之科目。正因为吏部科目，多取自礼部贡举，相同者多，故有白身人敢冒充有出身人、有官人来吏部应试。

总之，有唐一代，在吏部设书判拔萃科和博学宏词科之前，制举原本就无此二科，亦无此二科之名；吏部设置后，制举就更没有必要以此二科之名来设制科了。因为皇帝的制科高于它科，不会降尊伏取吏部科目为其命名的；反过来，吏部也不敢用制科之名作为自己科目的名称，因为御制、御用的东西是神圣不可僭越的。

三、博学宏词科考试

"试文三篇，谓之宏词"。这"试文三篇"，就成了博学宏词科不同于他科的最显著的标志。博学宏词科也就有了个雅号，以"三篇"代之。如《唐摭言》卷三《今年及第明年登科》就说："何扶，太和九年及第，明年，捷三篇。"卷四《气义》又载："杨虞卿及第后，举三篇，为校书郎。"所谓三篇，就是指诗、赋、论各一篇。这诗、赋，与进士科所试相同，诗为五言排律，十二句六韵；赋也必须限字限韵，或八韵、六韵不等。这可与进士科所试诗、赋作一比较。《登科记考》卷十一于大历十四年（779）下收有进士科诗赋和博学宏词科诗赋，进士科诗为《花发上林苑诗》，十二句六韵；赋为《寅宾出日赋》，以"大明在天，恒以时授"八字为韵。博学宏词科诗为《沈珠于泉诗》，也是十二句六韵，赋为《放驯象赋》，也以"珍异禽兽，无育家国"八字为韵。博学宏词科试论不试策，这与进士科不同。这论，有时也以"议"名题,如韩愈"三试于吏部"博学宏词科,既有试题《颜子不贰过论》,又有试题《学生代斋郎议》。古代议、论,文体相近,性质略同,故可看作一类。

进士科和博学宏词科虽然都考诗、赋,但博学宏词科的要求似乎更高一些,更严一些。如范摅《云溪友议》卷中《贤君鉴》载:

> (唐)宣宗十二年,前进士陈玩等三人,应博学宏词选。所司考定名第,及诗、赋、论进讫,上于延英殿诏中书舍人李潘等对。上曰:"凡考试之中,重用字如何?"中书对曰:"赋忌偏枯丛杂,论即褒贬是非,诗则缘题落韵(只如《白云起封中》诗云"封中白云起"是也),其间重用文字,乃是庶几,亦非常有例也。"又曰:"孰诗重用字?"对曰:"钱起《湘灵鼓瑟诗》有二'不'字。诗曰:……"上鉴钱公此年宏词诗曰:"且一种重用文字,此诗似不及起。起则今之协律之字也,合于匏革官商,即变郑卫文奏。……其前进士宏词诗重字者,登科更待明年,考校起诗,便付吏选。"

按,钱起《湘灵鼓瑟诗》为省试进士科诗,而《云溪友议》却写作"宏词诗",乃误。由李潘(藩)与宣宗的对话中,我们知道,博学宏词科要求赋切忌偏枯丛杂,论要针对褒贬是非而发,否则有失题旨,诗应该因题落韵,并举例说,诗题为《白云起封中》,可写作"封中起白云"。而且不能有重字。宣宗将当年钱起的省试诗拿来与陈玩等三人的宏词诗相比,这说明当时省试诗并不以重用字为取舍标准,而博学宏词诗就开始要求了。

有出身人、前资官,不论守选满否,要想参加吏部博学宏词科考试,都必须先要到本贯或原任州府去取解,这一点与吏部常调平选一样,如王昌龄就有《送刘昚虚归取宏词解》诗(《全唐诗》卷一四〇)。取解时,州府也要进行考试,这又如同进士科一样,如欧阳詹就有《怀州应宏词试片言折狱论》文(《全唐文》卷五九八),欧阳詹为闽地泉州人,归泉州取解路遥不便,便寄籍怀州。怀州当时所试应宏词科的论题是《片言折狱论》。取解、府试皆在秋季进行,这又和乡贡府试及举子、选人的取解是一致的。韩愈在《答崔立之书》中就说:"闻吏部有以博学宏词选者。……因又诣州府求举。"求举,就是取解。

宏词解取到后,于孟冬十月到京城参加冬集,经南曹检勘无逾滥后,可进行考试。考试时间与贡举试、铨试时间差不多,但绝不会同时举行,一般多在每年年底至第二年正、二月间。如孙樵《唐故仓部郎中康公墓志铭》云:"三举进士,登上第,是岁会昌元年也。其年冬,得博学宏词,授秘书省正字。"(《全唐文》卷七九五)又如《登科记考》卷八引《广卓异记》云:"李琚,开元二十二年进士,状元及第,当年宏词头登科。"周绍良先生《唐代墓志汇编》收有《唐故河南府洛阳县尉顿丘李公(琚)墓志铭并序》就说:"洎开元廿二载,……遂以乡贡进士擢第。是冬也,朝廷命天官举博学宏词,超绝流辈。"一般来说,冬天考试,多在十二月举行,因为要等南曹检勘毕开曹后才行。不过,博学宏词试在正、二月举行还是居多。如《唐摭言》卷三《今年及第明年登科》云:

何扶,大和九年及第;明年,捷三篇,因以一绝寄旧同年曰:"金榜题名墨尚新,今年仍旧去年春。花间每被红妆问,何事重来只一人?"

由何扶诗知,他是在开成元年(836)春登博学宏词科的,则考试亦当在此时。

博学宏词科考试时,除吏部尚书、侍郎主考外,还须有两名考试官。《登科记考》卷二十三引有《旧唐书·懿宗纪》所载咸通年间任宏词试官者多名,现摘录如下:

咸通二年(861)"八月,以兵部员外郎杨知远,司勋员外郎穆仁裕试吏部宏词选人"。

咸通三年(862)"十一月,以吏部侍郎郑处诲、萧仿,吏部员外郎杨俨,户部员外郎崔彦昭等试宏词选人"。

咸通六年(865)"二月,以吏部尚书崔慎繇,吏部侍郎郑从谠,吏部侍郎王铎,兵部员外郎崔瑾、张彦远等考宏词选人"。

咸通八年(867)"十月,以吏部侍郎卢匡,吏部侍郎李蔚,兵部员外郎薛崇,司勋员外郎崔殷梦考吏部宏词选人"。

咸通九年(868)"正月,以兵部员外郎焦渎,司勋员外郎李岳考宏词选人"。

咸通十年(869)"十二月,以吏部侍郎杨知温、吏部侍郎于德孙、李玄考官;司封员外郎卢蒣,刑部侍郎杨戴考试宏词选人"。

咸通十一年(870)"正月,以吏部尚书萧邺,吏部侍郎于德孙,吏部侍郎杨知温考官;司勋员外郎李耀,礼部员外郎崔澹等考试应宏词选人"。

咸通十二年(871)"三月,以吏部尚书萧邺,吏部侍郎归仁晦,李当考官;司封郎中郑绍业,兵部员外郎陆勋等考试宏词选人"。

咸通十三年（872）"三月，以吏部尚书萧邺，吏部侍郎独孤云考官；职方郎中赵蒙，驾部员外郎李超考试宏词选人。试日萧邺替，差右丞孔温裕权判"。

咸通八年十月已命宏词试官，至九年正月又命，不可能一届宏词选考两次，这只能说明，考试前原命试官另有他任，于是就改派了别官。咸通十年十二月与十一年正月的情况也是这样。由以上引文可知，除考官为吏部尚书、吏部侍郎外，宏词考试官一般都是两人。

博学宏词科的诗、赋、论题，多由吏部尚书或吏部侍郎出，宏词考试官只负责批阅试卷、评定等第，然后由吏部录取定夺。然而大中九年（855）正月宏词科试，由于泄漏试题，为御史台所弹劾，有关人员不分考官、试官，全被贬谪罚款，被录取者也都全部驳落。此事《旧唐书》卷十八《宣宗纪》、《唐会要》卷七十六《制科举》皆有记载，裴庭裕《东观奏记》卷下记述的比较详细可靠。事情的经过是这样的：吏部侍郎兼判尚书铨事裴谂，主持这年的博学宏词和书判拔萃等科的考试，这年考试的人多，仅应宏词选者就有前进士苗台符、杨严、薛近、李询古、敬翊等一十五人考试，其中还有丞相令狐绹的朋友之子赵柜，京兆府尹柳熹之子柳翰。赵柜、柳翰等被录取后，未中者就揭发说柳翰曾在考试前于裴谂处先得到了赋题，托词人温庭筠作了一篇，所以他才中的。此说一传十，十传百，聒噪不止，故为御史台所奏。宣宗震怒，于是贬考官吏部侍郎裴谂为国子祭酒，吏部侍郎周敬复罚一月俸，宏词考试官刑部郎中唐扶贬为虔州刺史，职方员外郎裴绅贬为申州刺史。另外，还牵涉到监察御史冯颛，也被左授秘书省著作佐郎。这年吏部科目选登科十人全部落下。这就是有名的大中九年漏泄考题案。

博学宏词科试文三篇，有时也采取糊名考试的办法。如《东观奏记》记述大中九年漏泄考题一事时说：

> 杜德公（按杜审权谥曰"德"）时为中书舍人，言于执政曰："某两为考官，未试宏词先锁考官，然后考文书。若自先得赋题者，必佳。糊名考文书得佳者，考官乃公。"

可见糊名考试在吏部科目选中是常用的。

博学宏词科考试入等，被吏部录取后，还得上报中书省复审，有时也会被中书省驳下的。如韩愈进士及第后，曾三次参加了科目选博学宏词科考试。在前两次的考试中，有一次曾被吏部所录取，却被中书省驳下。他在《答崔立之书》中说："凡二试于吏部，一既得之，而又黜于中书，虽不得仕，人或谓之能焉。"李商隐开成二年（837）进士及第，第二年应博学宏词选时也是被吏部录取后，又为中书省驳下的。他在《与陶进士书》中说：

> 尔后两应科目者，又以应举时与一裴生者善，复与其挽拽，不得已而入耳。前年乃为吏部上之中书，归自惊笑，又复懊恨周、李二学士以大法加我。夫所谓博学宏辞者，岂容易哉？……私自恐惧，忧若囚械。后幸有中书长者曰："此人不堪！"抹去之，乃大快乐。（《全唐文》卷七七六）

李商隐于开成三年（838）应博学宏词选时，被时任考试官的周墀、李回二学士所录取，然上报中书省时却被一"长者"驳下。中书省复审时，不仅可以决定录取与否，而且还可调整录取等第。如《旧唐书》卷一三七《于邵传》载："独孤授举博学宏词,吏部考为乙第,在中书覆升甲科,人称其当。"

博学宏词科取人是有限的,一般每年不超过三人,且宁缺勿滥。《东观奏记》载大中九年吏部侍郎裴谂漏泄宏词试题云:

> 前进士柳翰,京兆尹柳熹之子也。故事,宏词科只三人,翰在选中。不中者言翰于谂处,先得赋题,托词人温庭筠为之。

既然是"故事",可见以往每年,宏词科也只取三人。但是文又说:"考院所送博学宏词科赵柜等十人,并宜覆落,不在施行之限。"朝廷不仅将考官、考试官全部贬罚,而且还将登科十人全部覆落。同一文章,这"宏词科只三人",与"博学宏词科赵柜等十人"似乎是矛盾的。然该文又云:

> 初,日官奏:"文昌星暗,科场当有事。"沈询为礼部侍郎,闻而忧焉。至是三科尽覆,日官之言方验。

《登科记考》卷二十二又引《南部新书》戊卷云:

> "大中九年,日官李景亮奏云:'文星暗,科场当有事。'沈询为礼部,甚惧焉。至是三科尽覆试,宏词赵柜等皆落下。"按三科,谓进士、明经、宏词。

时中书舍人沈询知礼部贡举,"科场当有事",他当然会忧惧。于是《登科记考》就认为,三科是指进士、明经、宏词。此说不确。进士、明经、宏词中第者,加起来决不止十人。且有关文献提到这次泄漏考题一事时并未涉及到礼部贡举试,与进士、明经科无关。又,《旧唐书》《唐会要》载此事时皆曰:"其登科十人并落下。"仅指登科者十人。按,唐人将中进士、明经科者,谓之"及第";将中科目选、制科者,谓之"登科",分别还是比较明确的,《唐摭言》就有"今年及第明年登科"的说法。登科十人当指吏部科目选总人数,三科即宏词、拔萃、平判。

宏词科只录取三人,此说在韩愈的《上考功崔虞部书》一文中也可找到证据。此书为韩愈于贞元九年(793)参加博学宏词科落选后上于考试官崔虞部员外郎的,题中"考功"当为"考官"之误。书云:

> 凡进士之应此选者,三十有二人,其所不言者,数人而已,而愈在焉。及执事既上名之后,三人之中,其二人者,固所传闻矣,华实兼者也,果竟得之,而又升焉。其一人者,则莫之闻矣,实与华违,行与时乖,果竟退之。如是则可见时之所与者、时之所不与者之相远矣。(《韩昌黎文集校注·外集》上卷)

执事上名三人,即吏部只录取三名。其二人被中书省复审时通过,一人被驳下,这驳下的一人可能就是韩愈自己。据《唐诗纪事》卷四十《陆复礼》条载,此届登科者为陆复礼、李观、裴度。可能韩愈被驳后又换上了一人。不过,《唐诗纪事》却将此三人登科写作贞元八年(792),后又为《登科记考》所本,实误。又,前引《云溪友议》载"唐宣宗十二年,前进士陈玩等三人应博学宏词选"云云,知是年登博学宏词科者有陈玩等三人,后因重字而被宣宗落下。

由以上数例知,博学宏词科每年最多只取三名。而《登科记考》卷十四却于贞元十二年(796)博学宏词科下系有李程、柳宗元、李翱、李行敏、席夔、张仲方等六人。原来《登科记考》把贞元十二年春与十三年春这两届的博学宏词科试混为一谈了。《广卓异记》卷十九《进士状元却为宏词头》条云:"右按《登科记》,李程,贞元十二年进士状元及第,十三年宏词头登科。"应当说是正确的,而《登科记考》却谓:"按十三年为十二年之讹。"李程进士及第后不可能参加当年春天的宏词试,因取不上宏词解,只能"今年及第明年登科"了,故所试《披沙拣金赋》、《竹箭有筠诗》当是贞元十三年的博学宏词科试题。柳宗元也参加了贞元十三年的宏词试,但却未中。他在《与杨诲之疏解车义第二书》中说:"吾年十七求进士,四年乃得举;二十四求博学宏词科,二年乃得仕。"(《全唐文》卷五七五)柳宗元于贞元五年(789)秋十七岁时被州府举为乡贡进士,经四年考试,至贞元九年进士及第。贞元十二年秋,他二十四岁时,又被州府选为应博学宏词科目人,参加了十三年、十四年这两年的宏词试,始登科。他的《披沙拣金赋》当作于贞元十三年春。席夔、张仲方也有是年的宏词试诗、赋,当是贞元十三年登科授官的。确知贞元十二年春登科者只有李翱、李行敏二人。《唐摭言》卷四《师友》云:

　　　　贞元十二年,李翱以大宏词振名,与李行敏同姓,同年登第,又同甲子(及第时俱二十五岁),又同门。翱尝答行敏诗曰:"因缘三纪异,契分四般同。"

由是知,贞元十二年博学宏词选登科的是李翱、李行敏二人,贞元十三年登科的是李程、席夔、张仲方三人，贞元十四年登科的是柳宗元。《登科记考》误。

博学宏词科只录取三人，这当是以后的事，在其设置初期，即开元年间，似乎并无此规定。前引《唐代墓志汇编》所收《唐故河南府洛阳县尉顿丘李公墓志铭并序》就载：

> 公讳琚，字公珮。……洎开元廿二载，尚书考功郎孙公，天下词伯，喷以武库诗备题，候群子之去就。公含毫有得，词理甚鲜，俾孙公至今道之。其勇于效能忽复兼擅有如是者，遂以乡贡进士擢第。是冬也，朝廷命天官举博学宏词，超绝流辈，利将以大厌详延之望。而会府高张英词，必扣长鸣者千计，中俊者六人，公其襄然，益动时听。明年，授公秘书省校书郎。

由"中俊者六人"知，是年登博学宏词科者有六人。后来可能才渐渐地规定为三人了。

博学宏词科的等第，实际上也就是科目选所有科目的等第，是与制科的等第相一致的，即随制科等第的变化而变化的。开元年间，制科的等第还是第一、二、三、四等时，科目选的等第也是四等，即甲乙丙丁四等。前引独孤及《唐故朝议大夫高平郡别驾权公神道碑铭》就说："至开元十八年，乃择公廉无私、工于文者，考校甲乙丙丁科，以辨论其品。"所谓"甲乙丙丁科"，就是指书判拔萃科和博学宏词科，是因为当时的宏、拔二科是分为甲乙丙丁四个等第的。想必甲科，也就是第一等不授人。后来，制科连第二等都不再授人了，以第三等为甲科，第四、第五等为乙科，于是博学宏词科也就分为三个等次甲乙两科，与制科一样。如建中元年（780），独孤授博学宏词登科。①《新唐书》卷二○三《文艺下·于邵传》就说："独孤授举博学宏词，吏部考当乙，邵覆之，置甲科，人咨其公。"苏鹗《杜阳杂编》卷上也说：

> 宏词独孤受，所司试《放驯象赋》，及进其本，上自览考之，称叹者久，因吟其句曰："化之式孚，则必受乎来献；物或违性，斯用感于至仁。"上以受为知去就，故特书第三等。

独孤授被吏部取为乙等，报中书省覆审时，被于邵升为甲科。进呈德宗后，又被皇帝所赏识，特书为第三等。可见博学宏词科第三等也就是甲科，与制科一样，由于于邵与德宗的看法相一致，所书等第也相同，所以才"人咨其公"。再到后来，制科于第三等以下又分为五个等次，第三等、第三次等为甲科，第四等、第四次等和第五上等为乙科。这时，博学宏词科也随之变为五个等次甲乙两科了。《旧五代史》卷五十八《李琪传》载："举进士第。天复初，应博学宏词，居第四等，授武功县尉。"天复为晚唐昭宗的年号。则第四等当是乙科，时博学宏词科早已是五个等次甲乙两科等第了。

博学宏词科的第一名也和制科一样，称作敕头。钱易《南部新书》丙卷载："裴次元，制策、宏词同日敕下，并为敕头，时人荣之。"博学宏词科敕头，又简称作宏词头。《广卓异记》卷十九《进士状元却为宏词头》载："右按《登科记》，张又新，元和九年进士状元及第，十二年宏词头登科。"然《唐才子传》卷六《张又新》条却载："初应宏辞第一，又为京兆解头。元和九年，礼部侍郎韦贯之下状元及第，时

---

① 《登科记考》卷十一将独孤授登博学宏词科系于大历十四年（779）下，乃误。

号为'张三头'。"其所载"张三头"次序有误,应初为京兆府解头,又为进士状头,后为宏词敕头。

有出身人、前资官,若博学宏词选登科,"中者即授官"。这里的授官与制科略有不同,制科是由中书门下授,而博学宏词科却由吏部授;制科是不拘时间,只要登科可随时授予,而博学宏词科却有时间限定,即在每年春天二、三月授。不论应试者是在前一年冬登科,还是第二年正、二月登科,授官都在二、三月间,因为这是吏部选限期间内安排的授官时间。如李琚开元二十二年冬登科,而"明年,授公秘书省校书郎",直到第二年春始授官。一般来说,登博学宏词科者所授官职,要好于常调铨选所授官职,也好于其他科目选登科人。韩愈《答崔立之书》就说:"闻吏部有以博学宏词选者,人尤谓之才,且得美仕,就求其术。"唐人重京官,轻外任。有出身人如前进士,若登博学宏词科,往往授校书郎、正字、畿县尉一类官。如李琚授秘书省校书郎,前引孙樵《唐故仓部郎中康公墓志铭》载康某授秘书省正字,李琪授畿县武功尉。校书郎、正字,官虽不大,为正九品上、下阶官职,然而却是清要之职。符载在《送袁校书归秘书省序》中就说:"国朝以进士擢第为入官者千仞之梯,以兰台校书为黄绶者九品之英。……不十数年,公卿之府,缓步而登之。"(《全唐文》卷六九〇)所以,凡登科人都希望注拟校书、正字,甚至宁肯等待校书郎、正字的员阙,也不愿注拟他官。《唐会要》卷七十六《开元礼举》就曾载元和八年(813)四月吏部奏云:

> 近日缘校书、正字等名望稍优,但沾科第,皆求注拟,坚待员阙,或至逾年。若无科条,恐长侥幸。起今已后,等第稍高,文学兼优者,伏请量注校、正。

一般登博学宏词科者,多注拟校、正之官。

四、书判拔萃科及平判等科考试

载籍中有关书判拔萃科的记述较少,而且好多情况又与博学宏词科相同,故这里就对其略作介绍。

"试判三条,谓之拔萃,亦曰超绝"。知书判拔萃又名书判超绝。《旧唐书》卷一三七《于邵传》载:"邵天宝末进士登科,书判超绝,授崇文馆校书郎。"他自己在《与郭令公书》中也说:"天宝中,忝以进士及第,其年判入超绝科,受校书。"(《全唐文》卷四二六)试判是吏部考试的专项,关试要试判,不过是两条,而且简短;平选常调要试判,也是两条,但却较关试要长,而且难度大;流外入流也要试判,一般也是两条;平判科和书判拔萃科也要试判,惟有书判拔萃科是三条,其难度、水平当然会超过以上各类试判了。

应书判拔萃科者也要取解,也要先在州府考试。解取到后,赴吏部参加冬集考试,考试时除吏部尚书、侍郎主考外,与博学宏词试一样,一般要有两名考试官。如《旧唐书》卷十九《懿宗纪》载咸通六年二月,以"金部员外郎张义思、大理少卿董赓试拔萃选人"。咸通七年十一月,"以礼部郎中李景温、吏部员外郎高湘试拔萃选人"。考试时也要糊名。《太平广记》卷一五六引《续定命录》的一则故事说:

> 秘书监刘禹锡,其子咸允久在举场无成,禹锡愤惋宦途,又爱咸允甚切,比归阙,以情诉于朝贤。太和四年,故吏部崔群与

禹锡深于素分，见禹锡蹭蹬如此，尤欲推挽咸允。其秋，群门生张正甫充京兆府试官，群特为禹锡召正甫，面以咸允托之，觊首选焉。及榜出，咸允名甚居下，群怒之，戒门人曰："张正甫来，更不要通。"正甫兄正矩，前河中参军，应书判拔萃。其时，群总科目人考官，糊名考讫，群读正矩判，心窃推许，又谓是故工部尚书正甫之弟，断意便与奏，及敕下，正矩与科目人谢主司，独正矩启叙，前致词曰："某杀身无地以报相公深恩，一门之内，兄弟二人，俱受科名拔擢，粉身脔肉，无以上答。"方泣下，语未终，群忽悟是正甫之兄弟，勃然曰："公是张正甫之兄，尔贤弟大无良，把群贩名，岂有如此事，与贼何异。公之登科，命也，非某本意，更谢何为。"

由于是糊名考试，于是演出了一幕张冠李戴的悲喜剧。

书判拔萃科被吏部录取后也要上报中书省覆审。其等第也和制科、宏词一样。贞元年间，开始以第三等、第三次等为甲科，第四等、第四次等、第五上等为乙科。元稹《白氏长庆集序》云："贞元末，进士尚驰竞不尚文，就中六籍尤摈落。礼部侍郎高郢始用经艺为进退，乐天一举擢上第，明年，拔萃甲科。"（《全唐文》卷六五三）据朱金城先生《白居易年谱》，白居易进士及第在贞元十六年（800），而登书判拔萃科则在贞元十九年（803），当是可信的。元稹谓白及第的第二年，即"明年，拔萃甲科"，则误。甲科，当是第三等，或第三次等。由白居易的百道判练习看，他为这拔萃甲科的争得，付出了辛勤的劳动。《芒洛冢墓遗文五编》卷六收有权寔《唐故朝议郎行尚书刑部员外郎会稽余公夫人河南方氏合祔墓志铭》云：

> 以明经为乡里所举,再举登上第。既而益嗜学,其探赜渊
> 奥,性得悬解,诸生皆不如君。君既归江上,遂取前人之善为词
> 判者,习其言,循其矩,无几而所为过出前人。复持所志诣有司
> 请试,有司考其言,拔萃居四等,因授秘书省正字。……君讳从
> 周,字广鲁,其先会稽人也。(《唐代墓志汇编》)

第四等,当是乙科。《册府元龟》卷六四五《贡举部·科目》载:

> 长兴元年八月三日,尚书吏部奏:据礼部贡院牒,送到府试
> 请应书判拔萃,前虢州卢氏县主簿张岫亲书纸,内对六节判,四
> 通二粗,准例,及第五上等。

五代时,宏词、拔萃科停。只有科目举试在礼部进行,于是,有门路
的个别前资官也就通过礼部而应试,造成既成事实。张岫可能就是
这种人。书判拔萃科是试判三条,而张岫的试纸内却是六节判,也
就是六条判,这六条判当指府试三条和礼部所试三条。一般府试后
要将合格者的府试试卷派人送交尚书省的。由于张岫的六道判是
四道好二道粗通,故为第五上等,即最末一等,也是乙科。

书判拔萃科第一名,与制科、宏词科一样,称作敕头,又称拔萃
头。如《广卓异记》卷十九《进士状元却为拔萃头》云:"右按《登科
记》,王阅,天宝元年进士状元及第,八年拔萃头登科。"

书判拔萃登科者,一般也授好官,如前进士登科者多授校书郎、
正字之类。于邵授崇文馆校书郎,白居易授秘书省校书郎,余从周
授秘书省正字等。

除博学宏词科和书判拔萃科外,吏部科目选中还有平判一科,

也为人所看重。《册府元龟》卷六三九《贡举部·总序》说："又有吏部科目，曰宏词、拔萃、平判，官皆吏部主之。"《唐语林》卷八《补遗》亦云："开元二十四年，置平判入等，始于颜真卿。"平判较博学宏词科和书判拔萃科设置迟，可能是因为宏词、拔萃取人严峻，而且取人又少（一般为三人），于是就又设置了平判一科，作为书判拔萃科的补充。

平判科最容易被人与书判拔萃科所混淆。元稹是以平判登科的，他在《酬哥舒大少府寄同年科第》诗中说："前年科第偏年少，未解知羞最爱狂。九陌急驰好鞍马，八人同着彩衣裳。"并在此句下注曰："同年科第，宏词吕二炅、王十一起，拔萃白二十二居易，平判李十一复礼、吕四颖、哥舒大烦、崔十八玄亮逮不肖，八人皆奉荣养。"（《全唐诗》卷四一一）所谓"前年"，是指贞元十九年。这年春，登吏部科目选者有八人。博学宏词科是吕炅、王起二人，书判拔萃科是白居易一人，平判科是李复礼、吕颖、哥舒烦、崔玄亮和元稹五人。由此可见，书判拔萃与平判并不同属一科，白居易与元稹所登之科也不相同。然而有关白居易、元稹生平的年谱、传记等，都把元稹所登平判科说成是书判拔萃科，与白居易同科，这是不对的。《登科记考》卷十五收有是年的试判题《毁方瓦合判》，白居易作有是题，元稹、吕颖、哥舒烦、崔玄亮也作有是题，这可能是人们认为元稹等所中与白居易一样也是书判拔萃科的原因吧。那么书判拔萃科与平判科到底有何不同？是书判拔萃科"试判三条"，而平判只试判两道呢，还是录取的标准不同，即书判拔萃科标准高而平判科标准低呢？由于资料匮乏，不得而知，可存疑待考。但书判拔萃科与平判不是一科，这是可以肯定的。这也并不妨碍书判拔萃科和平判科同时考同一道试题。

元稹平判登科，等第为第四等乙科。白居易《唐故武昌军节度处置等使正议大夫检校户部尚书鄂州刺史兼御史大夫赐紫金鱼袋赠尚书右仆射河南元公墓志铭》云："公讳稹，字微之，河南人。……十五，明经及第。二十四，调判入四等，署秘省校书。"（《白居易集》卷七十）《旧唐书》卷一六六《元稹传》亦载："十五两经擢第，二十四调判入第四等，授秘书省校书郎。"元稹在《同州刺史谢上表》中也说："年二十四，登吏部乙科，授校书郎。"（《全唐文》卷六五〇）按，元稹二十四岁为贞元十八年，知是年冬吏部试科目选，白居易、元稹等考试登科，而授秘书省校书郎则在第二年春，二者并不矛盾。由以上引文知，平判第四等就是乙科。平判有无第三等甲科，不得而知。《新唐书》卷一六四《崔弘礼传》载崔弘礼"及进士第，平判异等"。然《旧唐书》本传却无是载，只言"举进士，累佐藩府"。《千唐志斋藏志》收有王璠撰写的《唐故东都留守检校尚书左仆射赠司空崔公（弘礼）墓志》也只说他"以进士擢第"，未言平判登科。这"平判异等"，是否为"平选异等"之误，可存疑。因平选有第二等。《通典》卷十七《选举五》载有洋州刺史赵匡《举选议》，他在这篇文章的"选人条例"中说："宏词、拔萃，以甄逸才；进士、明经，以长学业；并请依常年例。其平选判入第二等，亦任超资授官。"所谓"平选"，就是指守选期满的选人所参加的身言书判的吏部平调铨选。

然而也有人把平选当作书判拔萃科的。王鸣盛《十七史商榷》卷八十一《登第未即释褐》说：

　　《欧阳詹文集》第八卷《与郑相公书》，自言"五试于礼部，方售乡贡进士；四试于吏部，始授四门助教"。自注："詹两应博学宏词不售,一平选被驳,又一平选授助教。"平选疑即应书判拔萃举。詹与昌黎同登进士第,其再举宏词不中,与昌黎同。其后,昌黎盖一应平选不中,不再应,惟上书求荐。而詹则以再平选得之。

《十七史商榷》认为平选即书判拔萃科,乃误。韩愈是"四举于礼部乃一得,三选于吏部卒无成"。贞元八年进士及第,自贞元九年春至十年冬,又三次参加了吏部的科目选试,这三次都是博学宏词科,并未参加书判拔萃科,更未应平选。翻检《欧阳行周文集》,知欧阳詹于贞元九年春与韩愈同应博学宏词科不第,便南下归故乡泉州,写有《泉州刺史席公宴邑中赴举秀才于东湖亭序》等,至十一年始北上,途经洛阳,写有《与张尚书书》,接着便参加了十二年春的博学宏词科试,仍未中。十三年春在洛阳平选被驳,十四年春平选时始授四门助教。《上郑相公书》写于贞元十五年,是上于宰相郑余庆的。

由以上可知,平选并非科目,平判与书判拔萃亦非一科。

吏部科目选除博学宏词科、书判拔萃科和平判科外,还有三史、三传、三礼、五经、九经、开元礼和学究一经等,这些科目设置较迟,有些原是贡举考试的科目,随着形势的变化与需要,被吏部借用过来,渐渐成为吏部的科目选了。有些却是与贡举试同时设立的,只是属于礼部的为科目举,属于吏部的为科目选而已。科目选与科目举的不同,仅在于考试的对象不同,有出身人、前资官参加的是吏部的科目选,白身人参加的是礼部的科目举。而考试的内容大概都是一样的。如开元礼,作为礼部的贡举科目和吏部的科目选科目,都设置于贞元二年。《册府元龟》卷六四〇《贡举部·条制二》载:

贞元二年六月诏：自今已后，举、选人有能习《开元礼》者，举人同一经例，选人不限选数许集。但问大义一百条，试策三道，全通者超资与官；义通七十条，策通二道已上者放及第，已下不在放限。

至贞元九年五月，又作了补正。《通典》卷十五《选举三》载：

（贞元）九年五月，敕：其习《开元礼》人，问大义一百条，试策三道，全通者为上等；大义通八十条以上，策两道以上为次等。

这一补正，实际上是针对科目选的，对应科目选的人来说，问大义一百条，策三道，全通者等第为上等，可超资与官。大义通八十条以上，策通两道以上者等第为次等，依资授官。以下不录。这一规定，较之礼部贡举试来说，标准提高了。

三礼作为科目选，其设置时间也比较迟。杜佑认为在贞元五年五月，他在《通典》卷十五《选举三》中说：

五年五月，敕：自今以后，诸色人中有习《三礼》者，前资及出身人依科目选例，吏部考试；白身依贡举例，礼部考试。每经问大义三十条，试策三道。所试大义，仍委主司于朝官、学官中拣择精通经术三五人闻奏，主司与同试问。义、策全通为上等，特加超奖；大义每经通二十五条以上，策通两道以上为次等，依资与官。

对应科目选的前资官和出身人来说,上等"特加超奖",就是超资与官,次等是依资与官。对于应贡举试的白身来说,次等只能给与出身。

三传、三史的正式设置就更迟,大约在长庆三年(823)二月。《旧唐书》卷十六《穆宗纪》载:长庆三年二月,"谏议大夫殷侑奏礼部贡举请置三传、三史科,从之"。而《唐会要》、《册府元龟》皆谓长庆二年(822)二月,当以《旧唐书》为是。其具体内容及录取标准,《唐会要》卷七十六《三传》条载:

> 长庆二年二月,谏议大夫殷侑奏:……伏请置三传科,以劝学者。《左传》问大义五十条,《公羊》、《穀梁》各问大义三十条,策三道。义通七以上,策通二以上,与及第。其白身应者,请同五经例处分;其先有出身及前资官应者,请准学究一经例处分。
>
> 又奏:……《史记》、两《汉书》、《三国志》,又有一史科。……伏请置前件史科,每史问大义一百条,策三道。义通七、策通二以上为及第。能通一史者,请同五经、三传例处分。其有出身及前资官应者,请同学究一经例处分。有出身及前资官,稍优与处分。其三史皆通者,请录奏闻,特加奖擢。……
>
> 敕旨:宜依,仍付所司。

这就是说,礼部贡举试三传、三史和吏部科目选试三传、三史,都设置于长庆三年二月,其所试内容与录取标准都一样,只是白身在礼部试,及第后以五经例予以出身;有出身及前资官在吏部试,登科后以学究一经例授官。然无论是《开元礼》,还是三经、三传、三史,义、策全通者,恐怕没有,这也和进士没有甲科,明经没有甲乙等,制科没有第一、二等一样。

所谓学究一经,就是对某一经不仅要读熟会背诵,而且还要通其义。《登科记考》卷二十五引《册府元龟》卷六四二的一条注曰:"国朝所设五科,唯学究文书最少,乃令念其经而通其义,故曰学究。"学究一经科设置年代不详。

在吏部科目选中,地位最高、最被人看重的是博学宏词科和书判拔萃科,地位最低、最不被人看重的是《开元礼》和学究一经。因《开元礼》和学究一经只通一礼、一经,文字少而又简单。一般授官也不会高。《唐会要》卷七十六《开元礼举》载:

> 元和八年四月,吏部奏:应《开元礼》及学究一经登科人等,旧例,据等第高下,量人才授官。近日缘校书、正字等名望稍优,但沾科第,皆求注拟。……起今已后,等第稍高,文学兼优者,伏请量注校、正,其余署《开元礼》人。

这就是说,校书郎、正字的注拟,首先满足等第稍高而文学兼优者,注完后有余,再注《开元礼》人。这文学兼优者,当然是指博学宏词科、书判拔萃科等人。

学究一经科人不仅注拟校、正一类官者很少,而且还被人视为"恶登科"。《唐摭言》卷九《好及第恶登科》载:"许孟容进士及第,学究登科,时号'锦袄子上着莎衣'。蔡京与孟容同。"但从许孟容的仕历看,他学究一经登科后,仍授与秘书省校书郎。《旧唐书》卷一五四《许孟容传》载:"孟容少以文词知名,举进士甲科,后究《王氏易》登科,授秘书省校书郎。"据《登科记考》卷十一引《柳宗元集》

韩注:"孟容字公范,京兆长安人。大历十一年,中进士第。"则他究王弼注《周易》一经而登科,当在大历十四年之前。学究一经不注校、正,可能是元和八年以后的事,在大历年间还是注拟的。蔡京学究一经登科后,授官畿县尉,也不错。《唐语林》卷七《补遗》载:"邕州蔡大夫京者,……后以进士举上第,寻又学究登科,而作尉畿服。"刘禹锡有首诗,题作《送前进士蔡京赴学究科》(《全唐诗》卷三五九),诗中对他备加赞扬,并无"恶登科"之遗憾。

有唐一代,登科目选《开元礼》等科的人,远不及博学宏词科和书判拔萃科的人多,但也不乏名人。除许孟容、蔡京等登学究一经科外,登《开元礼》科的还有程异等人。《旧唐书》卷一三五《程异传》:"程异,京兆长安人。尝侍父疾,乡里以孝悌称。明经及第,释褐扬州海陵主簿。登《开元礼》科,授华州郑县尉。"卷一五七《辛秘传》:"辛秘,陇西人。少嗜学,贞元年中,累登五经;《开元礼》科,选授华原尉。"卷一八八《孝友传》载丁公著"年二十一,五经及第。明年,又通《开元礼》,授集贤校书郎"。以三史登科者有冯伉、杨戎等。《旧唐书》卷一八九《儒学下·冯伉传》载:"大历初,登五经秀才科,授秘书郎。建中四年,又登博学三史科。"所谓"博学三史科",就是吏部科目选三史科。《唐摭言》卷八《及第与长行拜官相次》载:"杨敬之拜国子司业,次子戴,进士及第;长子三史登科,时号'杨三喜'。"据《新唐书》卷一六〇《杨敬之传》载,敬之长子名戎。《登科记考》卷二十一,以为杨戎"三史登科"在开成二年,当从。晚唐诗人张乔有一首诗,题作《送三传赴长城尉》,题下注曰:"一作《送前辈读三传任长城尉》。"诗中云:"登科精鲁史,为尉及良时。"(《全唐诗》卷六三八)知张乔所送的这位前辈是以三传登科目选而授官湖州长城县尉的。

五、科目选与制举互补互济

《蔡宽夫诗话·唐制举情形》说:"唐举子既放榜,止云及第,皆守选而后释褐。选未满而再试,判为拔萃于吏部,或就制举而中,方谓之登科。"这就是说,唐代举子经礼部贡举试录取后,只叫及第,但必须守选,才能释褐授官。若守选期未满而想提前入仕,只有两条路,一是参加吏部的书判拔萃科试,一是参加制举试,若考中,才算登科,可立即授官。《蔡宽夫诗话》的这段话是正确的,只是不够完善。"判为拔萃于吏部",仅指书判拔萃科,还应该包括博学宏词科、平判科等在内的所有科目选。当然,对绝大多数及第人来说,只能是"皆守选而后释褐",走守选期满赴吏部参加平选常调之路。而那些有才华的出身人,多是走"选未满而再试"之路的,但中者毕竟是少数。唐代著名诗人中,进士、明经及第后,经制举或科目选登科而授官的也不多:李益、杜牧进士及第后应制举登科;刘禹锡、柳宗元进士及第后应博学宏词登科;白居易、李商隐进士及第后应书判拔萃登科;元稹明经及第后应平判登科。

唐人重京官轻外任,相对而言,对品级并不十分看重。六品员外郎出任四品刺史,八品监察御史出任六品县令,这应该说是升,然而却多是有过犯者才会如此,所以也就成了贬。这就导致了许多有才华的出身人,他们进士、明经及第后,宁肯迟几年释褐,也不愿走守选期满赴吏部参加平选常调之路,而非要登科不可。因为像前进士守选期满,只能授与一般县尉,最高不过州府参军、紧县簿尉。《册府元龟》卷六三二《铨选部·条制四》载武宗会昌二年四月制:

"准太和九年十二月十八日敕:进士初合格,并令授诸州府参军及紧县尉。"所谓"初合格",就是指前进士守选期满,第一次符合选格条件而参选。如果前进士以宏词、拔萃登科,授官就不一样,或是校书郎、正字,或是畿赤县簿尉。尽管这些官职不及州府参军品级高,然而却是"黄绶者九品之英",是清要之官,又能博得有才能者之名声,被人荐荐为拾遗、监察御史等敕授官的可能性就大得多。柳宗元贞元九年进士及第,若按进士守选三年的规定,他本可以于贞元十三年由身言书判平选例入仕,然而他却参加了两年的博学宏词科考试,于贞元十四年始登科,授官集贤院正字。他宁肯推迟一年入仕,却为他以后被人举荐为监察御史里行打下了基础。元稹于贞元九年明经及第。明经声望一般比进士低,他为了改变这一状况,或者说为了弥补明经出身的这一遗憾,他苦读十年,于贞元十九年由平判登科,而没有按明经守选期满例入仕,这就推迟了两三年。

前资官也是一样,若老老实实走平选常调的授官之路,怕到老也熬不到五品的官位。如前引欧阳詹在《有唐故朝议郎行鄂州司仓参军杨公墓志铭》中所说的杨某,去世时"年六十七,凡入仕三十一年,历官四政",然仍不过是七品的州参军。王建进士及第而没有登科,在仕途上他只能走铨选常调之路,故他在《自伤》诗中不无感慨地说:"四授官资元七品,再经婚娶尚单身。"(《全唐诗》卷三〇〇)所以有才华的六品以下官员,秩一满,就参加科目选试,若中选,不仅缩短了守选期,而且得到了官位,博得了才名,升迁就比常调快得多。如《旧唐书》卷一二三《李巽传》:"李巽字令叔,赵郡人。少苦心为学,以明经调补华州参军,拔萃登科,授鄠县尉。"卷一三六《卢迈传》:"卢迈字子玄,范阳人。少以孝友谨厚称,深为叔舅崔祐甫所亲重。两经及第,历太子正字,蓝田尉。以书判拔萃,授河南主簿,充集贤校理。"卷一一八《韦温传》:"年十一岁,应两经举登第,释褐太常寺奉礼郎。以书判拔萃,调补秘书省校书郎。"以上三人都是以前资官身份应吏部科目选书判拔萃科的,登科后李巽授官畿县尉,卢迈授官赤县主簿,韦温授官秘书省校书郎。这不仅缩短了他们秩满守选的年限,而且还为他们以后的入朝为官奠定了基础。

有些人还两次应科目选登科而授官,入朝被荐的机会就更多。如唐代著名的骈文家陆贽,就是两次登科目选而后入朝的。《旧唐书》卷一三九《陆贽传》载:"年十八登进士第,以博学宏词登科,授华州郑县尉。罢秩,……又以书判拔萃,选授渭南县主簿,迁监察御史。"再如萧昕,《旧唐书》本传说他"少补崇文进士。开元十九年,首举博学宏词,授阳武县主簿。天宝初,复举宏辞,授寿安尉,再迁左拾遗"。陆贽、萧昕前一次是以出身人登博学宏词科授官的,后一次是以前资官登拔萃、宏词科而授官畿县尉的。

像陆贽、萧昕那样两应科目选的人在唐代还不少。《旧唐书》卷一八五《良吏下·范传正传》:"传正举进士,又以博学宏词及书判皆登甲科,授集贤殿校书郎、渭南尉,拜监察、殿中侍御史。"顾况《礼部员外郎陶氏集序》:"唐词臣姓陶氏,讳翰。……开元十八年进士上第,天宝文明载,登宏词、拔萃两科,累陟太常博士、礼部员外郎。"(《全唐文》卷五二八)按,陶翰登博学宏词科在开元十九年,已如上述,其登书判拔萃科或在天宝初。在唐代还有三应吏部科目选的。如《旧唐书》卷一八七《忠义下·张巡传》载:"巡聪悟有才干,举进士,三以书判拔萃入等。"若此载不误,张巡可能是唐代中科目选次数最多的一个人了。

在唐代,有才华的及第举子和前资官既中科目选,又登制举科的人就更多,其升迁也就更快一些。《旧唐书》卷一三七《崔元翰传》载："崔元翰者，博陵人。进士擢第，登博学宏词制（按，"制"字衍）科，又应贤良方正直言极谏科。三举皆升甲第，年已五十余。"《广卓异记》卷十九《进士状元却为制举头》载："右按《登科记》，崔元翰，建中二年进士状元及第，贞元四年贤良方正直言极谏科头登科。"权德舆《比部郎中崔君元翰集序》也说："年殆知天命，甫与计偕至京师，岎博学宏词、直言极谏，凡三登甲科，名动天下。"（《全唐文》卷四八九）知崔元翰建中二年进士及第后先以出身人身份登博学宏词科的，时当在建中三、四年，授官秘书省校书郎；官满后又受聘于李勉、马燧二府，后以前资官登直言极谏科而入朝的。《登科记考》卷十二又据《玉芝堂谈荟》称崔元翰为"四元"，所谓四元，是指他为京兆府解元、进士状元、博学宏词头和制科敕头。

以科目选、制举登科的还有裴度、元、白等。《旧唐书》卷一七〇《裴度传》载："度，贞元五年进士擢第，登宏辞科。应制举贤良方正能直言极谏科，对策高等，授河阴县尉，迁监察御史。"《新唐书》本传也说："贞元初，擢进士第，以宏词补校书郎。举贤良方正异等，调河阴尉。"知裴度贞元五年进士及第，贞元九年以前进士登博学宏词科，授官校书郎，贞元十年又以现任官登贤良方正科，授官畿县河阴尉。白居易和元稹，他们分别由进士、明经及第后，以出身人资格又分别应吏部科目选书判拔萃科和平判科，皆授官秘书省校书郎；后又以前资官身份同登制举才识兼茂明于体用科，元稹授左拾遗，白居易授畿县周至尉。白不久又入朝为左拾遗。所以白居易在《与元九书》中不无自豪地说："十年之间，三登科第，名入众耳，迹升清贯。"（《白居易集》卷四十五）

也有的人先登制科，后应科目选。如《新唐书》卷一六五《郑珣瑜传》载："大历中，以讽谏主文科高第，授大理评事，调阳翟丞。以拔萃为万年尉。"郑珣瑜先以草泽民于大历六年应制举的，后以前资官应科目选书判拔萃科的。另外，《旧唐书》卷一七六《崔龟从传》载："龟从，元和十二年擢进士第，又登贤良方正制科及书判拔萃二科，释褐拜右拾遗。"《新唐书》本传也说："初举进士，复以贤良方正、拔萃，三中其科，拜右拾遗。"据《登科记考》卷十九所引制书知，崔龟从登制举贤良方正科在长庆元年，时以现任官同州参军应制的，登科后授官畿县尉即京兆府鄠县尉。崔龟从当是进士及第后按常调授官同州参军。其应书判拔萃科似在长庆末、宝历初，是以前资官即前鄠县尉身份应试登科的，授官不详。所谓"拜右拾遗"当是后来被人举荐而征拜的，因其登拔萃科后吏部无权授拾遗官。

科目选与制举既有相似之处，也有不同之处。科目选与制举的不同在于：科目选是吏部考试，制举是皇帝下诏亲试；科目选是吏部授官，仍属旨授，也就是说只能在其铨选范围内授官，即只能授予六品以下旨授内的官；而制举，是中书门下授官，属敕授，故拾遗、补阙、监察御史等类官也可以授与。可见在授官上制举要比科目选优越。另外，二者所解决的问题与考试的对象也略有不同。科目选解决的是选人中有才华者不必等守选期满就可提前入仕的问题，是针对循资格有失才缺陷而进行的弥补性工作，也可以说是对身言书判这种平选常调的一个补充。故招考的对象只能是出身人和前资官两类，而这两类人原本就是吏部的选人，所以科目选仍在吏部选人这一范围内进行，并未超出吏部总的铨选范畴。只不过科目选是铨选中的特殊选，即用科目考试来选拔优秀官吏的一种铨选方式而已。而制举是为国家招揽各种"非常之才"人物的，故各种人才、各色身份的人都可参加，除有出身和前资官外，白身人和现任六品以下官吏都可应举，其招试对象广泛。同时，随政治形势的变化，政策、时宜的需要,制举可以不定期地进行考试,不仅时间不固定,而且考试科目也不固定,所考内容的政策性、实用性强,主要是策。而科目选,时间固定,每年一次,考试时间定在每年冬季至第二年春季这一吏部选限时间内,考试科目也比较固定,博学宏词、书判拔萃和平判是年年都设。此外,按考试人所应,还设有三传、三史、三礼等科目。考试的内容按科目而定,有诗赋论,有判,有时还考经、传、史之类。

但科目选与制举也有相同的一面,即都是针对有才能的人而设的,主要是解决他们的入仕作官的问题,而有才能者,又多集中在进士、明经及第这类出身人和前资官身上,所以二者有可能互补互剂。在科目选设立之前,制举独当了选拔各类贤才人士的任务,故这一时期制举考试就频繁;随着科目选的设立与日益完善,渐渐地选拔人才的这一任务就多由科目选来承担了,制举也就慢慢地少了。这也许就是开元以前制举较多而天宝之后制举较少的原因。

当然,制举多与少的原因并不完全出于此。政治形势的变化与需要,国家的稳定,经济的发展,以及君主本人爱才求贤的程度等等,都与之有着很大的关系,科目选的设立对它更有着举足轻重的影响。以玄宗一朝为例,以开元十八年科目选设立为界,分为前后两期,前期自先天元年(712)至开元十七年(729)十八年间,共举行过制科试十一次,后期自开元十八年至天宝十五年(756)二十七年间,共举行过制举试九次,前期明显地多于后期。再如,自至德二年(757)至天祐四年(907)唐亡一百五十一年间,共举行过制举试十六次,尚不及玄宗一朝的多。再从人数来看,开元年间,"其应诏而举者,多则二千人,少犹不减千人"(《通典》卷十五)。武后时,还出现了万人应举的宏大场面。但至德以后就明显地少了。有数字记载的宝历元年（825），敬宗下制诏设三科考试，《旧唐书》卷十七《敬宗纪》说："上御宣政殿试制举人二百九十一人。"而《册府元龟》卷六四四《贡举部·考试二》却载三百一十九人。然无论是二百九十一人还是三百一十九人，都远逊于天宝以前的应举人数。而这一时期的科目选，因年年都设，其登科人总数比登制科人总数要多得多。由此可见，天宝以后，随科目选科目的设置日益增多和完善化、规范化，制举就越来越衰落了，至大和二年（828）以后停止。晚唐统治者曾多次有举行制科试的打算，但心有余而力不足，一次也没有实施过。而科目选恰恰相反，一直处于方兴未艾之阶段，直至唐亡前还进行过博学宏词科的考试。

第九章　选举制及铨选与文学的关系

一、以诗赋举士选官固定化

唐代以诗赋取士的进士科,和以它为代表的科举制度,与文学发展的关系问题,一直是文学界争论的一大焦点。有人为此做了不少材料搜集的工作,并发表了许多真知卓见。随着对唐诗繁荣原因的不断深入探讨,目前学术界基本上形成了两种意见:促进说和消极说。如果单从进士科看,这些意见各有其存在的理由,但也有其片面的地方,要是我们把科举制度与铨选制度结合起来,也就是说从选举制这一总体角度上来审视它与唐诗发展的关系,或许会得出比较全面而又切合实际的看法的。

本文先从整个选举制来谈谈这一问题,然后单就铨选与文学的关系再作进一步的论述。

执促进说的是中国社会科学院文学研究所编选的《唐诗选》,这本书认为唐代以诗赋取士为重要内容的科举制度,是促成唐诗繁荣的一个直接因素。本书《前言》说:

以诗取士的制度,对于重视诗歌、爱好诗歌的社会风尚的形成,对于诗人们一般诗歌技巧的培养和训练,对于诗歌艺术经验的积累和研究,无疑起了重要的作用。宋代严羽说:"或问唐诗何以胜我朝? 唐以诗取士,故多专门之学,我朝之诗所以不及也。"以诗取士,使得整个知识分子阶层几乎都是诗歌作者,确实使诗歌成为唐代文化领域中的一个"专门",成了知识分子毕生学习、钻研的必修科目。唐代诗歌的繁荣,是离不开这个诗歌大普及的局面的。

与此执相反意见的是傅璇琮先生的《唐代科举与文学》这本书。该书更注重材料的占有,因此有关这方面的意见就更带有总结性和权威性,也就更有代表性。该书在第十四章《进士试与文学风气》中认为,进士试策外,再试杂文两首是高宗调露二年(680)由刘思立开始提出的。这就是说,从唐开国起有六十年的光景,进士考试是只考策文,与诗赋无关,这占了唐朝历史的五分之一的时间。所谓杂文两首,傅先生引徐松《登科记考》卷二的话说:"按杂文两首,谓箴铭论表之类,开元间始以赋居其一,或以诗居其一,亦有全用诗赋者,非定制也。杂文之专用诗赋,当在天宝之间。"他认为徐松的这段话是有事实根据的,是正确的,于是他得出结论:

> 由此可见,以诗赋作为进士考试的固定的格局,是在唐代立国一百余年以后。而在这以前,唐诗已经经历了婉丽清新、婀娜多姿的初唐阶段,正以璀灿夺目的光彩,步入盛唐的康庄大道。在这一百余年中,杰出的诗人已络绎出现在诗坛上,写出了历世经久、传诵不息的名篇。这都是文学史上的常识,不

需要多讲的。因此,那种片面地强调唐代进士以诗取士促进了诗歌创作的繁荣,在历史发展的客观事实面前,是站不住脚的。应当说,进士科在八世纪初开始采用考试诗赋的方式,到开宝时以诗赋取士成为固定的格局,正是诗歌的发展繁荣对当时社会生活产生广泛影响的结果。

在这里,我们不想论定孰是孰非的问题,因为他们各有其存在的理由,各有其真知卓见。我们只想以材料为依据,让事实说话。

《登科记考》卷二于永隆二年(681)下注曰:"杂文之专用诗赋,当在天宝之季。"即天宝末年进士试诗赋才成为制度而固定化了。但是,我们知道,吏部博学宏词科试诗赋论,是借鉴于进士科试诗赋策的,因为吏部科目选科目多取自贡举试科目,博学宏词科也不例外,是由进士科试诗赋策衍变而来的。博学宏词科设立于开元十八年,正式开科选官则在十九年春,也就是说开元十八年之前,进士科已固定用诗赋取士了,这才使吏部有可能借鉴并设立博学宏词科,否则,博学宏词科已于开元十八年固定以诗赋选官了,而进士科尚未"专用诗赋"取士,倒是博学宏词科在前而进士科在后,是进士科效法博学宏词科了,这是不可能的。

那么,进士科之"专用诗赋"到底在何时?《登科记考》有省试诗的记载始自开元十二年,这就是《终南山望余雪》诗。《唐诗纪事》卷二十《祖咏》条载:

> 有司试《终南山望余雪》诗,咏赋云"终南阴岭秀,积雪浮云端。林表明霁色,城中增暮寒"四句,即纳于有司。或诘之,咏曰:"意尽。"

祖咏的这首诗虽然写得很好，但却只有四句，于是才有人诘问，他回答说"意尽"。可见开元十二年时省试诗的形式已固定化了，为六韵十二句，由于他的诗不符合省试诗的格式，才引起了别人的诘问。开元十二年，省试诗已固定化为六韵十二句，则知这一时期的进士科试诗已经是很普遍的了，并非偶而为之。

《文苑英华》卷一八七《省试诗八》收有王冷然的一首诗，题作《古木卧平沙》，诗云：

> 古木卧平沙，摧残岁月赊。有根横水石，无叶拂烟霞。春至苔为叶，冬来雪作花。不逢星汉使，谁辨是灵槎。

据《唐才子传》卷一载，王冷然开元五年进士及第，则此诗当是他开元五年考进士时所作。此诗为五言八句，押"沙"韵，已符合进士科省试诗"题中用韵"的固定化格式了。按《登科记考》卷十四贞元十四年进士科条下注曰：

> 按《吕衡州集》有礼部试《鉴止水赋》，注云："以'澄虚纳照，遇象分形'为韵，任不依次用，限三百五十字已上成。"又有《青出蓝诗》，注云："题中用韵，限四十字成。"《文苑英华》所载同，是为此年试题。

并录有是年进士及第的吕温、王季友的此题诗，俱押"青"韵，为五言八句。另外，《文苑英华》省试诗中还收有崔曙《明堂火珠》诗、顾况《空梁落燕泥》诗、王贞白《宫池产瑞莲》诗、吕温《河南府试乡饮酒》诗、刘瑰《三让月成魄》诗等，这些诗都是四韵八句，而且都是

"题中用韵"。由此可见，凡进士科省试诗"题中用韵"，都限定四韵八句四十字。则开元五年的王泠然诗已完全符合进士科的固定化格式了。

《文苑英华》卷一八六《省试诗七》又收有王维《清如玉壶冰》诗，赵殿成《王右丞集笺注》卷十二于此诗题下写道："原注：'京兆府试，时年十九。'"所谓"原注"，当是王维自注。赵殿成《右丞年谱》认为，开元九年，王维"年二十一，以进士擢第，调大乐丞。后坐累谪济州司仓参军"。其《清如玉壶冰》诗为开元七年赴京兆府试所作。此说为学术界普遍接受，凡有关王维的年谱、诗评、集注，都采用是说。然而按这种说法有两点疑难问题却无法解决，一是其弟王缙大兄一岁的问题始终难圆其说，尽管有些人作了这样那样的解释，但毕竟是臆测，缺乏事实根据。二是王维于开元九年进士及第，当年即授大乐丞是不符合唐代铨选制度的。王维由大乐丞贬谪济州司仓参军是在开元九年却有史可稽。《旧唐书》卷一〇二《刘子玄传》载，开元"九年，长子贶为太乐令，犯事配流"。刘贶、王维二人同领大乐署，又同时被贬，则"犯事"必同，这是毫无疑问的。按唐制，进士及第必守选，这在贞观年间已经实施了。开元三年六月玄宗在诏令中又明确规定，进士及第后必须"三选听集"，即守选三年。王维已于开元九年作官太乐丞，则其进士及第不可能在开元九年，而必在此之前，这是可以肯定的。那么，王维何时进士及第的呢？《集异记》所载"郁轮袍"的故事就值得注意了。故事讲岐王李范设计向贵公主推荐王维作京兆府解头，贵公主听了王维的"郁轮袍"曲，又读了王维的诗后。大为惊喜，便"召试官至第，遣宫婢传教。维遂作解头，而一举登第"。此贵公主权势在岐王之上，又呼岐王为"儿"（"何予儿事"），则此公主必为岐王之姑太平公主无疑。

按太平公主被诛在开元元年七月,则王维"一举登第"当在是年春,与《新唐书》本传"开元初,擢进士"又相合。前一年,即先天元年(712)秋王维为京兆府解头,年十九,与《集异记》"年未弱冠"之语合。这则故事被人们视为事有可疑而不信,是因贵公主本推荐张九皋为解头。据萧昕《张公(九皋)神道碑》云:"弱冠孝廉登科。……以天宝十四载四月二十日疾亟薨于西京常乐里之私第,春秋六十有六。"知张九皋大约于睿宗景云初年就已经明经及第,当不会与王维争解头了。但在唐代,明经及第后又举进士者,不乏其人。又,张九皋是否为其弟张九章之误,可存疑。总之,根据《集异记》所载,王维于先天元年秋为京兆府解头,年十九;第二年即开元元年,"一举登第",年二十。则以上两个问题就都迎刃而解了。

现在我们再回到王维的京兆府试题《清如玉壶冰》问题上来。此诗为六韵十二句,已符合一般省试诗格式,它虽为府试诗,但与省试诗却是相通的,一致的。若省试尚未以诗作为进士科考试的内容,则府试也不会出诗题的,若省试诗尚未固定化为六韵十二句,则府试也决不会用这种形式来考举子的。由此可见先天至开元初年朝廷已用固定化格式的诗来考进士了,而且这种考试已成定局。

《唐摭言》卷一《试杂文》中有一段话,常容易被人们忽略,这段话说:

> 进士科与俊、秀同源异派,所试皆答策而已。……后至调露二年,考功员外刘思立奏请加试帖经与杂文,文之高者放入策。寻以则天革命,事复因循。至神龙元年方行三场试,故常列诗赋题目于榜中矣。

所谓"则天革命,事复因循",是指策通三者并许及第事,与引文无关。引文的最末一句话,才是至关重要的。据《唐会要》卷七十六《贡举中·进士》条载:

> 调露二年四月,刘思立除考功员外郎。先是,进士但试策而已,思立以其庸浅,奏请帖经,及试杂文,自后,因以为常式。

刘思立是调露二年四月为考功员外郎的,他建议进士试帖经与杂文,当是分别奏请的,亦并非同一年。进士试杂文似在第二年即永隆二年所奏,因是年八月高宗始下有此诏。《册府元龟》卷六三九《贡举部·条制一》载:

> 永隆二年八月诏曰:……自今已后,考功试人,明经试帖,取十帖得六已上者;进士试杂文两首,识文律者,然后并令试策。

但进士科真正试杂文二首是在高宗下诏的第二年即开耀二年(682)正月,因进士考试多在正月举行,时刘思立知贡举,故《旧唐书》一九○《文苑中·刘宪传》说:"进士试杂文,自思立始也。"《登科记考》卷二在引高宗诏"进士试杂文两首"下有条按语,云:

> 按杂文两首,谓箴铭论表之类。开元间,始以赋居其一,或以诗居其一,亦有全用诗赋者,非定制也。杂文之专用诗赋,当在天宝之季。

此说不确。永隆二年八月高宗在诏文中明明说:"进士试杂文两首,识文律者,然后并令试策。"何谓文律? 文律者,文章之音律也。这就是说,杂文两首,都必须讲究格律、音韵。而能讲音韵、格律文章的,只能是诗、赋、颂、铭、赞、箴等,至于论、表之类,是实用性文字,要求朴实,不讲求华丽,更不要求音律,作为进士试之杂文是不适宜的。《登科记考》卷八引《词学指南》云:"开元二十六年,西京进士试《拟孔融荐祢衡表》。"很可能是误记。有唐一代,只有德宗建中二年(781)中书舍人赵赞权知贡举时,曾建议进士试"以箴、论、表、赞代诗、赋",务求实用。故《拟孔融荐祢衡表》或为兴元、贞元初进士科所试题,而《词学指南》却误入开元年中。总之,高宗下诏进士试杂文,就是要考文律,所以一开始,赋就成为杂文中首选的对象。晚唐的牛希济在《贡士论》中就说:"初以词赋,谓之杂文。"(《全唐文》卷八四六)可见一开始,赋就居其一,而且这从颜真卿的《朝散大夫守华州刺史上柱国赠秘书监颜君神道碑铭》中亦可得到证实。碑铭云:

> 君讳元孙,字聿修,京兆长安人也。……举进士,素未习《尚书》,六日而兼注必究。省试《九河铭》、《高松赋》。故事,举人就试,朝官毕集,考功郎刘奇乃先标榜君曰:"铭、赋二首,既丽且新;时务五条,词高理赡;惜其帖经通六,所以不(原本缺),屈从常第,徒深悚怍。"由是名动天下。(《全唐文》卷三四一)

《旧唐书》卷一八七《忠义下·颜杲卿传》谓:"父元孙,垂拱初登进士第,考功员外郎刘奇榜其词策,文理俊拔,多士耸观。"据此,《登科记考》卷三将颜元孙登进士第系于垂拱元年（685）下是正确的。垂拱元年是进士试杂文的第三年，当时就已经有赋，可见进士试杂文一开始就有赋。这之后，除赋外，或铭，或颂，或箴，或诗而不定。

我们知道，武则天好诗喜吟，游乐之处必赋诗咏唱，对诗人又奖掖备至，"赐锦夺袍"的故事是大家都熟知的，故进士试诗赋就有可能在此时产生。中唐时的沈既济有一段话，对我们理解武后时代的"杂文二首"很有帮助，他说：

> 初，国家自显庆以来，高宗圣躬多不康，而武太后任事，参决大政，与天子并。太后颇涉文史，好雕虫之艺，永隆中始以文章选士。及永淳之后，太后君临天下二十余年，当时公卿百辟无不以文章，因循逾久，浸以成风。（《全唐文》卷四七六《词科论》）

原来刘思立奏请进士试杂文二首正是为投武后之所好的，永隆二年高宗下诏谓杂文讲究文律也是为迎合武后"好雕虫之艺"的，时武后已是大权独揽了，故高宗死后，在她君临天下二十多年的时间里，杂文二首多用诗赋也就不足为怪了。沈既济所谓的"文章"，就是指的诗赋颂铭等类，即语言华丽、音韵和谐的文学作品，而非我们现在理解的用文字写成的一切东西。古人所说的文章，就是我们现在意义上的文学，而他们所说的文学，却是我们所说的学问，即对经义的解释疏证等。因为武后好雕虫之艺，对诗又特别喜欢，再加之当时格律诗不仅成熟，而且已经定型，涌现出了不少历世经久、传诵不息的名篇。所以代表着这一时代气息的璀璨夺目的新诗歌形式必然会在国家的政治制度和社会生活中有所反映，于是五言四韵和六韵格律诗就正好适应了杂文讲究文律的要求而被武后所选中,在进士考试中就开始使用了。

　　杂文之专用诗赋,也就是说已成固定之格局当在中宗年代。前已说过,武后时已经用诗赋考进士了,而且并非偶而用之,于是至中宗时也就"因循遐久,浸以成风",渐渐地经常化、固定化了,变成一种制度了。我们知道,中宗也是一位好诗爱吟的皇帝,《全唐诗》卷二小传说他:"帝于景龙中,置修文馆学士,盛引词学之臣,从侍游宴。……帝有所感,即赋诗,学士皆属和焉。集四十卷,失传。"他命上官婉儿彩楼评诗的故事,至今成为诗歌史上的佳话。另外,从武后到中宗,被任命为知贡举的考功员外郎又多是有才华的诗赋大家,如李迥秀、张说、沈佺期、崔湜、马怀素、宋之问、苏颋等,他们当然更会用诗赋来作为"杂文二首"考进士了。尤其是"沈宋",唐诗格律体的定型任务是在他们手中完成的,他们当然会把这一成果体现在国家政治制度中,所以在他们先后任考功员外郎知贡举时,自然就会把杂文之专用诗赋加以制度化,这本是情理中的事。总之,随着中宗时进士三场试的固定化,以诗赋取士的固定格局也就形成了。所以《唐摭言》才说"至神龙元年方行三场试,故常列诗赋题目于榜中矣",不是没有根据的。

　　当然,任何一种形式固定化、制度化之后,并不排除其特殊性、偶然性。以诗赋取士制度化以后,有时个别知贡举的考官也会用自己所喜爱的其他杂文形式来考进士的,如开元、永泰、建中年间仍有人用颂、铭、箴、论、表考过进士,[1]这不足为怪。特别是建中二年赵

---

[1] 俱见《登科记考》引之《词学指南》,这令人对王应麟《词学指南》所记是否正确产生怀疑。

赞奏请"以箴、论、表、赞代诗、赋"之后,有三四年时间是用箴、铭、论、表来考进士的,大约至贞元初始复旧。若因此而认为"开元间,始以赋居其一,或以诗居其一,亦有全用诗、赋者,非定制也。杂文之专用诗、赋,当在天宝之季",则为时过晚,也不符合事实,更不符合诗歌史与科举制二者的关系的。

随着五言律诗的成熟定型和君主的爱好提倡,五言格律诗在初唐后期已蔚为大观,对社会生活发生了重大的影响,喜吟好咏的社会风气已经形成,这就促使统治者不无自豪地将它纳入国家的政治制度中,以诗赋取士选拔人才的这种进士贡举制也就在这一社会风气中诞生并渐渐地形成格局了。这一情况应该说是符合唐诗的发展实际的,也是符合文学史的发展规律的。唐诗的巨大影响作用就体现在这里。

反过来,进士科以诗赋取士在社会生活中也发生了重大的影响。尤其对知识分子的影响更大。以诗赋作为仕进的敲门砖,就比只试策或试帖经更具有吸引力,进士科的地位一下子提高了。原贡举六个常科中,秀才科等第最高,其次是明经,它们都分四等第,进士与明法分二等第,明书、明算只有一等第。自秀才科废除后,明经等第最高,"士族所趋向,唯明经、进士二科而已"。但随着进士科试杂文二首到逐渐以诗赋为定式,进士科在知识分子中的地位远在明经之上,虽然它的等第没有明经高,录取人数没有明经多,但在知识分子心目中,它是有才能的表现,举进士的人数之多更非明经可比,有才华的人以举进士为荣,举明经反为人瞧不起。这一现象不能不引起统治者的关注。就在"循资格"遭到一些人的反对,认为它有失才之弊时,统治者立即以诗赋选官作为它弥补失才的科目之一,博学宏词科也就应运而诞生了。它一诞生,就成为选人首选的对象,其应试人数之多,被人所看重又远在其他科目选之上。随着政治形势的变化,制举考试越来越少,而吏部科目选却固定为年年举行,于是博学宏词科就代而充当了选拔"非常之才"的重要作用。

以诗赋取士、以诗赋选官的这一举选制,对文学、对社会生活所产生的重大作用,可略述如下:

> 汉代的铺陈大赋发展到魏晋,已变为抒情小赋了。这种抒情小赋进入南北朝后,随着"裁对、用典、敷藻、调声"的要求,已发展到相当完美精致的程度,产生了一种新的赋体,人称骈赋,也叫俳赋。到唐代,以诗赋举士选官的制度确立后,对骈赋也限定了韵,一般为八韵,也有六韵、五韵、七韵者不等。而且还限定字数,多为三四百字,同时在格式上也发生了变化,伸屈比较自如,这种经过改造了的新赋体,就是律赋。律赋也讲求属对精切,但更重要的是讲究音韵和谐,通过韵律讲明事理。律赋在中国赋史上占有一定的地位,为赋这一形式增加了一个新的品种,开辟了一个新的领域,同时将赋这一形式推向了一个新的阶段。这种赋在唐宋古文运动中,在反对时文的斗争中,又被作为一种反面的东西,经过改造,促使了文赋的诞生,赋体也就开始走上了下坡路。有人视赋体的高潮在唐代,不是没有原因的,这一高潮的到来,以省试赋为代表的律赋是起了很大的促进作用的。

五言格律诗在唐代成熟并定型较之七言体格律诗要早,在沈宋之前就已经产生了不少驰誉文坛、传诵不息的名篇。同时,古人视五言为正统,七言为变体。正如钟嵘《诗品·序》所说:"五言居文词之要,是众作之有滋味者也。"所以才被唐代统治者作为取士选官的省试诗。这种形式的诗体被选为省试诗,对唐诗的繁荣发展不能不产生影响。

首先从数量来说。五言律诗是唐诗中数量最多的一种诗体,如果再加上五言排律,其所占比例大约是《全唐诗》总数48900多首的三分之一以上。沈祖棻先生在《唐人七绝诗浅释·引言》中根据施子愉先生所作《全唐诗》中存诗一卷以上的诗人的作品的统计表分析总结道:"唐诗中最多的是五言律诗、七言绝句、七言律诗三种,五言律诗共计9571首,如果再加上五言排律就有11505首。"在唐诗中占第一位。她又说:"存诗一卷以上的作品,合计只有33932首。"则五言格律诗正好是它的三分之一强一点。"如果以48900余首来进行统计,大概律诗和绝句的百分比还要高些",五言格律诗的比例会更高。再从唐诗发展的阶段来看,据施子愉先生的统计表,五言律诗加五言排律,初唐是1011首,盛唐是1980首,中唐是4040首,晚唐是4474首,一直处于上升阶段。以上数字表明,随着五言格律诗作为省试诗之后,写这种诗体的人是越来越多了。翻开任何一位唐代诗人的集子,人们都会发现,他们或缺这种那种诗体,唯独不缺五言律诗,这说明五言律诗是他们必修必习的诗体,已成为他们进身入仕的敲门砖。

其次从质量来说。从《全唐诗》总体水平看,各类诗体中,五言律诗的艺术水平最高,出名之作也最多。任何一位大诗人,如初唐的陈子昂、沈宋,盛唐的王孟、高岑、李杜,中唐的元白、刘柳、韩孟,晚唐的杜牧、李商隐等,他们各有自己所擅长的诗体,但有一个共同之处,那就是五言律诗都写得很好,堪称一流。而且都有传世不朽之作。以非进士出身的李白为例,举世公认,他的七绝、七古写得最好,而七言律诗是其弱项,但他的五言律诗却可以和以五言诗驰名的王孟、杜甫媲美。

沈祖棻先生认为:"五言律诗之所以发达,是和进士科举有关的,因为当时考试规定要做五律;而五律的发达,又必然在一定程度上刺激了七律的发达。"我们是否可以这样说,省试诗刺激了五言格律体的发达,也间接地刺激了七言格律诗的发达。人称之为的"唐音",主要是指近体诗,即五七言律诗和五七言绝句;既然"唐音"中的多一半受到了省试诗或多或少、直接间接的影响,那么,唐诗的繁荣发展又怎能和省试诗无关呢?

如前所述,以诗赋取士产生于初唐后期,以诗赋选官产生于盛唐前期,它们的产生是有其社会基础的。由于帝王的爱好与提倡,唐诗已经在社会生活中产生了广泛的影响,喜诗爱诗咏诗写诗的社会风气已普遍形成,能吟会写的诗人不断涌现,会写诗被看作是有才能的知识分子的标志,备受尊敬。正如傅璇琮先生所说:"唐诗已经经历了婉丽清新、婀娜多姿的初唐阶段,正以璀灿夺目的光彩,步入盛唐的康庄大路。"在这一唐诗星火燎原之势中,以诗赋举士和以诗赋选官的制度也就相继产生并定型了,而且是后者效法借鉴于前者的。不仅如此,随着进士科和博学宏词科在人们心目中地位的提高,随着唐诗的进一步繁荣发达,统治者试图将诗赋也纳入制举的考试中。天宝十三载的制举词藻宏丽科除问策外,更试诗赋各一首就是明证,"制举试诗赋,自此始也"。可惜因安史之乱的爆发,以及继位的历届皇帝都缺乏唐明皇的魄力与识见而未能继续下去。总之,唐诗的发展促进了以诗赋取士选官的选举制的产生,反过来,这一选举制的产生又影响到唐诗的发展,进一步促进了唐诗高潮的到来。当然,唐诗高潮的到来是有着各方面的原因的,但刚刚诞生的具有巨大吸引力的诗赋举士选官制,对盛唐诗歌的繁荣怎么能没有一定的积极作用呢? 由于以诗赋举士选官,促使诗人们要研究写诗的方法,积累写诗的经验,增强写诗的素质,提高写诗的水平,在诗人们写诗的整体素质和整体水平都有了极大提高的基础上,唐诗的高潮也就来到了。从以诗赋取士的进士科成为定式,到以诗赋选官的博学宏词科设立,盛唐的大诗人有的已开始步入诗坛,有的刚刚登上诗坛,有的还在少年时期,他们都还没有写出最负有盛名的压卷之作。真正盛唐诗歌的高潮,是在开元后期到天宝、肃宗时代。这一时期,是盛唐开始走下坡路的时期,各种政治危机,社会矛盾开始显露并达到顶点,唐诗就是在反映这种危机、揭露这种矛盾中进入它的黄金时代的,也是以其光彩夺目、如日中天的艺术性彪炳千古的。这一时期,以诗赋取士选官的选举制也正方兴未艾、不断完善、逐步上升着。由此可见,二者又是相辅相成,互相影响,互相促进,共同前进的。

二、省试诗赋与考试内容

唐代省试诗赋中好的作品极少,像钱起应进士时所试《湘灵鼓瑟诗》、独孤授应博学宏词科时所试《放驯象赋》等,被人们称为省试诗赋中的绝唱,但也只能算是凤毛麟角。绝大多数是价值不高,意义不大,在文学史上没有地位的作品。这是为什么? 有人多在形式上探求它的程式刻板,格律拘牵,时间有限,束缚性大,限制了试者的写作能力等等,这不无道理。但真正的、深层次的原因还在主考官的命题上,不管是进士科,还是博学宏词科,也不管是省试诗,

还是省试赋,几乎都毫无例外地要把它纳入歌功颂德的内容范畴
中,向统治者唱赞歌,考试者为能被录取,也就迎合其好而又甚焉。
以李肱省试诗《霓裳羽衣曲》为例,诗云:

> 开元太平时,万国贺丰岁。
>
> 梨园献旧曲,玉座流新制。
>
> 凤管递参差,霞衣竞摇曳。
>
> 宴罢水殿空,辇余春草细。
>
> 蓬壶事已久,仙乐功无替。
>
> 讵肯听遗音,圣明知善继。

(《登科记考》卷二十一)

这首诗被开成二年(837)的主考官礼部侍郎高锴评为"最为迥出,
更无其比","虽使何逊复生,亦不能过"(同上卷),便给与状头第一
人。然而这首诗从头至尾都在进行吹捧歌颂,尤其最后两句歌颂到
当今皇帝文宗头上,而这首诗题又正是文宗亲自所出。《登科记
考》卷二十一引《唐阙史》云:

> 开成初,文宗皇帝耽玩经典,好古博雅。尝欲黜郑卫之乐,
> 复正始之音。有太常寺乐官尉迟璋者,善习古乐,为法曲,……
> 遂成《霓裳羽衣曲》以献。诏中书门下及诸司三品以上具常服
> 班坐,以听金奏,相顾曰:"不知天上也,瀛洲也。"因以曲名宣
> 赐贡院,充试进士诗题。

李肱省试诗的最后两句就由此而发,可以说恰恰歌颂到点子上。钱

起《湘灵鼓瑟诗》的最后两句"曲终人不见,江上数峰青",曾被主考官称为绝唱。其实,这两句诗就在于他把臣妾对君王的思恋,把臣民对君主的忠心表现得含蓄有味,余韵无穷。独孤授的《放驯象赋》被德宗、于邵激赏而升为甲科第三等,就在于他能体察"宸怀",善于揣摩皇帝的心意而加以逢迎。《杜阳杂编》卷上载:"先是,代宗朝文单国累进驯象三十有二,上即位,悉令放之荆山之南,而授不辱其受献,不伤放弃,故赏其知去就焉。""知去就",可谓一语道破天机。

歌功颂德的诗赋,不要说在考试限定的时间内写不出好作品,就是在平时的写作中,也不会产生优秀作品的,这是文学史上的常识。文学史上流传下来的好作品,有哪一首是因为向统治者歌颂备至而经久传诵的呢?所谓"欢愉之辞难工,而穷苦之言易好"(韩愈《荆潭唱和诗序》),就是这个道理。既然在一般情况下都不可能产生歌功颂德的好作品,我们又怎能去苛求士子选人在考试时间内写出歌颂统治者的优秀作品呢?省试诗赋中若将一切形式都放开,一切程式都取消,但题目不变,仍以歌功颂德为内容,即便如此,也还是写不出历世不衰的好作品的。反过来,形式、程式不变,题目不定,内容以揭露、反映现实生活为主,情形可能就有所不同,但主考官是绝对不敢的。大和二年(828)贤良方正能直言极谏科的考试就是例子。刘蕡只是对时政大胆直言,斥责了权贵,写得言论激切,士林感动,考官都不敢取。元和三年(808)的贤良方正能直言极谏科考试,牛僧孺、皇甫湜、李宗闵三人也是直言条对,无所畏避,因触犯了执政者的利益,于是就把敢录取三人登科的所有考官全都贬官逐出。皇帝的制举考试尚且如此,礼部的贡举考试和吏部的科目选考试就更不敢了。正因为以诗赋取士,以诗赋选官都要以歌功颂德为内容,这就使一些有识之士常感不安。韩愈在《答崔立之书》中说他参加博学宏词科考试而未被录取,于是"退而取所试读之,乃类于俳优者之辞,颜忸怩而心不宁者数月"。为什么呢?因为俳优是专事肉麻吹捧而博得统治者一笑的人物,其辞也就可想而知了,所以韩愈才会脸红而心不安者数月。但写这一类辞者又非他一人,"以为所试与得之者不同其程度,及得观之,余亦无甚愧焉",中与不中者都一样,都在极力吹捧而已,他也就不感到惭愧了。他在另一篇文章《答吕医山人书》中认为,能及第登科者都是"识形势善候人主意"的,也就是善于迎合统治者意旨而颇有吹捧术的。韩愈四举于礼部三选于吏部,是诗赋取士选官的过来人,他所说的这些话可谓是腑肺之言。

所以从省试诗本身看,它的这种内容要求,对唐诗的发展不可能起到积极作用,相反,在任何情况下,只能对文学的发展起一定的消极作用。这些省试诗,在唐代的文学作品中,并没有给唐诗增色多少。但是我们不能因为省试诗本身的问题而否定以诗赋取士选官的这种作法,进而否定以诗赋取士选官的选举制度。虽然它们是有关联的,但毕竟是两回事。

以诗赋取士选官,是当时社会生活的需要,社会风气的反映,也是唐诗不断发展的要求。它对吸引知识分子写出好诗确有其巨大的促进作用,对提高诗人的地位更有着直接的影响。知识分子把写诗不仅看作只是仕进的工具,而且也看作是谋生的手段,是立身扬名的资本。这就要求他们平时就要经常积累、研究写作方法,不断追求写作技巧,在向别人学习中探讨写作的成败。更重要的是深入生活,从取材上下功夫,以便写出富有新意的好作品,来确立自己的诗名,博得社会的赏识,这当然对仕进有益。另外,一旦诗写得好,

出了名,也就有了生活的资本,入朝的机缘。我们知道,幕府招聘幕
僚,不仅看招聘者的出身、官历,更主要的是看其才能,有才华的诗
人往往是幕主首选的对象。幕府也因此成了人才的集聚地之一,中
唐以后更成为与中央争夺人才的一大隐患。唐代的著名诗人,大都
曾在幕府作过或短或长时间的幕僚,这都是勿庸举例而人所共知的
事。诗人因诗名或一首诗便得到地方达官的经济资助,更是常有的
事。诗人一旦诗名大振,传入朝中,皇帝也会另眼相看,李白就纯以
诗名而被玄宗降步接见任以翰林学士的。白居易也是因为以诗出
名而由周至县尉一下子召为翰林学士、左拾遗的。贾岛、温庭筠虽
未中进士,但仍以诗名授官长江主簿、方城尉。昭宗光化三年
(900),韦庄奏请将十来名过世诗人追赐进士及第,赠以补阙、拾遗,
这又是文学史上的一段奇事。以上事例,只有在以诗赋取士选官的
唐代社会里才会出现。

三、守选与文学的关系

士子们在进士及第前是很忙碌的,而且很辛苦,他们常年奔波
于州府与京师两地,求解、应试。作官后就更忙了,整天为繁冗杂乱
的官务所拘牵。只有在守选期间才是轻闲的,有时间到处漫游,故
一些人的漫游诗多产生于此。李嘉言先生《岑诗系年》谓岑参"天
宝五、六两年公行事不明,游永乐、平阳疑即在此二年间"。五、六两
年正是岑参进士及第后的守选时间,在这一期间他"行事不明",是
因为漫游去了。他不仅到过永乐、平阳两地,而且还到过河朔、绛、
淇等地,写下了不少好诗。还有人在守选期间漫游到边塞一带,写

下了许多反映边卒生活的作品。王昌龄的边塞诗,许多有关他生平事迹的行年、年谱、诗注、评传等,都认为作于进士及第前,以为他进士一及第就任官,无暇远行至西北一带,只有进士及第前才会漫游西北。其实,恰好相反,其边塞诗写于进士及第后的守选期间的可能性更大。王昌龄于开元十五年进士及第,及第后有三年时间守选,守选期间,他有足够时间到泾州、萧关、临洮、玉门关,甚至青海、碎叶一带考察漫游。此时,他进士及第,春风得意,意气奋发,与其边塞诗的基调相符合,有可能写出豪迈奔放、反映盛唐时代精神的边塞诗来。王维进士及第后守选期间,也曾漫游到陇上一带,《燕支行》题下注曰:"时年二十一。"知为守选期间所作,则《陇头行》《老将行》也当作于此时。柳宗元进士及第后守选期间曾出游邠州一带,搜集了不少有关段秀实的生平事迹,为他以后写《段太尉逸事状》积累了丰富的材料。

一些考满罢秩的官员,在守选期间,和前进士一样,或漫游访友,或隐居家园,也写下了不少名作,丰富了唐诗的内容。这方面的诗例较多,现就有关专咏守选生活的诗略述一二。有的诗反映了守选的寂寞。如晚唐黄滔写有一首诗,题作《宿李少府园林》,诗云:

> 一壶浊酒百家诗,住此园林守选期。
> 深院月凉留客夜,古杉风细似泉时。
> 尝频异茗尘心净,议罢名山竹影移。
> 明日绿苔浑扫后,石庭吟坐复容谁?

(《全唐诗》卷七〇五)

诗写李少府官罢守选期间幽静远俗的生活,清高恬淡的心境,但字里行间却渗透着李少府那种寂寞孤独之感。再如刘长卿的《过前安宜张明府郊居》：

> 寂寥东郭外，白首一先生。
> 考满孤琴在，家移五柳成。
> 夕阳临水钓，春雨向田耕。
> 终日空林下，何人识此情。

（《全唐诗》卷一四七）

写前安宜县令张某考满罢职后移居郊外的孤单寂寥的生活，隐逸清高却无人赏识的心情。

唐代，六品以下官员本来俸禄就不多，没有多少积蓄。考满后就得停官罢秩，守选期间没有俸禄。这就造成了许多清廉官吏罢满后生活没有着落，处于贫困状态。唐诗中有许多描写守选期间贫困状况的诗作。如张籍《同韦员外开元观寻时道士》云："昨来官罢无生计，欲就师求断谷方。"（同上卷三八六）以诙谐之笔写其官罢后无米断炊的生活状况。姚合罢武功县主簿后曾写有《罢武功县将入城》诗云：

> 青衫脱下便狂歌，种薤栽莎斸古坡。
> 野客相逢添酒病，春山暂上著诗魔。
> 亦知官罢贫还甚，且喜闲来睡得多。
> 欲与九衢亲故别，明朝拄杖始经过。

（同上卷四九八）

知他罢官守选时,生活很贫困,不得不亲自种菜栽树以谋生计。晚唐诗人来鹄写有《宛陵送李明府罢任归江州》诗云:"官满便寻垂钓侣,家贫已用卖琴钱。"(同上卷六四二)宛陵县令李某官罢后贫穷到连自己心爱的琴也不得不卖掉以度日的情景,黄滔《书崔少府居》:"世乱怜官替,家贫值岁荒。"(同上卷七〇四)周贺《寄宁海李明府》:"家贫思减选,时静忆归耕。"(同上卷五〇三)可以说写出了罢官守选的前资官在世乱岁荒中的共同生活状况和思想活动。

文人们在及第守选或罢官守选期间,曾与大家闺秀、歌馆妓女谈情说爱,演出了许多风流韵事,为唐代传奇提供了素材。元稹《莺莺传》中的张生即元稹本人就是明证。元稹贞元九年明经及第,贞元十八年冬以平判登科,这中间十年为之守选期。在此期间,元稹曾漫游到河中府,与崔莺莺相识。《莺莺传》载张生见莺莺后问其年纪,莺莺母郑氏曰:"今天子甲子岁之七月,终于贞元庚辰,生年十七矣。"知崔莺莺生于德宗兴元元年(甲子岁)七月,至贞元十六年(庚辰岁)为十七岁,张生即元稹与莺莺相悦亦在是年。"张生俄以文调及期,又当西去"。知元稹于贞元十六年守选期满,当去长安参加冬集铨选,于是年孟冬入京。"明年,文战不胜,张遂止于京",并抛弃了崔莺莺。所谓"文战不胜",决非一般的身言书判平选,必是科目选。由是知,元稹最少有两次参加吏部科目选试,一在贞元十七年春,科目不详,也许是书判拔萃科,此次落选。另一次是在贞元十八年冬,以平判登科,第二年春授官校书郎。由是知元稹与崔莺莺的故事,就发生在他守选期间。

蒋防《霍小玉传》中所说的李益与霍小玉的故事,也发生在李益进士及第后的守选期间。传云:"大历中,陇西李生名益,年二十,以进士擢第。其明年,拔萃,俟试于天官。夏六月,至长安,舍于新昌里。"是说李益进士及第后,想参加第二年春的吏部书判拔萃科试,就于当年六月由洛阳来到长安,赁住于新昌里。然后经媒婆鲍十一娘撮合,结识了霍小玉,从此二人相亲相爱,如胶似漆,形影不离,"如此二岁,日夜相从"。这都是李益在守选期间的事情。"其后年春,生以书判拔萃登科,授郑县主簿"。所谓"后年春",是指进士及第后的第三年春。李益登科授官后就抛弃了霍小玉。当然,这只是小说,是根据历史上的李益防闲苛严的性格而编造的,但与诗人李益的仕履却颇相符合。据《唐才子传》卷四载,李益"大历四年齐映榜进士"。又据《登科记考》卷十载,是年两都分举,李益当在东都进士及第的,所以他才会有于是年六月到长安"俟试于天官"之举。他进士及第后的第三年即大历六年四月,以制举讽谏主文科登第,授郑县主簿。这一切皆与小说所写相合。

许尧佐《柳氏传》写大历十才子韩翃失姜柳氏的故事就发生在韩翃进士及第后守选期间。传写富家子弟李生与韩翃友善,并把自己的侍姬柳氏赠给了韩翃。李生又赠钱三十万,佐翃之资。"明年,礼部侍郎杨度擢翃上第。屏居间岁。柳氏谓翃曰:……翃于是省家于清池。岁余,乏食,鬻妆具以自给。天宝末,盗覆二京,士女奔骇。"柳氏也就于此时失落于蕃将沙吒利之手。据《唐才子传》卷四载,韩翃于天宝十三载进士及第,其守选三年,当于至德二年期满。在此期间,他与柳氏"屏居间岁",后又"省家于清池",岁余,安史之乱爆发。当然,后来韩翃与柳氏又团圆了,那是他为官以后的事。

《太平广记》卷二七四引《闽川名士传》载:

> 欧阳詹字行周,泉州晋江人。弱冠能属文,天纵浩汗。贞
> 元年登进士第,毕关试,薄游太原,于乐籍中,因有所悦,情甚相

得。及归，乃与之盟曰："至都，当相迎耳。"即洒泣而别，仍赠之诗曰："驱马渐觉远，回头长路尘。高城已不见，况复城中人。去意既未甘，居情谅多辛。五原东北晋，千里西南秦。一屦不出门，一车无停轮。流萍与系瓠，早晚期相亲。"寻除国子四门助教，居京。籍中者思之不已，经年得疾且甚，乃危汝引鬓，刃而匣之，顾谓女弟曰："吾其死矣。苟欧阳生使至，可以是为信。"又遗之诗曰："自从别后减容光，半是思郎半恨郎。欲识旧时云鬓样，为奴开取镂金箱。"绝笔而逝。及詹使至，女弟如言，径执归京，具白其事，詹启函阅之，又见其诗，一恸而卒。

孟简《咏欧阳行周事并序》亦载有其事，云：

> 初抵太原，居大将军宴，席上有妓，北方之尤者，屡目于生，生感悦之，留赏累月，以为燕婉之乐，尽在是矣。既而南辕，妓请同行，生曰："十目所视，不可不畏。"辞焉，请待至都而来迎，许之，乃去。生竟以蹇连不克如约，过期，命甲遣乘，密往迎妓。妓因积望成疾，不可为也。先死之夕，剪其云鬓，谓侍儿曰："所欢应访我，当以鬓为贶。"甲至，得之，以乘空归，授鬓于生。生为之恸怨，涉旬而生亦殁。（《全唐诗》卷四七三）

看来，欧阳詹与太原乐妓的悦慕相爱确有其事。只是《闽川名士传》将其安排在进士及第后的守选期间，而孟简却将此事说是在四门助教考满罢秩后的守选期间。按欧阳詹写有好几首在太原与李尚书、郑行军中丞、严长官的游宴酬唱诗，他们分别是检校礼部尚书李说、河东行军司马御史中丞郑儋和太原尹严绶，都曾先后任河东节度使、太原尹。则欧阳詹游太原当在贞元十六年至元和初,与太原妓的恋爱亦当在此时,孟简序是对的。

《全唐诗》卷五一六收有房千里的一首诗,题作《寄妾赵氏》,前有序,云:

> 余初上第,游岭徼。有进士韦滂者,自南海邀赵氏而来,为余妾。西上京都,调于天官,余乃与赵别,约中秋为会期。赵极怅恋,余乃抒诗寄情。

此序很富有传奇色彩,然更奇者,是《云溪友议》卷上《南海非》所载:

> 房千里博士初上第,游岭徼。诗序云:"有进士韦滂者,自南海邀赵氏而来,十九岁,为余妾。余以鬓发苍黄,倦于游从,将为天水之别,止素秋之期,纵京洛风尘,亦其志也。赵屡对余潸然恨恨者,未得偕行。即泛轻舟,暂为南北之梦,歌陈所契,诗以寄情。曰:鸾凤分飞海树秋,忍听钟鼓越王楼。只应霜月明君意,缓抚瑶琴送我愁。山远莫教双泪流,雁来空寄八行幽。相如若返临邛市,画舸朱轩万里游。"(原注:万里桥在蜀川)房君至襄州,逢许浑侍御赴弘农公番禺之命,千里以情意相托,许具诺焉。才到府邸,遣人访之,拟持薪粟给之。曰:"赵氏却从韦秀才矣。"许与房、韦俱有布衣之分。欲陈之,虑伤韦义;不述之,似负房言。素款难名,为诗代报。房君既闻,几有欧阳四门詹太原之丧(原注:欧阳太原亡姬之事,孟简尚书已有序诗述之矣)。浑寄房秀才诗曰:"春风白马紫丝缰,正值蚕眠未采桑。

五夜有心随暮雨，百年无节待秋霜。重寻绣带朱藤合，却认罗裙碧草长。为报西游减离恨，阮郎才去嫁刘郎。"

许浑的这首诗收在《全唐诗》卷五三六中，题作《寄房千里博士》，题下有注，云："一作《途经敷水》，一作《客有新丰馆题怨别之词，因诘传吏，尽得其实，偶作四韵嘲之》。"然此诗又重收在《全唐诗》卷八〇〇赵氏名下，题作《寄情》，题下注曰："一作许浑代作。"《全唐诗》赵氏小传云：

> 赵氏，南海人。房千里初第，游岭徼，举子韦滂自南海携赵来，拟为房妾。房倦于游，未得遽与赵偕，及后遣人访之，赵已从韦矣。

总之，这里面的是是非非、真真假假姑且弗论，但此事却发生在房千里进士及第后的守选漫游中。《登科记考》卷二十系房千里进士及第在大和元年下，当是正确的，则其与赵氏的悲欢离合似应在大和二、三年。

欧阳詹、房千里的爱情故事，已具有传奇的情节和素材，只可惜当时无人加工敷衍而写成小说而已。

有些传奇的创作多在作者守选期间，因为此时作者有充裕的时间，广泛接触社会，搜集素材，安心进行创作。如沈亚之的《异梦录》和《湘中怨》就是写于他进士及第后守选期间。《异梦录》开头写道："元和十年，沈亚之以记室从陇西公军泾州。而长安中贤士，皆来客之。五月十八日，陇西公与客期，宴于东池便馆。"在宴会中，陇西公就讲了一个邢凤梦遇美人舞弓弯的故事。据《唐才子传》卷六载,沈亚之"元和十年,侍郎崔群下进士。泾原李汇辟为掌书记"。知沈亚之进士及第后,以前进士入泾原节度使李汇幕府的,陇西公即李汇。《异梦录》写于他在幕府时,时仍属守选期。《湘中怨解》写湘江蛟龙之娣与太学郑生的一段恋爱故事。故事最后说:"元和十三年,余闻之于朋中,因悉补其词,题之曰《湘中怨》。"元和十三年,沈亚之守选期刚满,正等待参加是年的冬集铨选,时仍以前进士称。

四、送别诗文与铨选

在唐代诗文中,有不少作品是为送别而作,这些作品大多数与选举有关;有送其应进士、明经的,有送其下第出京的,也有送其及第归觐的。此外,还有送某人赴制举的,赴吏部调选的,去参加科目选的,还有送其落选去国的,铨选后送其赴任的,官满罢秩后送其归家守选的,漫游的,赴幕府的等等。所以,唐代的送别诗,送别序文,并不是一种单一的题材,而是在这一题目下,却包含有丰富而又复杂的内容,渗透着一定的时代气息。

送某人及第归觐,其实质,是送他归家守选,已属铨选制范畴。但人们常把它与科举制联系在一起来叙述,这也并不算错。所以我们也就不再涉及它了。这里,我们仅就与铨选有关的送别诗文作一介绍。

送人赴吏部铨选,最早的材料当是四杰的诗文了。骆宾王有《送王明府参选赋得鹤》诗,王勃有《冬日羁游汾阴送韦少府入洛序》文。骆宾王的诗云:

振衣游紫府，飞盖背青田。

虚心恒警露，孤影尚凌烟。

离歌凄妙曲，别操绕繁弦。

在阴如可和，清响会闻天。

（《全唐诗》卷七十八）

全诗虽无一句直写王明府参选之事，但通过咏鹤，却又是在写王明府的赴京参选。如前两联用鹤的典故鹤仙、鹤盖、鹤警、鹤影，写王明府赴京及其志向。后两联通过描写古乐《别鹤操》曲调之妙，写王明府定会在参选中被朝廷所赏识。此诗将咏鹤与送王明府赴京参选融为一体的手法，使我们想起了他的名作《在狱咏蝉》将己与蝉物我一体之精妙。

王勃《冬日羁游汾阴送韦少府入洛序》写韦少府"牵丝一命，披林野而随班；考绩三年，指兰台而赴选。移征驾，背长亭，地隔风烟，人离岁月"之情景。由序知，是送汾阴县尉韦某赴洛阳参选的，时高宗在洛阳，铨选当然在洛阳举行。据聂文郁先生《王勃年谱》，此序乃高宗上元元年（674）之冬日，王勃漫游汾阴时所作，当从。

此后，送人赴吏部铨选的诗文就多起来了，诗有李白的《送杨少府赴选》，杜甫的《送孟十二仓曹赴东都选》，岑参的《陪使君早春西亭送王赞府赴选》等；文有王维的《送怀州杜参军赴京选集序》，独孤及的《送陈留张少府勋东京赴选序》，于邵的《初冬饯崔司直赴京都选集序》等。这些送诗送文大都写于秋冬，因选人必须"以十月会于省，过其时者不叙"。而岑参的《送王赞府赴选》却写于春天，为什么？原来诗为岑参任虢州长史时所作。虢州州治在弘农县城，距长安较近，故弘农县丞王某于十月赴长安冬集后，又于年前回到了虢州,年后又将赴长安参加铨试。诗云"到来逢岁酒,却去换春衣"(《全唐诗》卷二〇〇)写的就是这一情形。

在送人赴选的诗中,富有时代气息的作品当数皇甫冉的《送田济之扬州赴选》一诗。诗云:

> 家贫不自给,求禄为荒年。
> 调补无高位,卑栖屈此贤。
> 江山欲霜雪,吴楚接风烟。
> 相去诚非远,离心亦渺然。

(同上卷二五〇)

一般来说,铨选多在长安举行,有时分别在长安、洛阳举行,在洛阳举行的称为东选。在扬州铨选当是特殊情况,唐诗中提到扬州铨选的还有崔峒《扬州选蒙相公赏判雪后呈上》。崔峒为大历十才子之一,与皇甫冉同时。则二诗当作于同一时期,一在铨试前,一在铨试后。由崔峒诗,知此相公为李岘。史载,李岘于肃宗乾元二年三月与李揆、第五琦并为中书门下平章事,是年五月贬为蜀州刺史,代宗即位,征为荆南节度使、江陵尹,知江淮选补使。代宗即位在宝应元年四月,李岘为江淮选补使当在宝应元年十月至广德元年三月。李岘将选补地点设在扬州而未设在江陵,含有兼替洛阳东选的意思。因雍王李适收复洛阳在宝应元年十月底,收复后,回纥又在洛阳烧杀虏掠三个多月,故东选无法举行,只好在扬州选补了。皇甫冉的诗当写于宝应元年十月,诗的前两句写出了在这兵荒马乱的年代里,守选之贫困、求禄之不易的情形。时皇甫冉似罢无锡尉后在阳羡守选闲居,送田济也当在这里,故曰"吴楚接风烟"。崔峒的诗大约写于宝应元年十二月到广德元年正月之际,因诗中有"芜城雨雪天"之句。由崔峒此诗,可考出他入仕之年当为广德元年。

另外,皎然的《兵后送姚太祝赴选》也颇具时代战乱之影,所谓"兵后",指朱泚、李希烈叛乱平定后,则诗当作于兴元元年九月。

送人应制举的诗文应以刘长卿的《送路少府使东京便应制举》诗写得最富有时代特征。诗云:

> 故人西奉使,胡骑正纷纷。
> 旧国无来信,春江独送君。
> 五言凌白雪,六翮向青云。
> 谁念沧洲吏,忘机鸥鸟群。

> （同上卷一四八）

诗题下有注:"时梁宋初失守。"这首诗写作的具体时间还需与皇甫冉的《送钱唐路少府赴制举》诗联系起来看。皇甫冉的诗为七律,前四句云:

> 公车待诏赴长安,客里新正阻旧欢。
> 迟日未能销野雪,晴花偏自犯江寒。

> （同上卷二四九）

由皇甫冉诗知,路少府为钱塘县尉,与刘长卿所送为同一人,但与刘长卿所送地点不同,当非同时同地所作。细绎二诗诗意及刘诗题注,皇甫冉诗当写于乾元二年正月初,略早于刘长卿诗数日。至德二年十二月,肃宗御丹凤门大赦,制曰:"其文经邦国,学究天人;博于经史,工于词赋;善于著述,精于法理;军谋制胜,武艺绝伦,并任于所在自举。委郡守铨择奏闻,不限人数。"(《登科记考》卷十)此制举直至乾元二年五月才举行考试,《旧唐书》卷十《肃宗纪》载,乾元二年五月"丁亥,上御宣政殿试文经邦国等四科举人"。二人送路少府应制举诗就写于这年正月。时郭子仪等九节度使率军围安庆绪于相州,史思明率众来救,并陷落魏州,敌军十分嚣张,刘诗云"胡骑正纷纷",题注曰"时梁宋初失守"皆指此。"梁宋"当为"魏州"所误传。时长安、洛阳消息不明,故诗曰"旧国无来信"。由此看,刘长卿的诗较之皇甫冉的诗更多地倾注了对祖国命运的关注。刘长卿此时已罢摄海盐令,正闲居于苏州,故诗中说:"谁念沧洲吏,忘机鸥鸟群。"诗乃写于苏州。有人认为此诗应写于乾元元年初春,"梁宋初失守"当指至德二载十月张巡、许远死守睢阳、粮尽食绝而失陷事。但据史载,随着两京的收复,睢阳不久也归唐所有了。《资治通鉴》卷二二○载,至德二年十一月,"张镐帅鲁炅、来瑱、吴王祗、李嗣业、李奂五节度徇河南、河东诸郡,皆下之"。《旧唐书·肃宗纪》也载:"是时河南、河东诸郡县皆平。"睢阳属河南道,也当在皆平之列。这一消息传至江南,并不需要多少时间,刘长卿不会不知道。且乾元元年并未举行制举考试,路少府是不会去应试的。

送人应制举的序文有权德舆的《送邱颖应制举序》,云:

> 邱侯文似相如,而检度过之。则令名贵仕,何逃吾彀?故前年举秀才上第,今之应诏诣公车。(《全唐文》卷四九三)

《登科记考》卷十三据《册府元龟》和《唐会要》,将邱颖应制举系于贞元十年贤良方正能直言极谏科下,并推其"前年举秀才上第"为贞元九年进士及第,皆是对的。则邱颖当以前进士应制科的。另外,李白也写有一篇《秋日于太原南栅饯阳曲王赞公贾少公石艾尹少公应举赴上都序》,所谓"赞公"、"少公",就是指赞府、少府,也就是县丞、县尉。李白序当作于开元二十三年秋游太原时。

　　送人落选的诗没有送进士、明经下第的诗多,从总体上看,也不及慰人下第诗写得那样感人。然卢纶《送潘述应宏词下第归江南》和李端《送潘述宏词下第归江外》都写得富有感情。二诗所送为同一人,又是同时同地所作,体裁也相同,皆为五律,手法也相似。例如卢纶写潘述落选失意的状况道:"愁与醉相和,昏昏竟若何。感年怀阙久,失意梦乡多。"(《全唐诗》卷二七六)李端写其下第的悲痛之感说:"唱高人不和,此去泪难收。上国经年住,长江满目流。"(同上卷二八五)由二诗知,潘述是一位怀才不遇、家在江南而久居京城的年青人。二诗相比,李端诗写的感伤色彩似乎更浓厚一些。另外,皮日休的《宏词下第感恩献兵部侍郎》诗写自己落选后的心情也颇为真切。诗云:

> 分明仙籍列清虚,自是还丹九转疏。
> 画虎已成翻类狗,登龙才变即为鱼。
> 空惭季布千金诺,但负刘弘一纸书。
> 犹有报恩方寸在,不知通塞竟何如。

(同上卷六一三)

《唐才子传》卷八谓皮日休"咸通八年,礼部侍郎郑愚下及第"。皮日休此诗当写于及第第二年即咸通九年春应吏部博学宏词科落选后,时郑愚已由礼部侍郎迁转为兵部侍郎,即由"后行"升为"前行"。诗的前两联写自己进士及第却宏词落第,含有自责之意。后两联写自己有负于座主的期望,虽有报恩之心,但前途渺茫。全诗宛转含蓄,回肠荡气。除此诗外,殷寅《铨试后微山别业寄源侍郎》写自己铨试落选后的心情也颇感人。此二诗虽非送别诗,但亦属落选者之作,故略叙述之。权德舆写有《送密秀才吏部驳放后归蜀应崔大理序》诗,密秀才是以前进士身份应吏部铨选时被驳放而归的。

送人落选之文有陶翰的《送王大拔萃不第归睢阳序》,此王大是否为王昌龄,可存疑。因陶翰与王昌龄过往甚密,王昌龄有好几首诗提到陶大、陶副使,似即陶翰。柳宗元有《上大理崔大卿应制举不敏启》,按,此题"大理崔大卿"当为"大理崔少卿"之误,即大理少卿崔某。大理寺有卿一人,少卿二人,大理卿并不称作大理大卿。有人或以为"大理崔大卿"即大理卿崔大,因崔某排行老大,故称。然此崔某与柳宗元非亲非故,又身为考官,如此之称于礼不敬。另外,"制举"二字亦有误。文中说:"宗元向以应博学宏词之举,会阁下辱临考第,司其升降。"(《全唐文》卷五七六)知柳宗元是应博学宏词科落第后上书考官大理少卿崔某的。考柳宗元一生,未尝应过制举试,故知"制举"二字当为"科目"或"宏词"二字之误,乃后人传抄之讹。韩愈就有《应科目时与人书》,是他应博学宏词科时写给考官的。柳宗元的这篇启文写于贞元十二三年,他在《与杨诲子之疏解车义第二书》中说:"吾年十七求进士,四年乃得举;二十四求博学宏词科,二年乃得仕。"(同上卷五七五)贞元十二年,柳宗元二十四岁,故知启文当写于是年或次年。

在唐代,送六品以下官考满罢职后守选的诗较多,或送其归家,或送其漫游,或送其隐逸,或送其投奔幕府等等,这些诗写得颇富有感情。朱庆余《送长安罗少府》诗云：

> 科名再得年犹少，今日休官更觉贤。
> 去国已辞趋府伴，向家还入渡江船。
> 雪晴新雁斜行出，潮落残云远色鲜。
> 在处若逢山水住，到时应不及秋前。

（《全唐诗》卷五一四）

这位罗少府，当是进士及第后又登科的一位有才华的年青人，初春罢官，乘船南下，一路上赏玩景色，留连山水，到家时怕已是秋后了。雍陶有首《送前鄠县李少府》诗，云：

> 近出圭峰下，还期又不赊。
> 身闲多宿寺，官满未移家。
> 罢钓临秋水，开尊对月华。
> 自当台阁选，岂得卧烟霞。

（同上卷五一八）

这位李少府名廓，罢官后就住在鄠县。雍陶送其出游鄠县东南圭峰，因山峰形如圭状，故名，下有草堂寺。诗写其罢官后身闲自得，宿寺钓鱼，饮酒赏月的隐逸生活。李廓守选期间，与中唐诗人多有诗酬往来，如姚合有《寄鄠县尉李廓少府》，云："岁满休为吏，吟诗着白衣。爱山闲卧久，在世此心稀。"（同上卷四九七）贾岛有《净业寺与前鄠县李廓少府同宿》，云："家贫初罢吏，年长畏闻蛩。"（同上卷五七三）马戴有《赠鄠县尉李先辈二首》，云："同人家鄠杜，相见罢官时。""休官不到阙,求静匪营他。"(同上卷五五六)据《唐才子传》卷六载,李廓元和十三载进士及第,曾出为"鄠县令"。按,"鄠县令"当为"鄠县尉"之误。另外,方干的《送剡县陈永秩满归越》诗也写得很不错,诗云:

> 俸禄三年后,程途一日间。
> 舟中非客路,镜里是家山。
> 密雪沾行袂,离杯变别颜。
> 古人唯贺满,今挈解由还。

(同上卷六四九)

写陈永三考秩满,路程一日,坐船就可到镜湖边的家乡越州山阴。五六两句写别时情景:密雪沾衣,离别怆凉。末二句一变感伤情调,借古人贺官满为由,祝他携带解由而归。除以上诗外,像耿湋《送胡校书秩满归河中》:"位卑仍解印,身老又还乡。"(同上卷二六八)周贺《送韩评事》:"罢官余俸租田种,送客回舟载石归。"(同上卷五〇三)黄滔《送陈明府归衡阳》:"三年两殊考,一日数离筵。"(同上卷七〇四)皎然《雪溪馆送韩明府章辞满归》:"惠爱三年积,轩车一夜远。"(同上卷八一八)等都写出了这些六品以下官员罢职归家的情形,等待着他们的将是寂寞贫寒的守选生活。

有些送别诗写出了考满罢秩的官员准备归山隐逸。如李嘉祐《送韦邕少府归钟山》一诗云:

> 祈门官罢后,负笈向桃源。
> 万卷长开帙,千峰不闭门。

绿杨垂野径,黄鸟傍山村。

念尔能高枕,丹墀会一论。

(同上卷二〇六)

这位韦邕少府是歙州祁门县尉,官满后准备归钟山隐逸。中间两联写其归隐生活,最后一联写他的高枕一定会引起朝廷的议论。韩翃《送田明府归终南别业》云:

故园此日多心赏,窗下泉流竹外云。

近馆应逢沈道士,比邻自识卜田君。

离宫树影登山见,上苑钟声过雪闻。

相劝早趋丹凤阙,不须常恋白鸥群。

(同上卷二四五)

前六句写其自赏自乐,末两句希望他守选期满,及时出仕,不要留恋隐逸生活。

还有些诗是送其罢官后漫游的。如刘长卿《送薛承炬秩满北游》,云:

匹马向何处,北游殊未还。

寒云带飞雪,日暮雁门关。

一路傍汾水,数州看晋山。

知君喜初服,只爱此身闲。

(同上卷一四八)

诗写薛承炬秩满罢官后准备去游河东一带的情景。许浑有首《送前缑氏韦明府南游》诗,云:

> 酒阑横剑歌,日暮望关河。
> 道直去官早,家贫为客多。
> 山昏函谷雨,木落洞庭波。
> 莫尽远游兴,故园荒薜萝。

(同上卷五二九)

诗写送河南府缑氏县令韦某官罢去南游洞庭湖一带。贾岛也写有一道《送邹明府游灵武》诗,云:

> 曾宰两畿县,三年马不肥。
> 债多凭剑与,官满载书归。
> 边雪藏行径,林风透卧衣。
> 灵州听晓角,客馆未开扉。

(同上卷五七二)

是送邹明府游边塞一带的。这些送诗,透露了这样一种情形,官罢后真正为领略奇胜、游山玩水的人并不多,而借漫游以寻找出路,解决生计怕是他们最主要的目的吧。许浑送诗谓"家贫为客多",正是此意。

官罢后,寻找出路,解决生计莫过于去投奔幕府了,故送别这些人投幕府的诗就较多。如李端《送王少府游河南》诗就写出了王少府游河南的真正用意,诗云:

马卿方失意，东去谒诸侯。

过宋人应少，游梁客独愁。

鸟翻千室暮，蝉急两河秋。

仆本无媒者，因君泪亦流。

（同上卷二八五）

再如岑参《送颜少府投郑陈州》诗云：

一尉便垂白，数年唯草玄。

出关策匹马，逆旅闻秋蝉。

爱客多酒债，罢官无俸钱。

知君羁思少，所适主人贤。

（同上卷二〇〇）

写这位颜少府官罢后去投陈州刺史郑某的。朱庆余《送韦校书佐灵州幕》："职已为书记，官曾校典坟。"（同上卷五一四）《送韦繇校书赴浙东幕》："官离芸阁早，名占甲科频。"（同上卷）写两位姓韦的校书郎官罢后，一投灵州幕，一投浙东幕的。

另外，还有些寄赠酬答罢官守选者的诗与送别诗亦属同类作品，如施肩吾《戏赠李主簿》云：

官罢江南客恨遥，二年空被酒中消。

不知暗数春游处，偏忆扬州第几桥？

（同上卷四九四）

写李主簿官罢两年,借酒浇愁,百无聊赖,不免携妓游春的情状,故曰"戏赠"。这不由地使我们想起了杜牧《寄扬州韩绰判官》的名句:"二十四桥明月夜,玉人何处教吹箫?"在赠寄罢官者的诗中,杜荀鹤的《赠秋浦张明府》可以说写出了时代的气氛。诗云:

> 君为秋浦三年宰,万虑关心两鬓知。
>
> 人事旋生当路县,吏才难展用兵时。
>
> 农夫背上题军号,贾客船头插战旗。
>
> 他日亲知问官况,但教吟取杜家诗。

(同上卷六九二)

尤其五六两句写出了晚唐战乱期间的那种畸型现象,农、商、兵不分,人人都加入到战争的行列中,周贺《寄韩司兵》也写出了战乱的时代阴影。诗云:

> 多病十年无旧识,沧州乱后只逢君。
>
> 已知罢秩辞泷水,相劝移家住岳云。
>
> 泗上旅帆侵叠浪,雪中归路踏荒坟。
>
> 若为此别终期老,书札何因寄北军。

(同上卷五〇三)

写司兵参军韩某战后罢官,一路风波不静,人烟稀少,只见荒坟,准备隐逸终老的情景。

除诗外,送人罢官后漫游、归家、投幕府的文章也不少。如贾至《送李兵曹往江外序》云:

李侯吾之鲍子也，我知其为人。立身清而廉，从政敏而达，内以孝悌著，外以信义称。……一命佐邑，非以政学也；再命环卫之曹，非为官择也。徒栖迟下位，禄未代耕，是以去游镜亭，探禹穴，水宿云卧，弥年始还。今又匹马出关，舣舟洛下，念安石东山之赏，怀子猷剡溪之兴。（《全唐文》卷三六八）

序文写李兵曹参军官罢守选期间去漫游吴越的。梁肃《送前长水裴少府归海陵序》云：

　　秋风木落，临水一望，远客之思多矣。而裴侯复告余将归故国，伤怀赠别之诗，于是乎作也。夫道胜则遇物而适，文胜则缘情而美，裴侯温粹在中，英华发外，既乘兴而至，亦虚舟而还。与夫泣穷途、咏式微者不同日矣。若悲秋送远之际，宋玉之所以流叹也，况吾侪乎？（《全唐文》卷五一八）

序文写前长水县尉裴某官罢后归故乡海陵的。于邵写有《送纪奉礼之容州序》、《宴饯崔十二弟校书之容州序》，是送前奉礼郎纪文楚、前秘书省校书郎崔真源投奔容州刺史李复幕府的。时于邵贬为桂州长史，二序皆作于桂州。

五、送选人授官后赴任诗文

　　在唐代，送六品以下官员铨选后赴任的诗文最多，现存最早的诗歌是初唐四杰的作品。有王勃的《送杜少府之任蜀川》，卢照邻的《送幽州陈参军赴任寄呈乡曲父老》,杨炯的《送丰城王少府》等。这类诗歌,在反映当时社会凋弊、战乱民贫方面,较其他类送别诗写得更富有感情,当然也就更有意义。如刘长卿《送袁明府之任》诗云:

> 既有亲人术,还逢试吏年。
> 蓬蒿千里闭,村树几家全。
> 雪覆淮南道,春生颍谷烟。
> 何时当莅政,相府待闻天。

(《全唐诗》卷一四八)

三四两句写杂草遍野,十室九空的荒凉景象,诗当写于战乱之后。戴叔伦的《送谢夷甫宰鄞县》一诗更有时代气息。诗云:

> 君去方为宰,干戈尚未销。
> 邑中残老小,乱后少官僚。
> 廨宇经兵火,公田没海潮。
> 到时应变俗,新政满余姚。

(同上卷二七三)

诗当作于代宗宝应二年袁晁农民起义失败后,据《旧唐书》卷十一《代宗纪》载,宝应元年八月,袁晁起兵攻陷台州,连陷浙东州县,直至宝应二年四月,河南副元帅李光弼生擒袁晁,浙东州县尽平。鄞县属明州余姚郡,为袁晁与官军攻战之地,时战乱尚未完全平息,故曰"干戈尚未销"。县中只残存老小,没有官吏,衙舍毁于兵火,官田被海潮淹没,面对如此残破的景象,作者勉励谢县令,到任后安民修废,变俗兴农,方能赢得一州人的称颂。另外,像方干《送汶上王明府之任》:"亲友移家尽,闾阎百战伤。背关余草木,出塞足风霜。"(同上卷六四九)杜荀鹤《送人宰德清》:"乱世人多事,耕桑或失时。不闻宽赋敛,因此转流离。"(同上卷六九一)裴说《送人宰邑》:"皇恩轻一邑,赤子病三年。瘦马稀餐粟,羸童不识钱。"(同上卷七二〇)齐己《送人赴官》:"兵荒经邑里,风俗久凋残。"(同上卷八四二)又《送崔判官赴归倅》:"地说丘墟甚,民闻旱歉残。"(同上卷八四三)等,写出了晚唐期间战乱地荒,赋税繁重,百姓流离失所,天灾人祸,颗粒无收之情景,给这些赴任的地方小官更增加了肩上的担子。

还有些送人赴任的诗,抒发了对这类人怀才不遇、有志难伸的愤懑与同情之感。在这些诗中,有一首诗最为特殊,写得也最有感情。这就是纪唐夫的《送温庭筠尉方城》,诗云:

> 何事明时泣玉频,长安不见杏园春。
> 凤皇诏下虽沾命,鹦鹉才高却累身。
> 且尽绿醑销积恨,莫辞黄绶拂行尘。
> 方城若比长沙路,犹隔千山与万津。

(同上卷五四二)

温庭筠未科举及第而被贬谪方城县尉,对此诸书所载颇有不同,或认为他为举子假手,扰乱科场;或认为他得罪了令狐绹;或认为宣宗微服出访,他却于传舍傲慢无礼。此事与贾岛未第而坐飞谤被贬为长江主簿属同一情形。有人以为,贾、温未第,以布衣而授官,谈不上"贬"。其实，唐人是很重视进士出身的，未第授官就等于断绝了以后拟迹庙堂的可能；另外，唐人重京官轻外任，即使外任，也是离京城越近越好；且一般进士出身，释褐多拜清紧，即校书、正字、紧县簿尉，而长江、方城，离京师较远，一为剑南道遂州属县，一为山南东道唐州属县，又非紧、望之县，在唐代，这里也算是远恶之地了。尽管贾、温未第，但未第进士，在人们心目中，地位也还是比较高的。《封氏闻见记》卷三《贡举》就说："及第进士，俯视中黄郎；落第进士，平揖蒲华长马。"是说及第进士，连中书省、门下省的郎官都不放在眼里；落第进士，可与蒲州、华州这类辅州的长史、司马平起平坐。正因为如此，所以温庭筠的贬谪敕文由时任中书舍人的裴坦草制时，他一时不知该如何措词，"时有老吏在侧，因讯之升黜，对曰：'舍人合为责辞，何者？ 入策进士，与望州长马一齐资。'"（《唐摭言》卷十一《无官受黜》）所谓"入策进士"，就是参加了考试的进士。温庭筠被贬，曾引起了好多文人的同情。《唐摭言》卷十一就说："庭筠之任，文士诗人争为辞送，唯纪唐夫得其尤。"纪诗之尤，就尤在他既同情温庭筠屡试不第，所谓生逢明世却不见春而频泣不已，含讥讽于委婉之中；又愤慨其虽沾命却远贬，才高而祸身，为其受冤鸣不平。诗的末联在劝慰中又祝贺他虽然是贬，但较之贾谊贬长沙还算是幸运的，因长沙比方城离长安就远得多了。同时以贾谊为喻，这就提高了温庭筠的身价与地位。这里还有一个问题需要解决。按裴坦制词，是贬为隋州隋县尉，而纪诗却是方城尉，诸书所载也多是方城尉，《旧唐书》本传则为"贬为方城尉，再迁隋县尉"。从裴坦制词和纪唐夫送诗看，温庭筠是初次任命，不存在先贬为方城尉，再迁为隋县尉问题的。而且裴坦制词在前，而纪唐夫送诗在后，所以，很有可能，裴坦所草制敕下后不久，也就是说温庭筠准备起程前,又由隋县尉改为方城尉。总之,最后贬为方城尉是正确的,因除诗题外第七句"方城若比长沙路"也是符合格律的,若是"隋县若比长沙路",就平仄失调了。

除此诗外,刘得仁的《送顾非熊作尉盱眙》诗也写得不错。诗云:

> 一名兼一尉,未足是君伸。
> 历数为诗者,多来作谏臣。
> 路翻平楚阔,草带古淮新。
> 天下虽云大,同声有几人。

(同上卷五四四)

顾非熊为顾况之子,父子二人均以诗名。顾非熊久困举场达三十年,会昌五年,因诗名上达朝廷而被武宗令放及第。及第后归茅山隐居,实为守选。大约于宣宗大中三年铨选为楚州盱眙县尉,好友刘得仁作诗送之。前两联写顾非熊既有诗名,再加上县尉之职,也不足以展其志向,因为历来有诗名者,都多曾作过补阙、拾遗之类的谏官,这是对顾非熊的鼓励与期望。五六两句写其赴任途中之所见。最后两句写天地之大,而能志同道合者有几人呢?刘得仁也以诗著称,困厄科场二十年而不第,与顾非熊同。故云。这一类诗还有张乔的《送南陵尉李频》:"重作东南尉,生涯尚似僧。"(同上卷六三八)郑谷的《送许棠先辈之官泾县》:"白头新作尉,县在古山中。高第能卑官,前贤尚此风。"(同上卷六七四)这些送诗对才高而位卑的诗人充满了同情之感。

送六品以下官员赴任的序文,唐代也不少。欧阳詹《送盐山林

少府之任序》写的是林赴任之地的重要性,在一般送序中显得比较别致。序云:

> 新授盐山尉孝廉郎济南林君,脂辖东辕莅官也。盐山沧州之属邑也。沧州戎狄接境之地,国家虞守之会。东南居恃力之卒,西北有矜功之众,从事之剧,惟天下先,若非机足应权,达能通变,则不之与也。(《全唐文》卷五九七)

沧州属河北道,东临渤海,地形险要。东南为平卢淄青节度使所在地,西北接幽州卢龙节度使所在地。本身又属魏博节度使辖地。这一带,原为安史之乱的根据地。安史之乱后,又长期为安禄山的叛将归顺朝廷后所把持,他们子孙世袭,政令严酷,擅署官吏,私收赋税。他们自己也自视为是羌狄之种。欧阳詹此文写于贞元年间,时魏博节度使是田承嗣的儿子田绪,平卢淄青节度使是李师古,幽州卢龙节度使是刘济,他们相互勾结,对抗中央,攻城掠地,跋扈不臣。故序文说:"沧州戎狄接境之地。""东南居恃力之卒,西北有矜功之众。"序文对林少府去这样一个地方赴任,既担忧,又寄以希望。勉励他为国效忠有所作为,但又不能为军阀藩镇所卖力。文章含而不露,深刻有味。

柳宗元的《送宁国范明府诗序》,是一篇有思想深度的序文,先写吏部铨选之弊,为范氏远仕之不公作了铺垫,然后写范氏宰宁国:

> 有范氏传真者,始来京师,近臣多言其美,宰相闻之,用以为是职,在门下甚获休问。初命京兆武功尉,既有成绩,复于有司,为宣州宁国令。人咸曰:"由邦畿而调者,命东西部尉以为

美仕。"范生曰:"不然,夫仕之为美,利乎人之谓也。与其给于供备,孰若安于化导? 故求发吾所学者,施于物而已矣。夫为吏者人役也,役于人而食其力,可无报邪? 今吾将致其慈爱礼节,而去其欺伪凌暴,以惠斯人,而后有其禄,庶可平吾心而不愧于色,苟获是焉足矣。"季弟为殿中侍御史,以是言也告于其僚,咸悦而尚之。故为诗以赠其去,而使予为序。(同上卷五七七)

范传真,当是范传正之长兄,即序文中所说的"季弟为殿中侍御史"者之兄,两《唐书》无传,《范传正传》亦未及其兄。范传真释褐武功尉,且又有政绩,按理,铨选时应由畿县尉迁授两京赤县尉才算美仕,但却被授与远地的宣州宁国县令,这就引起了人们的议论。而他却认为所谓美仕,就是有利于人民。作为县令,能教化诱导县民趋于慈爱礼节,铲除欺诈凶暴,对人民作出实惠,也就问心无愧了。这种思想,实际上也代表了柳宗元的思想,借以抒发了他安民施教,惠民以利,根除民瘼的思想,反映了他要求改革政治的愿望,与《种树郭橐驼传》可谓异曲同归。序文当作于贞元二十一年春,他由监察御史里行擢为礼部员外郎时。另外,《全唐文》卷六九五收有韦瓘《宣州南陵县大农陂记》一文,对范传真惠民思想和仕履作了补充。记云:"皇帝四年,今地官侍郎卢公观察宣部,精心厚下,重难邑长,乃以宁国令顺阳范君假南陵印,为大夫。"所谓卢公即卢坦,他于元和四年任宣歙观察使时便署刚罢宁国令的范传真摄任南陵令。范一上任,就大兴修复大农陂工程,筑石堰三百步,开荒数万亩,溉田千余顷,引水六十里,为民办了好事,也得到了人民的爱戴。不久,他便入朝为御史了。元和八年,范传正为宣歙观察使,县民们要求为其伯兄立碑,于是韦瓘便写了此记。

　　关于南选的情况,在唐代诗文中也有所反映,在这里略作介绍。盛唐诗人卢譔写有《季冬送户部郎中使黔府选补》一诗,孙逖写有《送李侍御之芳黔中掌选序》一文,对他们赴岭南选补官吏寄予了很大的希望。尤其是李颀的《龙门送裴侍御监五岭选》诗更带有感情。诗中说:

> 万里番禺地,官人继帝忧。
> 君为柱下史,将命出东周。

又说:

> 举善必称最,持奸当去尤。
> 何辞桂江远,今日用贤秋。

(《全唐诗》卷一三四)

　　南选一般是派五品正郎官为选补使,侍御史为监选使,但有时也派六品员外郎为选补使和监选使。如权德舆写有《送主客仲员外充黔中选补使序》一文,是送主客员外郎仲子陵赴岭南选补的;綦毋潜写有《送崔员外黔中监选》一诗,崔员外,名不详。

　　高仲武《中兴间气集》评价钱起、郎士元二人的送别诗说:“自丞相以下,更出作牧,二公无诗祖饯,时论鄙之。”可见钱起、郎士元的送人诗在当时地位之高,为人所重。但平心而论,钱、郎送达官贵人赴任的诗多为吹捧赞颂,不无谀词,而送六品以下官员赴任的诗却确有水平,充满着时代气息,洋溢着真情实感。如钱起《送修武元少府》：

> 寸禄荣色养，此行宁叹惜？
> 自矜黄绶采兰时，不厌丹墀芳草色。
> 百战荒城复井田，几家春树带人烟？
> 黎氓久厌蓬飘苦，迟尔西南惠月传。

（《全唐诗》卷二三六）

前四句赞扬元少府以薄禄养亲的孝道行为和他安于小官而又积极进取的精神。后四句写他赴任之县经战乱之后的残破荒凉景象，希望他到任后解民于倒悬。修武为河北道怀州的一个属县，则诗当写于安史之乱平息后不久。他还有首诗，题作《送陆三出尉》，诗云：

> 春草晚来色，东门愁送君。
> 盛才仍下位，明代负奇文。
> 且乐神仙道，终随鸳鹭群。
> 梅生寄黄绶，不日在青云。

（同上卷二三七）

前四句对陆三才高位下，朝廷辜负贤能鸣不平。后四句用汉代梅福曾任县尉而仙去的典故，鼓励他终会青云直上，加入朝班行列。钱起送人赴任诗写得最好的还数《送孙十尉温县》一首，诗云：

> 飞花落絮满河桥，千里伤心送客遥。
> 不惜芸香染黄绶，唯怜鸿羽下青霄。

云衢有志终骧首，吏道无媒且折腰。

急管繁弦催一醉，颍阳不驻引征镳。

（同上卷二三九）

首联写暮春季节送孙十赴任的伤心情景，连花絮似乎都悲伤地飞落满地。颔联写孙十才高位低，落魄不得志的情形，颈联劝其怀抱志向终有出路，朝中无亲且安于县职。尾联写黄昏宴别，依依不舍之情。尤其颈联两句，可谓此诗之警句，写得最好。

　　另外，钱起送罢任前资官生活贫困，投靠幕府的诗写得也富有感情，如《送兴平王少府游梁》：

旧识相逢情更亲，攀欢甚少怆离频。

黄绶罢来多远客，青山何处不愁人。

日斜官树闻蝉满，雨过关城见月新。

梁国遗风重词赋，诸侯应念马卿贫。

（同上卷）

此诗所送兴平王少府与前引李端《送王少府游河南》诗中的王少府当为同一人。此王少府游河南梁宋一带的真正目的仍是为解决生计，投奔幕府。钱起还有一首送前资官落选的诗也很不错，题作《送钟评事应宏词下第东归》，诗云：

芳岁归人嗟转蓬，含情回首灞陵东。

蛾眉不入秦台镜，鹢羽还惊宋国风。

世事悠扬春梦里，年光寂寞旅愁中。

劝君稍尽离筵酒,千里佳期难再同。

(同上卷)

前大理评事钟某应吏部科目选博学宏词科试落选,离京东归梁宋时,钱起便写了这首诗。首联写钟评事落选后的心情,颔联写其怀才不遇,颈联写其此后的守选生活,尾联写后会难再。此外,钱起诸如《送郭秀才制举下第南游》、《送严维尉河南》、《送李评事赴潭州使幕》等诗,也都写得较有特色。

郎士元的送别诗没有钱起的诗多,也不及钱诗写得好,这或许与散失较多有关。现存诗中,《送郴县裴明府之任兼充宣慰》,写得还有意义。诗云:

白蘋楚水三湘远,芳草秦城二月初。
连雁北飞看欲尽,孤舟南去意何如。
渡江野老思求瘼,候馆郴人忆下车。
别后天涯何所寄,故交唯有袖中书。

(同上卷二四八)

郴县为江南西道郴州的一县。前四句点明相送的时间、地点,以及路远地僻,不愿南去的情形,表现了作者的同情之感。后四句写郴地人民盼望他去宣慰疾苦,治理民政,并希望他勤寄书信。他还有一首《盖少府新除江南尉问风俗》诗,也是送人赴任之作,却颇有时代的影子。诗云:

闻君作尉向江潭,吴越风烟到自谙。

客路寻常随竹影,人家大底傍山岚。

缘溪花林偏宜远,避地衣冠尽向南。

唯有夜猿啼海树,思乡望国意难堪。

(同上卷)

诗写盖少府赴吴越任县尉途中的所见所闻。这一带竹多花繁,人家傍山而居,点明了勤劳淳朴的民风。尤其"避地衣冠尽向南"一句,写出了安史之乱对士族南移的影响,则诗当作于安史之乱平息后不久。此外,他的《送长沙韦明府之县》一诗写法别致。长沙为汉朝贾谊贬地,后世文人送人赴此地任官,往往多感伤之言,而此诗则不同。诗云:

秋入长沙县,萧条旅宦心。

烟波连桂水,官舍映枫林。

云日楚天暮,沙汀白露深。

遥知讼堂里,佳政在鸣琴。

(同上卷)

除首联用宋玉悲秋之典外,后六句却不见草木萧瑟之景,而给人一种秋高气爽,景致清淡之感。末二句希望他处理县务政简刑轻。郎士元还有一首诗,题作《送林宗配雷州》,是送县尉流放的作品,却写得很有感情。诗云:

昨日三峰尉,今朝万里人。

平生任孤直,岂是不防身。

海雾多为瘴，山雷乍作邻。

遥怜北窗月，与子独相亲。

（同上卷）

据《中国古今地名大辞典》载，三峰山在今河南禹县。禹县，即唐代河南府阳翟县。由是知林宗曾为畿县县尉，由于孤直不阿，可能触怒了权贵而被流放到岭南雷州。前四句写林之配流及其缘由。后四句写配流之地环境险恶，而又寂寥无亲。全诗充满了对林宗被流放的不满与同情之感。

总之，钱起、郎士元送别六品以下官员的诗较之送达官贵人的诗写得又多又好，可能与他们自己也是过来人有关吧，于是笔下就不免带有感情。

总括以上，纵观唐代送及第举子和六品以下官员赴选、赴任、落选、罢官的诗文较之送其他人的诗文要多得多，而且也写得好。这是因为不仅这类被送者人数多，长年奔波来往于路途中的大多是这些人，而且他们在仕途上的坎坷经历，冷暖饥饱，较之其他人要丰富得多，值得人们同情。加之送者也多是过来人，或是同路人，有着共同的经历，同样的酸甜苦辣的感触。所以他们在送别作品中，自觉或不自觉地把自己以前或现在的情意感慨也溶入送别诗中，往往写得富有真情实感。

如果我们再把送士子赴举、及第、下第等送别作品也加上，则唐代送别诗文之多，就更加可观了。送别题材成了唐代文学的一个主题，被送之人成了唐代诗文描写的一个主要对象，而且在这一总的主题下又包含有丰富多采、五花八门的内容，这都是唐代选举制度的特殊性所致。因唐代这种特殊的选举制度而产生的丰富多采的生活,丰富了唐代的文学创作,就同样也应在唐代文学中得到反映,并在文学史上占有一定的地位。

参考及引用书目

唐六典　（唐）李林甫等撰　中华书局1992年版

通典　（唐）杜佑撰　中华书局点校本

唐律疏议　（唐）长孙无忌等撰　中华书局1983年版

封氏闻见记　（唐）封演撰　学津讨原丛书本

唐国史补　（唐）李肇撰　上海古籍出版社1979年版

因话录　（唐）赵璘撰　上海古籍出版社1979年版

云溪友议　（唐）范摅撰　古典文学出版社1957年版

杜阳杂编　（唐）苏鹗撰　笔记小说大观本

元和郡县图志　（唐）李吉甫撰　中华书局1983年版

北里志　（唐）孙棨撰　古典文学出版社1957年版

大唐新语　（唐）刘肃撰　中华书局1984年版

明皇杂录　（唐）郑处诲撰　中华书局1994年版

东观奏记　（唐）裴庭裕撰　中华书局1994年版

唐摭言　（五代）王定保著　中华书局上海编辑所1959年版

元和姓纂　（唐）林宝撰　金陵书局校刊本（光绪六年）

集异记　（唐）薛用弱撰　中华书局1980年版

魏书　（北齐）魏收撰　中华书局点校本

旧唐书　（后晋）刘昫等撰　中华书局点校本

宣室志 （唐）张读撰 笔记小说大观本

朝野佥载 （唐）张鷟撰 中华书局1979年版

册府元龟 （宋）王钦若等编 中华书局影印本

唐会要 （宋）王溥撰 丛书集成初编本

新唐书 （宋）宋祁、欧阳修等撰 中华书局点校本

资治通鉴 （宋）司马光撰 中华书局1976年版

旧五代史 （宋）薛居正等撰 中华书局点校本

新五代史 （宋）欧阳修撰 中华书局点校本

五代会要 （宋）王溥撰 丛书集成初编本

文苑英华 （宋）李昉等编 中华书局1966年版

唐语林 （宋）王谠撰 中华书局1987年版周勋初校证本

通志 （宋）郑樵撰 浙江古籍出版社影印本

太平广记 （宋）李昉等编 上海古籍出版社1990年版

宋高僧传 （宋）赞宁撰 中华书局1987年版

金石录 （宋）赵明诚撰 四部丛刊续编本

唐诗纪事 （宋）计有功撰 上海古籍出版社1987年版

历代铨政要略 （宋）杨亿著 学海类编丛书本

容斋随笔 （宋）洪迈撰 上海古籍出版社1978年版

酉阳杂俎 （唐）段成式撰 中华书局1981年版

唐大诏令集 （宋）宋敏求编 商务印书馆1959年版

困学纪闻 （宋）王应麟撰 上海古籍出版社四库笔记小说丛书本

南部新书 （宋）钱易撰 学津讨原丛书本

广卓异记 （宋）乐史撰 笔记小说大观本

侯鲭录 （宋）赵令畤撰 笔记小说大观本

演繁露 （宋）程大昌撰 丛书集成初编本

北梦琐言 （宋）孙光宪撰　上海古籍出版社1981年版

嘉祐集 （宋）苏洵撰　四部丛刊初编本

唐才子传 （元）辛文房撰　上海古典文学出版社1957年版

文献通考 （元）马端临撰　浙江古籍出版社影印本

毗陵集 （唐）独孤及撰　四部丛刊初编本

李遐叔文集 （唐）李华撰　影印文渊阁四库全书本

开元天宝遗事十种 （五代）王仁裕等撰　上海古籍出版社1985
　年版

中兴间气集 （唐）高仲武编　唐人选唐诗十种本

唐音癸签 （明）胡震亨著　上海古籍出版社1981年版

全唐诗 （清）彭定求等编　中华书局1960年版

全唐诗补编　陈尚君辑校　中华书局1992年版

全唐文 （清）董诰等编　中华书局1983年影印本

唐文拾遗 （清）陆心源编　中华书局1983年影印本

唐文续拾 （清）陆心源编　中华书局1983年影印本

登科记考 （清）徐松撰　中华书局1984年版

十七史商榷 （清）王鸣盛撰　北京市中国书店1987年版

唐两京城坊考 （清）徐松撰　中华书局1985年版

金石萃编 （清）王昶编　北京市中国书店1985年版

陔余丛考 （清）赵翼撰　瓯北全集光绪本

王右丞集笺注 （唐）王维撰　（清）赵殿成笺注　上海古籍出版社
　1984年版

全五代诗 （清）李调元编　巴蜀书社1992年版

杜诗详注 （唐）杜甫撰　（清）仇兆鳌注　中华书局1979年版

历代铨选志 （清）袁定远编　学海类编丛书本

唐尚书省郎官石柱题名考 （清）赵钺、劳格撰 中华书局 1992 年版

宋史 （元）脱脱等撰 中华书局点校本

唐方镇年表 吴廷燮撰 中华书局 1980 年版

唐人行第录 岑仲勉撰 上海古籍出版社 1978 年版

韩昌黎文集校注 马其昶校注 上海古籍出版社 1986 年版

郎官石柱题名新考订 岑仲勉撰 上海古籍出版社 1984 年版

玉溪生诗笺注 （唐）李商隐撰 （清）冯浩笺注 上海古籍出版社 1979 年版

韩昌黎诗系年集注 （唐）韩愈著、钱仲联集注 上海古籍出版社 1984 年版

河南千唐志斋藏志 河南省文物研究所编 文物出版社 1983 年版

唐人小说 汪辟疆辑 上海古籍出版社 1978 年版

旧小说 吴曾祺编 商务印书馆 1957 年版

唐代进士行卷与文学 程千帆撰 上海古籍出版社 1980 年版

唐代科举与文学 傅璇琮著 陕西人民出版社 1986 年版

唐才子传校笺 傅璇琮主编 中华书局 1987 年版

唐五代人物传记资料综合索引 傅璇琮等撰 中华书局 1982 年版

唐代诏敕目录 （日本）池田温编 三秦出版社 1991 年版

历代人物年里碑传综表 姜亮夫纂 中华书局 1959 年版

刘知几年谱 傅振伦著 中华书局 1963 年版

元稹年谱 卞孝萱著 齐鲁书社 1980 年版

白居易年谱 朱金城著 上海古籍出版社 1982 年版

白居易集 顾学颉校点 中华书局 1979 年版

元次山年谱 孙望著 中华书局 1962 年版

杜牧年谱　缪钺著　人民文学出版社 1980 年版

杜甫年谱　四川省文史研究馆编　四川人民出版社 1981 年版

柳宗元年谱　施子愉著　湖北人民出版社 1958 年版

中国历代著名文学家评传　山东大学文史哲研究所主编　山东教
　育出版社 1983 年版

王昌龄诗注　李云逸注　上海古籍出版社 1984 年版

曹邺诗注　梁超然等注　上海古籍出版社 1982 年版

王维新论　陈铁民著　北京师范学院出版社 1990 年版

岑参诗集校注　陈铁民等校注　上海古籍出版社 1981 年版

岑参诗集编年笺注　刘开扬笺注　巴蜀书社 1995 年版

宋诗话辑佚　郭绍虞辑　中华书局 1980 年版

唐人七绝诗浅释　沈祖棻著　上海古籍出版社 1981 年版

刘长卿诗编年笺注　储仲君笺注　中华书局 1996 年版

钱起诗集校注　王定璋校注　浙江古籍出版社 1992 年版

孟郊诗集校注　华忱之等校注　人民文学出版社 1995 年版

中国古今地名大辞典　臧励龢等编　商务印书馆 1931 年版

中国历代人物年谱考录　谢巍编撰　中华书局 1992 年版

唐刺史考　郁贤皓撰　江苏古籍出版社 1987 年版

唐史余沈　岑仲勉著　上海古籍出版社 1979 年版

中国史历日和中西历日对照表　方诗铭等编著　上海辞书出版社
　1987 年版

中国历史地图集　谭其骧主编　中国地图出版社 1982 年版

唐诗人行年考　谭优学著　四川人民出版社 1981 年版

辞源　商务印书馆编辑部编　商务印书馆 1979 年版

唐代墓志汇编　周绍良主编　上海古籍出版社 1992 年版

唐代官职　张国刚著　三秦出版社 1987 年版

唐代诗人丛考　傅璇琮著　中华书局 1980 年版

唐方镇文职僚佐考　戴伟华著　天津古籍出版社 1994 年版

元结诗解　聂文郁注解　陕西人民出版社出版

玉海　（宋）王应麟撰　景印文渊阁四库全书本

权载之文集　（唐）权德舆撰　四部丛刊初印本

云麓漫钞　（宋）赵彦卫撰　笔记小说大观本

欧阳行周文集　（唐）欧阳詹撰　四部丛刊初印本

唐丞相曲江张先生文集　（唐）张九龄撰　四部丛刊初印本

曲洧旧闻　（宋）朱弁撰　笔记小说大观本